DIE BILINGUALE REVOLUTION

Zweisprachigkeit und die Zukunft der Bildung

Fabrice Jaumont

Vorwort von Ofelia García

Aus dem Amerikanischen übersetzt von Rebecca Damwerth
Mit Unterstützung des Goethe-Institut New York

TBR Books
Brooklyn, New York

TBR Books
146 Norman Avenue
Brooklyn, New York
www.tbr-books.com

TBR Books ist ein Programm des Zentrums für die Förderung von Sprachen, Bildung und Communities (Center for the Advancement of Languages, Education and Communities). Wir veröffentlichen Werke von ForscherInnen und anderen AutorInnen, die vielfältige Communities dazu motivieren wollen, sich mit Themen in den Bereichen Bildung, Sprachen, kulturelle Geschichte und soziale Initiativen zu beschäftigen. Für Informationen zu Preisnachlässen beim Kauf größerer Mengen von Büchern kontaktieren Sie TBR Books unter contact@tbr-books.com

Die Ansichten, die in diesem Buch geäußert werden, sind die des Autors und entsprechen nicht unbedingt den Ansichten der Organisationen, mit denen der Autor in Verbindung steht.

Umschlagillustration © Raymond Verdaguer
Umschlagfoto © Jonas Cuénin
Umschlaggestaltung © Nathalie Charles
978-1-947626-21-8 (ebook)
978-1-947626-20-1 (paperback)

Über dieses Buch

„Mehrsprachigkeit ist kein Luxus mehr, welchen sich nur einige wenige Wohlhabende oder Glückliche, die zweisprachige Schulen besuchen können, leisten; sie ist eine wesentliche Fähigkeit des 21. Jahrhunderts, die Kinder brauchen, um in ihrem zukünftigen Beruf und Leben erfolgreich zu werden. Jaumonts „Bilinguale Revolution" beseitigt auf viele Arten und Weisen Chancenungleichheiten, indem er sein Wissen über mehrere Programme für Sprachen aller Welt und die besten Methoden weitergibt, während er zudem das Erlernen von Sprachen entmystifiziert, sodass Eltern und Lehrende einen machbaren Strategieplan haben, um ihre eigene „Revolution" zu beginnen. „Die Bilinguale Revolution" ist ein Muss für alle Eltern, die sichergehen möchten, dass ihr Kind bereit für die Welt und den Arbeitsmarkt ist."

–Angela Jackson, Gründerin, Global Language Project

„Jaumonts Buch steht an der Front der aufkommenden bilingualen Revolution, die auf das Schulsystem der Vereinigten Staaten zukommt und behandelt die Frage, wie diese verbessert und unterstützt werden kann. Jaumont beschreibt den wachsenden Enthusiasmus des Landes für mehrsprachige Bildung – und liefert einen Strategieplan für Gemeinschaften, die der Bewegung beitreten wollen."

–Conor Williams, PhD Senior Researcher, New America's Education Policy Program Founder, DLL National Work Group

„Dieses fesselnde Buch erzählt die Geschichte der bilingualen Bildung in den USA und der sozialen Kräfte, die ihre Laufbahn gestaltet haben, aus einer Perspektive, die sowohl persönlich als auch wissenschaftlich ist. Das Herzstück ist eine Anleitung für die Gründung einer eigenen bilingualen Schule und damit einer eigenen Revolution. Empfohlen für Eltern, Lehrer und alle, die denken, dass Sprachen wichtig sind."

–Ellen Bialystok, OC, PhD, FRSC. Distinguished Research Professor Walter Gordon York Research Chair in Lifespan Cognitive Development York University

„Fabrice Jaumont verwebt die persönlichen, politischen und gemeinschaftlichen Geschichten der wachsenden bilingualen Bewegung zu einem spannenden, grundlegend wichtigen Buch, das persönliche Geschichten mit der Praxis und Wissenschaft bilingualer Bildung verbindet. Dieses Meisterwerk wird unverzichtbar für Eltern und führende PädagogInnen in den USA und im Ausland sein. "

–William P. Rivers, PhD Executive Director. Joint National Committee for Languages – National Council for Language and International Studies

"In unser immer stärker vernetzten, schrumpfenden und fragilen Zeit nehmen Schulen auf der ganzen Welt sich vor, die Jugend mit den Fähigkeiten, Kompetenzen und der Sensibilität auszustatten, um als unabhängige, engagierte und produktive BürgerInnen aufzublühen. Das Lehren und Lernen von Sprachen und die Kultivierung des sogenannten bilingualen Vorteils kommt mit großer Kraft zurück, an kleine und große Schulen und in die gesamten USA. Es scheint, als suchten Eltern und Lehrer überall nach dem Optimum des zweisprachigen Lehrens und Lernens. Suchen Sie nicht mehr: „Die Bilinguale Revolution" ist Ihr Buch. Es ist eine einzigartige Leistung. Es vereint tiefgründige Einsichten in das Lernen und Lehren, aber auch die Identität und das Weltbürgertum, mit praktischen Anwendungen und Beispielen. Ein Muss für jedes Elternteil, jeden Lehrer, jede Lehrerin und jeden Verwalter, jede Verwalterin, der oder die an der Erschaffung und Unterstützung der besten zweisprachigen Programme im 21. Jahrhundert interessiert ist. "

–Marcelo M. Suárez-Orozco
Wasserman Dean & Distinguished Professor of Education, UCLA. Autor von *Global Migration, Diversity and Civic Education: Improving Policy and Practice*

„Als Vorsitzender eines globalen Unternehmens weiß ich aus Erfahrung, wie wichtig das Lernen von Sprachen für die Kommunikation und das Verständnis von Managern, Kunden und Verbrauchern auf der ganzen Welt ist. Diese werden nur durch die Kenntnis mehrerer Sprachen möglich. Fabrice Jaumonts Buch „Die Bilinguale Revolution" zeigt, wie bestärkend mehrsprachige Bildung für unsere Jugend sein kann und zeigt einen vielversprechenden Trend in den USA auf. Ein Muss für jeden, der sich für die Zukunft der Bildung interessiert."

–Bruno Bich, Vorsitzender und Geschäftsführer, BIC Group

Ebenfalls von Fabrice Jaumont

Unequal Partners: American Foundations and Higher Education Development in Africa. New York, NY: Palgrave-MacMillan, 2016.

The Bilingual Revolution: The Future of Education is in Two Languages. New York, NY: TBR Books, 2017 (in sechs Sprachen verfügbar).

Partenaires inégaux. Les fondations américaines et leur influence sur le développement des universités en Afrique. Paris: Éditions de la Maison des sciences de l'homme, collection „Le (bien) commun", 2018.

Stanley Kubrick: The Odysseys. New York, NY. Books We Live by, 2018.

The Gift of Languages: Paradigm Shift in U.S. Foreign Language Education New York, NY: TBR Books, 2018 (mit Kathleen Stein-Smith).

Inhaltsverzeichnis

Vorbemerkung _____ 3

Danksagungen _____ 7

Bilinguale Bildung: mit Eltern und Communitys eine
Kehrtwende einleiten_____ 11

Der Aufruf zum Handeln _____ 23

Die Willenskraft der Eltern: Yes, You Can... _____ 31

Die Schullandschaft verändern: Brooklyns erstes japanisches
Programm_____ 43

Die Community beschwören: drei Anläufe für ein
italienisches Programm _____ 55

Strategische Köpfe: die Geschichte der deutschen Zwei-
Sprachen-Initiative_____ 67

Die Geschichte von zwei Stadtteilen: Russisch in Harlem und
Brooklyn _____ 77

Vorurteile überwinden: die arabischen zweisprachigen
Programme der Stadt_____ 95

Der Plan zur Erschaffung Ihres eigenen zweisprachigen
Programms _____ 135

Warum zweisprachige Bildung gut für Ihr Kind ist _____ 153

Bilinguale Bildung in den USA: Das sollten Sie zu Beginn
wissen _____ 167

Die Zukunft der Bildung liegt in zwei Sprachen_____ 177

Der Plan (gekürzt) _____ 185

Ressourcen _____ 203

Anmerkungen_____ 205

Literaturverzeichnis_____ 217

Index _____ 233

Über den Autor _____ 241

Über TBR Books _____ 243

Über CALEC _____ 245

Über das Goethe-Institut_____ 247

Vorbemerkung

Die Idee für dieses Buch entstand aufgrund meiner Bemühungen seit den späten 1990ern, die Entwicklung der sprachlichen Bildung an amerikanischen öffentlichen Schulen zu unterstützen. Ich zog 1997 in die USA, um als Bildungsvermittler am französischen Konsulat in Boston zu arbeiten; als solcher hatte ich die Möglichkeit zahlreiche Schulen im ganzen Land zu besuchen. Immersionsschulen begegnete ich das erste Mal in Massachusetts, in den Städten Milton und Holliston. Als gebürtiger Franzose wurde ich sofort auf diese Programme aufmerksam, denn sie boten Kindern in den USA, die nicht unbedingt eine bestimmte Verbindung zur französischen Sprache oder französischsprachigen Ländern hatten, immersive Lehrpläne vom Kindergarten bis zur weiterführenden Schule auf Französisch an. Noch wichtiger war für mich, dass diese Programme an öffentlichen Schulen stattfanden, und zwar kostenlos, und darum für jeden Schüler und jede Familie zugänglich waren. Mitzuerleben, wie Kinder meine eigene Muttersprache beherrschten und schließlich bilingual wurden und in zwei Sprachen lesen und schreiben konnten, beeindruckte mich sehr.

Im Verlauf der Jahre profitierten Tausende von Kindern von den Sprachprogrammen der französischen Immersionsschulen in Massachusetts, die ich als erstes besucht habe. Diese Schulen, zusammen mit PädagogInnen und Eltern, die hinter ihnen standen, inspirieren mich bis heute und haben einen enormen Einfluss auf mein eigenes Leben und meine Karriere gehabt. Kurz nachdem ich sie besuchte, wurde ich Schulleiter einer privaten internationalen Schule in Boston, an der ich ein rigoroses, bilinguales, internationales Programm leitete. Die Familien, deren Kinder die Schule besuchten, glaubten an dessen Lehrplan und sprachorientierten Ansatz. Sie erkannten, dass das Programm das Potential hatte, ihren Kindern lebenslange Fähigkeiten zu vermitteln und ihnen die Türen zu einer Fülle von bereichernden Möglichkeiten zu öffnen. Wie auch ich waren sie von den unglaublichen Vorteilen der Bilingualität überzeugt und entschlossen, ihren Kindern das Geschenk der Sprache zu ermöglichen.

2001 zog ich nach New York City, um Bildungsattaché für die französische Botschaft zu werden, eine Position, die ich noch heute innehabe. Meine Arbeit beinhaltet die Zusammenarbeit mit zahlreichen SchulleiterInnen, LehrerInnen, Elterngruppen und Gemeinschaftsorganisationen. Zusammen haben wir eine Initiative entwickelt, die zur Gründung von New York Citys erstem französisch-englischen zweisprachigen Programm an einer öffentlichen Schule führte. Zudem war ich an ähnlichen Initiativen beteiligt, die zur Gründung von zweisprachigen Programmen auf Japanisch, Deutsch, Italienisch und Russisch führten. 2014 erregte unsere Geschichte die Aufmerksamkeit zahlreicher Medien, einschließlich der New York Times, die einen Artikel über den Aufstieg zweisprachiger Programme veröffentlichte, in dem sie deren potentiellen positiven Einfluss auf öffentliche Schulgemeinden hervorhob. Es ergab sich eine interessante Diskussion über die Bedeutung des heutigen Fremdsprachenunterrichts in den Vereinigten Staaten und die Gültigkeit des frühen Spracherwerbs. Diese Debatte und die Fragen, die sie unter den Eltern mehrerer linguistischer Communitys aufwarf, brachten mich dazu, dieses Buch zu schreiben.

Als Vater zweier bilingualer und bikultureller Mädchen, die ein zweisprachiges Programm an einer öffentlichen Schule in Brooklyn besuchen, bin ich dem Konzept einer zweisprachigen Bildung, sowohl als Mittel zur Bewahrung kulturellen Erbes als auch zum Erwerb einer zweiten Sprache, tief verbunden. Ich richte dieses Buch an Eltern, mit dem Ziel, ihnen auf leicht verständliche Art und Weise Wissen, Anleitung und Ermutigung für die Einführung zweisprachiger Programme in ihrer Community oder an ihrer Schule zu geben. In diesem Sinne bietet das Buch sowohl einen Plan für Eltern, die solch eine Initiative beginnen wollen, als auch empfohlene Schritte, Beispiele und persönliche Erlebnisberichte von Eltern und LehrerInnen, die einen ähnlichen Weg gewählt haben.

Durch meine Recherche sowie meine beruflichen und persönlichen Erlebnisse habe ich festgestellt, dass Kinder, die eine bilinguale Erziehung genossen haben, sich neben dem Erwerb einer anderen Sprache an vielen weiteren Vorteilen erfreuen, einschließlich einer besseren Wertschätzung anderer Kulturen, anderer Personen und sogar ihrer selbst. Zusätzlich bin ich zu der Überzeugung gelangt, dass die kognitiven, emotionalen und sozialen Vorteile, die bilinguale, zweisprachig gebildete und multikulturelle Personen genießen, sich nicht auf private Schulen und solche, die sie sich leisten können, beschränken sollten. Meiner Meinung nach ist zweisprachige Bildung ein großes Allgemeingut, das überall entwickelt werden sollte, da sie ein Kind, eine Familie, eine Schule, eine Community und sogar ein Land positiv verändern kann. Mit diesem Glauben und der Überzeugung, dass Eltern etwas bewegen können, gebe ich mein Wissen in Form dieses Buchs weiter, in der Hoffnung, dass mehr bilinguale Programme an Schulen rund um die Welt sprießen werden.

Fabrice Jaumont. 21. August 2017. New York, NY

Danksagungen

Ohne die Unterstützung und Ermutigung vieler Personen und Organisationen wäre dieses Buch nicht fertig geworden. Wertschätzung gilt all denen, die mir ihre Zeit schenkten, indem sie mir Interviews gaben, Informationen für diese Studie zugänglich machten, ihr Wissen, ihre Leidenschaft oder Expertise zu Themen, die ich in diesem Buch erörtere, teilten und indem sie die Flamme der bilingualen Revolution am Leben hielten. Für all dies und für ihre Hilfe und Ermutigung während der verschiedenen Phasen gilt spezielle Wertschätzung:

Marty Abbott, Mary Acosta, Maha Afifi, Ria Aichour, Carine Allaf, Debbie Almontaser, Tamara Alsace, Michele Amar, Gabrielle Amar-Ouimet, Anna Cano Amato, Shareen Anderson, Ana Ines Ansaldo, Gérard Araud, Carmen Asselta, Laetitia Atlani-Duault, Laurent Auffret, Milady Baez, Corinne Bal, Lena Barbera-Johnson, Isabelle Barrière, Gretchen Baudenbacher, Antonin Baudry, Celine Beloeil, Franck Benayoun, Alessandra Benedicty, Anne Benoit, Adrienne Berman, Lenore Berner, Vanessa Bertelli, Anne Berthelot, Ellen Bialystok, Bruno Bich, Josée Bienvenu, Edith Boncompain, Piera Bonerba, Habiba Boumlik, Claire Bourgeois, Marie Bouteillon, Iwona Borys, Gilles Bransbourg, Alexis Buisson, Gracie Burke, Therese Caccavale, Talcott Camp, Robert Celic, Karyn Chemin, Lanny Cheuck, Joelle Ciesielski, Andrew Clark, Karl Cogard, Elisa Conigliaro, Ilaria Costa, Earlene Cruz, Jonas Cuénin, Elizabeth Czastkiewizc, Elizabeth Rose Daly, Caroline Daoud, Bénédicte de Montlaur, Virgil de Voldère, Merilla Deeb, Jean-Cosme Delaloye, François Delattre, Katie Dello Stritto, Anaïs Digonnet, Carmen Dinos, Verena Dobnik, Karin Dogny, Fabienne Doucet, Jean-Claude Duthion, Louis Duvernois, Joseph Dunn, Jont Enroth, Gérard Epelbaum, Anne-Laure Faillard, Carmen Fariña, André Ferrand, Martina Ferrari, Yuli Fisher, Nelson Flores, Tara Fortune, Heather Foster-Mann, Jesus Fraga, Naomi Fraser, Ofelia García, Banafche Garnier, Muriel Gassan, Giselle

Gault-McGee, Hélène Godec, Kevin Goetz, Enrique Gonzalez, Vartan Gregorian, Francois Grosjean, Tommi Grover, Anne-Sophie Gueguen, Bruce Hale, Skip Hale, Phillip Hall, Terri Hammat, Vanessa Handal, Mary Ann Hansen, Robert Hansen, Alan and Catherine Harper, Elisabeth Hayes, Carol Heeraman, Gaby Hegan, Hannah Helms, Christine Hélot, Annie Heminway, Juliette Hirsch, Vanessa Hradsky, Peep Hughes, Sandrine Humbert, Marion Hurstel, Sandrine Isambert, Olga Ilyashenko, Angelica Infante, Angela Jackson, Maria Jaya, Jillian Juman, Olga Kagan, Hee Jin Kan, Soumountha Keophilavong, Celine Keshishian, Jack Klempay, Tatyana Kleyn, Maria Kot, Jennifer Kozel, Thierry Roland Kranzer, Thomas Kwai, Nari Kye, Anne Lair, Mathilde Landier, Sophie Larruchon, David Lasserre, Annie Le, Benoit Le Devedec, Virginie Le Lan, Alessia Lefebure, Annique Leman, Irene Leon, Olga Liamkina, Diana Limongi,, Evelyn Lolis, Susan Long, Marcello Lucchetta, Sean Lynch, Chantal Manès, Laurent Marchand, Gaétan Mathieu, Marc Maurice, Jennifer Mazigh, Hélène Maubourguet, Mimi Met, Thomas Michelon, Yumi Miki, Jeffrey Miller, Jean Mirvil, Belinda Mondjo, Christophe Monier, Oisín Muldowney, Monica Muller, Kaye Murdock, Tomoko Nakano, Florence Nash, Martina Nerrant, Naomi Nocera, Sophie Norton, Sandie Noyola, Toby Oppenheimer, Bahar Otcu-Grillman, David Ouimet, Nilda Pabon, Daniel and Ailene Palombo, Lucia Pasqualini, Marie Patou, Guénola Pellen, Danielle Pergament, Jayme Perlman, Catherine Pétillon, Joy Peyton, Andrea Pfeil, Magali Philip, Catherine Poisson, Kim Potowski, Florence Poussin, Stefania Puxeddu, Dana Raciunas, Blake Ramsey, Olivia Jones Ramsey, Jeannie Rennie, Luis Reyes, Nancy Rhodes, Pascale Richard, Zachary Richard, Kareen Rispal, William Rivers, Joseph Rizzi, Gregg Roberts, Ana Roca, Nicky Kram Rosen, Rita Rosenback, Linda Rosenbury, Alfred and Jane Ross, Keith Ryan, Emmanuel Saint-Martin, Maria Santos, Harriet Saxon, Clémence Schulenburg, Julia Schulz, Kirk Semple, Marie-Pierre Serra-Orts, Beth Shair, Tina Simon, Elisa Simonot, Lea Joly Sloan, Olivier Souchard, Jack Spatola, Julia Stoyanovich, Ircania Stylianou, Marcelo Suárez-Orozco, Robin Sundick, Claire Sylvan, Véronique Sweet, Aya Taylor, Mary-Powell Thomas, Christelle Thouvenin,

Paul Robert Tiendrébéogo, Annie Vanrenterghem-Raven, Yalitza Vasquez, Raymond Verdaguer, Louise Alfano Verdemare, Nancy Villarreal de Adler, Pierre Vimont, Cécile Walschaerts, Shimon Waronker, Katrine Watkins, Katja Wiesbrock-Donovan, Conor Williams, Alicja Winnicki, Ron Woo, Li Yan, Mika Yokobori, Brian Zager, Zeena Zakharia, Donna Zilkha und Amy Zimmer.

Für die deutsche Ausgabe gilt besonderer Dank dem Goethe Institut und Andrea Pfeil, die diese Übersetzung unterstützten und sich unermüdlich für die bilinguale Revolution einsetzen. Ich möchte auch Rebecca Damwerth und Sylvia Wellhöfer für ihre Hilfe bei dieser Übersetzung danken.

Zum Schluss möchte ich Margaret Liston für ihr unglaubliches Talent und ihre Ausdauer beim Bearbeiten meiner zahlreichen Entwürfe danken sowie Darcey Hale, meiner 83-jährigen „amerikanischen Mutter", deren akribisches Überprüfen meines Textes, Wort für Wort, Zeile für Zeile, für zusätzliche Klarheit und Prägnanz gesorgt hat. Dankbarkeit gilt auch meiner Frau Nathalie und meinen Töchter Cléa und Félicie dafür, dass sie mir Ermutigung und Kraft gaben, dieses Projekt zu vollenden.

Vorwort

Bilinguale Bildung: mit Eltern und Communitys eine Kehrtwende einleiten

Von Ofelia García

Dieses Buch leistet einen äußerst wichtigen Beitrag, da es sich auf ein Thema konzentriert, das häufig nicht zur Sprache kommt: die wichtige Rolle, die *Eltern* unterschiedlicher ethnolinguistischer Herkunft bei der Gestaltung angemessener Bildung für ihre Kinder in den USA spielen. Normalerweise sind Bücher über bilinguale Bildung für LehrerInnen und bis jetzt wurde wenig beachtet, wie Familien sich verhalten können, um sicherzustellen, dass amerikanische öffentliche Schulen zweisprachige Programme für ihre Kinder entwickeln. Die wichtigste Geschichte, die Fabrice Jaumont in diesem Buch erzählt, ist die vom *Wunsch amerikanischer Familien* ihre Kinder zweisprachig unterrichten zu lassen – auf Englisch, aber auch auf der Sprache, zu der sie eine tiefe Verbindung haben. Im Gegensatz zur weit verbreiteten Meinung sind amerikanische Familien unterschiedlicher ethnolinguistischer Herkunft sehr wohl daran interessiert, bilinguale Bildungsprogramme für ihre Kinder zu entwickeln.

Während die US-Bundesregierung und die staatlichen Bildungsministerien die Verwendung anderer Sprachen als Englisch bei der Bildung amerikanischer Kinder mit Misstrauen betrachtet haben, sind amerikanische Mittelschichtfamilien heutzutage an einer, wie Fabrice Jaumont es nennt, Revolution beteiligt, angeführt aus der Mitte der Familien, die den Wert der Zweisprachigkeit schätzen, da sie Teil ihrer amerikanischen Identität ist. Das ist der Nutzen von Jaumonts Buch – es erinnert uns daran, dass *bilinguale*

Bildung eine amerikanische Tradition ist, eine Tradition jedoch, welche immer schon in Anspannungen, Kontroverse und Kampf verstrickt war, wie ich im Folgenden zeige.

Fabrice Jaumonts Buch zeichnet erneut das Versprechen einer bilingualen Bildungstradition auf und erinnert uns daran, dass *alle AmerikanerInnen* – verschiedener ethnischer Identitäten, sozialer Klassen und Einwanderungsgeschichten – unterschiedliche linguistische und kulturelle Praktiken haben. In diesem Buch betrachten Eltern, deren Kinder Sprachgewohnheiten geerbt haben, die Spuren von Arabisch, Chinesisch, Englisch, Französisch, Japanisch, Italienisch, Deutsch, Polnisch, Russisch und Spanisch aufweisen, diese Praktiken als wichtig. Für diese Eltern ist eine bilinguale Bildung nicht wegen irgendeiner Verbindung zur Vergangenheit oder zu fremden Ländern wichtig, sondern um eine amerikanische multilinguale Gegenwart zu entdecken und die Möglichkeiten einer umfassenderen Zukunft für alle amerikanischen Kinder zu gestalten.

Hier zeichne ich sowohl die Tradition amerikanischer bilingualer Bildung nach, als auch den Widerstand dagegen. Indem ich ebenfalls analysiere, auf welche Weise bilinguale Bildung in der zweiten Hälfte des 20. Jahrhunderts neu interpretiert wurde, beschreibe ich, wie Jaumonts Buch eine Kehrtwende für bilinguale Bildung vorschlägt, eine Rückkehr zu ihren Anfängen. Statt mit Regierungsaufträgen und -vorschriften zu beginnen und sich nur auf diejenigen zu konzentrieren, denen es mangelt – an Englisch, an langjähriger Aufenthaltsdauer, an ökonomischen Mitteln – schlägt Jaumont vor, dass wir mit den Wünschen (alter und neuer) ethnolinguistischer Communitys beginnen, ihre Kinder zweisprachig zu erziehen. Die bilingualen Bildungsprogramme, die Jaumont in diesem Buch portraitiert, *beginnen mit den Kindern und den Wünschen von Eltern und Communitys* im Hinblick auf ihre Bildung. Doch das ist keine so leichte Aufgabe. Der Weg ist lang, mit vielen Windungen, denn wir müssten den „English only"-Pfad, den die amerikanischen öffentlichen Schulen eingeschlagen haben, ändern. Der wichtigste Bestandteil von Jaumonts Buch ist der Plan, den er Familien mitgibt; ein Plan, der ihnen helfen kann einen Pfad zu ebnen, den sie beim Beschreiten neu erschaffen oder wie Antonio Machado, ein spanischer Poet, sagt „camino al andar".

Die Tradition amerikanischer bilingualer Bildung und Widerstand

Im Verlauf des 18. Jahrhunderts etablierten deutschsprachige Communitys in Pennsylvania und Ohio Schulen, in denen Deutsch als Unterrichtssprache benutzt wurde (Crawford, 2004; García, 2009). Diese Schulen wuchsen im Laufe des 19. Jahrhunderts und wurden immer mehr zu den bilingualen Programmen, die wir heute kennen. Zum Beispiel teilten Kinder in Cincinnati in der zweiten Hälfte des 19. Jahrhunderts ihre Schulwoche zwischen einem englischen und einem deutschen Lehrer auf. 1837, ein Jahr vor der Eröffnung der ersten rein englischen öffentlichen Schule in St. Louis, wurde eine deutsch-englische öffentliche Schule gegründet. In der bilingualen Schule St. Louis' waren ein Viertel der Schüler während der zweiten Hälfte des 19. Jahrhunderts nicht-deutscher Herkunft, ähnlich dem gegenwärtigen Trend, den wir „wechselseitige Zweisprachigkeit" nennen, eine Art bilingualer Bildung, bei der Schüler aller ethnolinguistischer Minderheiten und englischsprachiger Mehrheiten gemeinsam unterrichtet werden, um die Bilingualität aller zu entwickeln. Und dennoch beendete St. Louis Ende des 19. Jahrhunderts seine bilinguale Bildungspolitik und beschränkte den Deutschunterricht auf öffentliche weiterführende Schulen.

Der Widerstand gegen die amerikanische Tradition bilingualer Bildung ist ebenfalls nicht neu. Von Anfang an erhielten Jene, die als Nicht-Weiße galten – Native Americans und versklavte AfrikanerInnen – keine Stimme; ihre Sprachpraktiken wurden zum Schweigen gebracht, während sie ausgelöscht und von Bildung ausgeschlossen wurden. Der Vertrag von Guadalupe Hidalgo (1848), der den mexikanisch-amerikanischen Krieg beendete, machte Spanisch in damaligen US-Territorien (die heute

Kalifornien, Arizona, Texas, Nevada, New Mexiko, Utah und Teile Colorados und Wyomings umfassen) sichtbar. Im Jahr 1847 waren nur fünf Prozent aller Schulen im zukünftigen Territorium New Mexicos (welches das heutige Arizona und New Mexico einschließt) ausschließlich auf Englisch. Fünfzehn Jahre später, 1889, war dieser Prozentsatz auf zweiundvierzig gewachsen (del Valle, 2003). Bis zum Ende des 19. Jahrhunderts wurde rein englischer Unterricht zur Norm in New Mexicos Schulen. Nach der Staatsgründung Kaliforniens 1850, wurde verordnet, dass Schulen auf Englisch und Spanisch unterrichten würden. Dennoch wurde Englisch fünf Jahre später zur alleinigen Unterrichtssprache erklärt (Castellanos, 1983). Das Wachstum von Spanisch im US-Territorium musste gestoppt werden. Während des gesamten 19. Jahrhunderts wurden AmerikanerInnen, die nicht als weiß galten, (wenn überhaupt) schlecht ausgebildet, in getrennten, rein englischsprachigen Schulen, dem wichtigsten Instrument für das Auslöschung anderer Sprachen als Englisch in den Vereinigten Staaten.

Der Widerstand gegen bilinguale Bildung und das Lehren jener Sprachen, die als „andere" betrachtet wurden, erstreckte sich graduell auf alle ethnolinguistischen Gruppen. Nach dem Louisiana-Erwerb von 1803 hatten Schulen in Louisiana bilingualen Unterricht auf Französisch und Englisch angeboten. Doch schon 1921 verlangte die Verfassung des Staates Louisiana, dass alle öffentlichen Schulen nur auf Englisch unterrichten (del Valle, 2003). Die linguistischen Praktiken von Schweden, Ukrainern, Finnen, Litauern, Polen, Slowaken, Griechen, Russen, Italienern und Juden wurden suspekt, als die Einwanderung zur Wende des 20. Jahrhunderts anstieg. Präsident Theodore Roosevelt erfasste die Stimmung der Zeit als er 1915 sagte, dass „es nicht nur ein Unglück, sondern ein Verbrechen wäre, die sprachlichen Unterschiede dieses Landes aufrechtzuerhalten", und empfahl, Einwanderer, die nach fünf Jahren kein Englisch gelernt hatten, in ihre Heimatländer zurückzuschicken (zitiert in Castellanos, 1983, S.40). Als Deutschland zum Feind der Vereinigten Staaten im Ersten Weltkrieg wurde, wurde die deutsche Sprache ebenfalls für suspekt erklärt. Bilinguale Bildung wurde aufgegeben und sogar das Lernen von Sprachen, die als „fremd" betrachtet wurden, beschränkt. Bis 1923, als der US Supreme Court die restriktiven Sprachgesetze in *Meyer gegen Nebraska* niederschlug, gab es vierunddreißig Staaten, die den Gebrauch von Sprachen, die nicht Englisch waren, als Unterrichtssprache verboten (Crawford, 2004; García, 2009).

Öffentliche bilinguale Bildung für ethnolinguistische Communitys fand kein schnelles Wiederaufleben. Als die Einschränkung aufgehoben wurde, etablierten ethnolinguistische Gruppen, die über die notwendigen wirtschaftlichen Mittel verfügten, ergänzende Schulen, die Unterricht zur Unterstützung ihrer linguistischen und kulturellen Praktiken anboten und am Wochenende oder nach der Schule stattfanden. Manche Communitys waren in der Lage, private bilinguale Schulen zu entwickeln. Zum Beispiel erzählt Epstein (1977) uns, dass die franko-amerikanische Community bis 1940 249 bilinguale Schulen „mi-anglais, mi-français, à part égales" (Epstein, 1977, S.37) betrieb. Doch trotz einiger erfolgreicher Bemühungen hatten andere sprachliche Minderheiten, die ebenso rassistisch behandelt wurden, um sie zu unterwerfen und kolonisieren – Native Americans, mexikanische AmerikanerInnen und andere LateinamerikanerInnen, nicht die wirtschaftlichen Mittel oder die politische Macht, ihre eigenen bilingualen Schulen zu gründen.

Die amerikanische bilinguale Bildungstradition neu interpretiert

Im Verlauf der Civil Rights Ära forderte die lateinamerikanische Community bilinguale Bildung nicht nur als Mittel, ihre Kinder zu unterrichten, sondern auch als ein „Mittel zur Verwirklichung des Versprechens gleicher Bürgerrechte" (Del Valle, 1998, S.194). Dies schloss radikale politische Organisationen von LateinamerikanerInnen, wie die *Brown Berets* und die *Young Lords* ein, die bilinguale Bildung als ein Weg sahen, Kontrolle über die Community auszuüben und die Wirtschaft der lateinamerikanischen Community zu verbessern (Flores, 2016; Flores & García, bevorstehende Veröffentlichung). Doch was die lateinamerikanische Community bekam, war gänzlich anders.

1965, im Rahmen von Präsident Lyndon Johnsons Krieg gegen Armut, verabschiedete der Kongress den *Elementary and Secondary Education Act (ESEA)*. Drei Jahre später, 1968, wurde ESEA erneut bestätigt und um den Titel VII erweitert, *The Bilingual Education Act*. Diese Gesetzgebung stellte den Schulbezirken Mittel zur Verfügung, die bilinguale Programme etabliert hatten, um SchülerInnen zu unterrichten, die kein Englisch sprachen und Förderunterricht benötigten, damals mehrheitlich mexikanische AmerikanerInnen und Puerto-RicanerInnen, jedoch auch Native Americans und UreinwohnerInnen Hawaiis und Alaskas. Bilinguale Bildung kam in neuer Gestalt zurück an die Schulen und beschränkte sich auf SchülerInnen, deren Englischkompetenzen die US-Bundesregierung als „begrenzt" einstufte und das entsprach nicht den Wünschen der unterschiedlichen ethnolinguistischen Communitys, auch nicht derjenigen, denen sie helfen sollte. Schließlich wurden diese vom Bund geförderten Programme als Übergangsprogramme definiert, wobei die nicht-englische Sprache nur dazu diente, den Mangel an Englisch auszugleichen, und dies nur vorübergehend. Von Anfang an gab es Spannungen unter den ethnolinguistischen Communitys, die darauf bestanden, dass sie bilinguale Bildung für ihre Kinder wollten, obwohl diese bereits bilingual waren. Der Schauplatz für ein halbes Jahrhundert an Verwirrung und kontinuierlichen Angriffen war geschaffen.

Die US-Bundesregierung erwartete, dass die Mittel nur für übergangsweise bilinguale Bildung benutzt wurden. Aber Schulbezirke mit hauptsächlich lateinamerikanischen und Native American PädagogInnen und SchülerInnen, jedoch auch einige mit anderen ethnolinguistischen Communitys, benutzten ihre bilingualen Programme um Familien zu dienen – einigen, deren Kinder hochgradig bilingual waren, anderen, die es überhaupt nicht waren. Die Angriffe vieler auf diese bilingualen Entwicklungs- und

Erhaltungsprogramme waren bösartig. 1980 fasste Präsident Ronald Reagan kurz nach seinem Amtsantritt zusammen, was zur verbreiteten Meinung der mächtigen Mehrheit geworden war:

> Es ist absolut falsch und gegen amerikanische Konzepte, bilinguale Bildungsprogramme zu unterhalten, welche nun offen und zugegebenermaßen dem Erhalt ihrer Muttersprache gewidmet sind und sie niemals adäquat im Englischen werden lässt, sodass sie in den Arbeitsmarkt gehen und teilnehmen können (zitiert in García, 2009).

Schrittweise wendete sich das Blatt gegen die bilinguale Bildung auch in den Staaten, die diese zuvor unterstützt hatten. Drei Staaten – Kalifornien, Massachusetts und Arizona – erklärten bilinguale Bildung um die Wende des 21. Jahrhunderts für illegal und bilinguale Bildungsprogramme im ganzen Land begannen zu schließen (Menken & Solorza, 2014). Viele bilinguale Bildungsprogramme wurden durch reine Englisch-Programme ersetzt, einige davon waren Englisch-als-Zweitsprachen-Programme, die den regulären Unterricht ergänzten, andere waren eigenständig strukturierte englische Immersionsprogramme, auch als *sheltered English* bekannt. Die amerikanische bilinguale Tradition, von Regierung und Bildungsbehörden neu interpretiert, beugte sich dem englischen einsprachigen Unterricht.

Bilinguale Bildung umgeformt zur „Zweisprachigkeit"

Während bilinguale Bildung kapitulierte, war eine Bewegung im Gange, um einiges davon unter anderem Deckmantel zu retten. Jetzt als „wechselseitige zweisprachige Bildung" oder „wechselseitige Immersion" bezeichnet, in der Bemühung das Wort „bilingual" zu vermeiden, verlangte der neue Vorschlag, dass die eine Hälfte der Schüler Englischlernende und die andere Hälfte Lernende der anderen Sprache sein sollten (Lindholm-Leary, 2011). Diese Bewegung für die wechselseitige Zweisprachigkeit fiel mit der größeren Kommodifizierung von Bilingualität in einer zunehmend globalisierten Welt zusammen. Aber in der Art und Weise in der sie eingerichtet waren, waren diese bilingualen Programme, die sich „zweisprachig" nannten, ebenfalls in Kontroversen verstrickt; denn sie wandten sich mehr und mehr an weiße einsprachige Englischsprechende, und ließen die ethnolinguistischen Communitys, die weiterhin den Wunsch nach bilingualen Entwicklungs- und Erhaltungsprogrammen für ihre Kinder pflegten, zurück (Valdés, 1997). Ebenso kontrovers waren die Vorschriften in vielen Schulbezirken, denen zufolge 50% der Schüler der einen Gruppe und 50% der anderen Gruppe entstammen mussten, denn Communitys und besonders die weiterhin in den USA weit verbreiteten segregierten Gruppen setzen sich nicht aus der gleichen Anzahl unterschiedlicher SchülerInnen zusammen. Zusätzlich fühlten sich manche ethnolinguistische Communitys um eine Möglichkeit auf bilingualen Unterricht betrogen, denn nun mussten 50% der Plätze mit Englischsprachigen gefüllt werden, was ihnen nur die Hälfte der Chancen auf bilinguale Bildung gab.

Mit der Zeit entwickelten einige Communitys etwas, das als „einseitige zweisprachige Programme" bekannt wurde, bilinguale Programme, welche für nur eine nicht-englische ethnolinguistische Gruppe gedacht waren. Ein paar Schulbezirke begannen, Immersionsprogramme speziell auf Mandarin, Spanisch und Französisch für ihre englischsprachigen Schüler einzuführen. Obwohl bilinguale Immersionsprogramme für weiße, einsprachige Mittelklassenkinder selten sind, werden sie nicht kontrovers gesehen. Nichtsdestotrotz wird die bilinguale Bildung von ethnolinguistischen Communitys mit Einwanderungs- oder rassistisch determiniertem Hintergrund weiterhin kontrovers gesehen. Und so werden sogenannte einseitige zweisprachige Bildungsprogramme, vorher als bilinguale Entwicklungs- und Erhaltungsprogramme bezeichnet, weiterhin mit Skepsis betrachtet.

Sprachpraktiken weißer, einsprachiger MittelklassenamerikanerInnen sind die einzig legitimierten an öffentlichen US-Schulen, während die anderen stigmatisiert werden. Sowohl einseitige als auch wechselseitige bilinguale zweisprachige Programme werden häufig vernachlässigt, wenn es darum geht, die Praktiken von bilingualen AmerikanerInnen zu legitimieren, denn sie wurden nach einer Immersionspädagogik aufgebaut, welche den englischsprechenden Mehrheitskindern dient, jedoch nicht auf dem gesamten Sprachrepertoire bilingualer Personen aufbaut. In vielen zweisprachigen Programmen wird Bilingualität als eigenständige zweisprachige Kompetenz angesehen, ein einseitiger Blick auf Bilingualität, der auf nationalen Sprachkonventionen beruht, nicht auf dem einheitlichen linguistischen System der SprecherInnen. Bilinguale SprecherInnen und solche die es werden, aufstrebende Bilinguale, benutzen Sprache übertragend, das heißt sie benutzen Funktionen ihrer einheitlichen linguistischen Systeme, um erfolgreich kommunikative Aufgaben zu erledigen und sich die sozialen Konventionen, die wir als *named languages* bezeichnen – Englisch, Französisch, Spanisch, Arabisch, Chinesisch, Japanisch, Italienisch und so weiter – anzueignen (García & Li Wei, 2014; Otheguy, García & Reid, 2015). Doch viele bilinguale Bildungsprogramme, sowohl wechselseitige als auch einseitige, versäumen es, das gesamte kommunikative Repertoire des Kindes wirksam einzusetzen und begrenzen ihre Bemühungen auf diejenigen, die mit Funktionen des sogenannten „reinen Englisch" Standards oder der anderen Standardsprache ausgestattet sind. Die linguistischen Praktiken, die Bilingualität charakterisieren, und oft nicht mit einer Standard *named languages* oder einer anderen übereinstimmen, werden stigmatisiert und den Kindern wird die Möglichkeit genommen, diese Praktiken zu erweitern. Bilinguale Programme, die auf diese Art und Weise handeln, tragen zur linguistischen Unsicherheit aller bilingualen Kinder bei, egal welcher Art. Da sie weder die amerikanischen ethnolinguistischen Communitys reflektieren, noch von ihnen geführt werden, trägt diese strikte Interpretation von separaten Kompetenzen zweier Sprachen zum Selbstzweifel und Mangel an selbstbewusster Bilingualität bei bilingualen Kindern bei.

Eine Kehrtwende in der bilingualen Bildung

Wie ich eingangs sagte, ist der wichtigste Beitrag von Fabrice Jaumonts Buch, dass es einen Ansatz an Bilingualität verfolgt, der *den ethnolinguistischen Communitys und ihrem Wunsch nach bilingualem Unterricht für ihre Kinder die Macht zurückgibt.* Die bilinguale Bildung macht eine 180-Grad-Wende, die sie zurück in ihre Ausgangslage bringt – als eine Form, den Wunsch der Communitys anzuerkennen, ihre Kinder bilingual zu erziehen.

Das Feld der bilingualen Bildung hat sich auf die Frage konzentriert, wie Programme konstruiert sein sollten und wie LehrerInnen lehren sollten. Doch die wichtigste Komponente bilingualer Bildung, die ethnolinguistischen Communitys und die Eltern selbst, und vor allem Mütter, die immer schon eine so wichtige Rolle bei der Bildung ihrer Kinder spielten, wurden komplett ausgelassen. Dies ist ein Buch, das Eltern schult, sodass sie zu pädagogischen LeiterInnen werden und die Entwicklung der bilingualen Bildungsprogramme leiten können, die ihren Kindern und ihren Communitys dienen. Diesen bilingualen Bildungsprogrammen sind die linguistischen oder kulturellen Praktiken ihrer Kinder nicht suspekt. Sie würdigen den Fundus an Wissen, den die Communitys besitzen. Dieses Buch erzählt die Geschichte von echten Eltern, die ihre Community organisieren und dafür kämpfen, die Richtung amerikanischer Bildung heute zu ändern. Wir sehen, dass die Partnerschaften, die die Eltern aufbauen, nicht nur zwischen ihnen selbst oder mächtigen Organisationen entstehen, sondern auch zwischen ihnen und anderen Personen und Communitys, die Erlebnisse und Erfahrungen mit dem Kampf haben. Es zeigt sich, dass diejenigen Eltern die größte Energie besitzen, die an bilingualer Bildung interessiert sind und sich dieser verpflichtet haben. Dies ist nicht die übliche elterliche Beteiligung oder das Engagement, von der in der Bildungsliteratur die Rede ist. Dies ist die Führungskraft von Eltern, die einen Wandel an Schulen herbeiführen. Die Machtdynamiken sind umgekehrt, da es die Community selbst ist, die am Steuer sitzt, die Kehrtwende macht und den Weg weist.

Es ist bemerkenswert, dass diese Elternrevolution in diesem Buch als Ereignisse in New York City dargestellt werden, einem „multilingualen *apple*" in welchem AmerikanerInnen schon immer unterschiedliche linguistische und kulturelle Praktiken ausübten (García & Fishman, 2001). Es ist ebenso bemerkenswert, dass ein Akademiker französischer Herkunft, der in den Vereinigten Staaten lebt und arbeitet, derjenige ist, der die bilinguale Revolution erkannt (und in vielerlei Hinsicht angeführt) hat. Jaumonts Rolle, sowohl bei der Anleitung der Eltern, die Vorteile bilingualer Bildung zu verstehen, als auch in der Unterstützung bei der Selbstorganisation von Eltern aller Herkunft, ist ohnegleichen, da er von Anfang an wusste, dass nur Eltern und Communitys Antreiber des Wandels sein können. Der Erfolg der amerikanischen bilingualen Bildungstradition wird auf der Willenskraft von Eltern beruhen. Doch Willenskraft allein ist nicht genug und darum bietet Jaumont in diesem Buch einen Plan, wie man erfolgreiche bilinguale Bildungsprogramme initiieren und unterstützen kann.

Wie dieses Buch zeigt, ist diese elterngeführte Revolution für bilinguale Bildung nicht in allen Communitys dieselbe. Anders als zweisprachige Programme, die von örtlichen Bildungsbehörden vorgeschrieben sind und alle der gleichen Form entspringen, überlässt dieses Buch die Gestaltung der Programme den spezifischen Communitys. Natürlich müssen sich die ethnolinguistischen Communitys an bestimmte Regeln halten, die von den Schulbezirken vorgeschrieben sind, aber wie sie das tun unterscheidet sich von Community zu Community. Tatsächlich ist eine der größten Lehren aus Jaumonts Buch, dass es trotz der heutigen größeren ethnolinguistischen Vielfalt möglich ist, bilinguale Bildungsprogramme für unterschiedliche Communitys zu entwickeln und zu unterhalten. Die Bemühungen der arabischen, chinesischen, englischen, französischen, japanischen, italienischen, deutschen, polnischen, russischen und spanischsprachigen Communitys, die in diesem Buch portraitiert sind, waren alle unterschiedlich. Ihre Handlungen dienten ihren persönlichen, aber auch darüber hinaus gehenden Interessen. Jaumont zeigt nicht nur die Erfolge der Eltern, sondern auch ihre Schwierigkeiten und

Niederlagen und wie sie sich den politischen und sozialen Zwängen anpassen mussten, um zu überleben.

Jaumont macht mit uns eine Kehrtwende, indem er die Gestaltung bilingualer Bildung an Familien und Communitys zurückgibt und uns daran erinnert, dass dort alles begann, im 18. sowie im 20. Jahrhundert. Unsere Erfahrung lehrt uns, dass es nicht einfach ist, bilinguale Bildungsprogramme von unten herauf aufzubauen. Doch es ist ein wichtiger Kampf, der schon immer Teil des amerikanischen Ethos war und auf den sich heute Communitys im ganzen Land von neuem besinnen. Mehr als alles andere ist dieses Buch eine Hommage an die harte Arbeit von Eltern und Communitys, die bilinguale Bildung trotz Kämpfen und Widerständen immer möglich gemacht haben. Und besonders indem die wichtige Rolle von Frauen in dieser Revolution sichtbar gemacht wird – Mütter und Lehrerinnen, die immer schon Betreuerinnen und Pädagoginnen waren – werden wir daran erinnert, dass die Zukunft von unseren amerikanischen bilingualen Kindern in guten Händen liegt, in Händen, die sich weigern, ihre Fürsorge und ihre unterstützende Rolle einfach an Schulbürokratien abzugeben.

Einleitung

Der Aufruf zum Handeln

Wie wäre die Welt, wenn jedes Kind bilingual aufwachsen könnte? Dank der bilingualen Revolution werden wir es vielleicht bald herausfinden. Durch die harte Arbeit von Eltern und PädagogInnen verändert ein erneutes Aufleben der bilingualen Programme die Bildungslandschaft von Schulen, Communitys und Ländern rund um die Welt. Während der letzten zwei Jahrzehnte hat sich die amerikanische Herangehensweise an bilinguale Bildung allmählich von der Beherrschung einer Sprache, hin zum Ziel der Bilingualität, sprachlichen Bereicherung und Bewahrung von Herkunft und Kultur gewandelt. Dieser neue Ansatz hat linguistische Communitys dazu veranlasst, neue zweisprachige Programme zu schaffen, die sich dieser Ziele annehmen. Die neuen Programme zogen Tausende und Abertausende Familien an, die Mehrsprachigkeit unterstützen, und weckten das Interesse vieler Eltern, die sich wünschen, dass sie selbst Zugang zu solchen Programmen an ihren örtlichen Schulen gehabt hätten, als sie jünger waren.

Obwohl die Wurzeln der bilingualen Bildung in den Vereinigten Staaten bis ins frühe 17. Jahrhundert zurückverfolgt werden können, zeichnet sich ein neues Phänomen mit drei Zielen ab. Erstens, die einzelnen Kulturen der Familien und linguistischen Communitys zu bewahren und dieses kulturelle Erbe als wichtigen Teil unseres gesellschaftlichen Mosaiks zu fördern. Zweitens, dazu beizutragen, die Versöhnung zwischen Eltern und Schulen zu erleichtern und einen produktiven Dialog zwischen Eltern, Schulverwaltungen und professionellen PädagogInnen zu ermutigen. Und drittens, die Förderung eines sozialen, ökonomischen und kulturellen Umfelds, das alle respektiert und dabei hilft, die Kluft zu überbrücken, die uns heute teilt.

Bilinguale Bildung hat für Jeden eine unterschiedliche Bedeutung. Manche möchten Zugang zu Englisch und der damit verbundenen Chancengleichheit. Andere möchten ihre Herkunft bewahren und nutzen dazu die bilinguale Bildung. Wiederum andere sind an den Vorteilen der Bilingualität zur kognitiven Weiterentwicklung interessiert. Und andere interessieren sich für den Erwerb einer zweiten, dritten oder vierten Sprache wegen der beruflichen Möglichkeiten und Vorteile, die sich daraus ergeben. Letzten Endes teilen diese Perspektiven dasselbe Ziel: eine mehrsprachige Gesellschaft mit größerem Zugang zu Sprachen und Kulturen zu erschaffen. Eines der Hauptziele dieses Buchs ist es, diese unterschiedlichen Perspektiven miteinander zu verknüpfen und dafür zu sorgen, dass mehr zweisprachige Programme entstehen, um mehr Möglichkeiten für alle Kinder zu schaffen. Bilingual zu sein ist weder überflüssig noch das Privileg von wenigen Glücklichen. Bilingual zu sein ist kein Tabu mehr für ImmigrantInnen, die sich so sehr für ihre Kinder wünschen, dass sie sich nahtlos in ihre neue Umgebung einfügen. Bilingual zu sein ist die neue Norm und muss bei unseren jüngsten BürgerInnen beginnen. Indem wir so vielen Kindern wie möglich die Vorteile der Bilingualität bieten, können wir einen zukunftsfähigen Ansatz des 21. Jahrhunderts entwickeln, der das Wachstum unserer Gesellschaften fördert, indem er Communitys dazu ermutigt in ihr linguistisches Erbe zu investieren, Schulen dazu drängt, sprachliche Bildung anzunehmen und neue Generationen zu mehrsprachigen WeltbürgerInnen erzieht. Diese Vision wird durch den Glauben gestärkt, dass wenn qualitativ hochwertige bilinguale Bildung für jedermann verfügbar ist – an öffentlichen Schulen landesweit, von der Vorschule bis zur Hochschule – sich die Erfolgschancen unserer Kinder verbessern, unsere Schulen aufblühen und unsere Communitys gedeihen. Noch wichtiger ist, dass das Wesen dieser bilingualen Revolution darin besteht, die Eltern in den Mittelpunkt des Wandels zu stellen, da sie die Macht haben, die Bildungslandschaften ihrer Communitys zu verändern.

Die Eltern, welche die jüngsten zweisprachigen Programme angeführt haben, von denen einige in diesem Buch berichten, schätzen die Vorteile von Bilingualität, zweifacher Alphabetisierung, und Bikulturalität. Sie fordern, dass Schulen dabei helfen, diese mehrsprachigen Kompetenzen zu fördern und unterstützen den frühstmöglichen Erwerb neuer Sprachen, vorzugsweise durch immersive Programme. Einige dieser Eltern sind auch durch den starken Wunsch getrieben, ihr linguistisches Erbe zu erhalten, und fordern, dass Schulen auf die Herkunftssprache und -kultur ihrer Kinder wertlegen. Während Schulbehörden bilinguale Bildung neu gestalten, sodass sie mehr Kindern zu Gute kommt und neue Ziele verfolgt, ist das Ziel dieses Buchs, Eltern zu ermutigen etwas zu bewegen, indem sie Initiativen gründen und neue zweisprachige Programme etablieren. Dies wäre von riesigem Nutzen für jede Gesellschaft, deren BürgerInnen bereit sind, sich der Welt – der Welt von anderen – zu öffnen, indem sie neue Sprachen beherrschen und neue Kulturen entdecken. „Die Bilinguale Revolution" erzählt die Geschichte eines basisdemokratischen Ansatzes, der von den Bemühungen von Eltern angetrieben wurde, die Schulen und Communitys auf beispiellose Weise positiv verändert haben.

Wo Fange Ich An?

Um erfolgreich zu sein, sollten Eltern sich über verschiedene Aspekte von Bilingualität, bilingualer Bildung, Engagement in der Community und der Organisation von Elterngruppen informieren. Gleichzeitig müssen sie ebenso die Partnerschaften verstehen, die erforderlich sind, um ein starkes Programm aufzubauen und die Einsatzbereitschaft der SchulleiterInnen, das Engagement der PädagogInnen und die ständige Einbindung der Eltern auf allen Ebenen zu erreichen. Mit solch einem sachkundigen Ansatz und Sensibilität können Eltern und Schulen, die diese Programme durchführen, von der facettenreichen Bevölkerung, der sie dienen, profitieren. Diese Programme fordern auch die Vielfalt der Lehrerschaft sowie ihr Können, linguistische und kulturelle Unterschiede in ihre Pädagogik einzubinden. Da dieses Modell reich an kognitiver Weiterentwicklung und vorteilhaft für die

Gehirnfunktionen ist, sind die Vorteile für unsere Kinder und Communitys signifikant. Die folgenden Kapitel werden diese wichtigen Erkenntnisse und Konzepte vertieft erläutern und Schritte aufzeigen, sodass mehr bilinguale Programme etabliert werden können. Konzipiert als praktischer und zugänglicher Leitfaden, der Eltern und PädagogInnen bei ihrem Projekt begleitet, ist „Die Bilinguale Revolution" die Geschichte einer in Brooklyn geborenen Bewegung, erzählt aus der Sicht von Eltern und Lehrenden, die bilinguale Kurse an ihren Schulen gegründet haben. Diese Eltern waren überzeugt, dass bilinguale Bildung ein Allgemeingut ist, das überall angeboten werden sollte, da sie ein Kind, eine Schule und sogar ein Land konstruktiv verändern kann.

Der Plan, der in diesem Buch präsentiert wird, bietet Lesern das Wissen und die Werkzeuge und gibt Erfahrungen weiter, die nötig sind, um effektive zweisprachige Programme zu entwickeln. Dieser Plan wurde von Eltern sowie Lehrenden gestaltet, sodass andere ebenso ihre eigenen bilingualen Initiativen in allen Ecken der Welt ausbauen und entwickeln können. Inspiriert vom Geist dieser Bewegung, zielt das Buch darauf ab, die Energie und Vision der Eltern und Lehrenden in New York City einzufangen, die die Wichtigkeit zweisprachiger Bildung in einem stetig globalisierenden 21. Jahrhundert voraussahen. Der Antrieb und kooperative Geist dieser motivierten Gruppe treibt die bilinguale Revolution bis heute an und bringt neue Initiativen in Communitys quer durch die Vereinigten Staaten und rund um die Welt hervor. Obwohl New York als Kulisse für dieses Buch dient, glaube ich, dass dieser Plan nicht nur auf große urbane Zentren angewandt werden kann und dass bilinguale Programme überall aufblühen können.

Eine inspirierende Erfolgsgeschichte

New York City, wo die Hälfte der Bevölkerung zu Hause eine andere Sprache als Englisch spricht, ist ein Mikrokosmos der Welt, der als passender Schauplatz für dieses Buch dient. New York City ist die ideale Drehschreibe für eine bilinguale Revolution. Da die

Stadt mehr als 100 000 Kinder in 200 bilingualen Programmen betreut, beherbergt New York in großem Maßstab eine Schülerpopulation mit vielfältigen Sprachfertigkeiten. Bilinguale Bildung wird nun in einer Mehrzahl von Sprachen angeboten: Zum Zeitpunkt der Veröffentlichung umfassten diese Spanisch, Mandarin, Französisch, Arabisch, Deutsch, Creole, Italienisch, Japanisch, Russisch, Bengali, Polnisch, Urdu, Koreanisch und Hebräisch. Viele persönliche Geschichten und Berichte über diese Programme sind in diesem Buch dargestellt. Außerdem hat die ehemalige Kanzlerin Carmen Fariña, die ihr ganzes Berufsleben lang eine starke Befürworterin der bilingualen Bildung war, während ihrer Amtszeit als Kanzlerin des New Yorker Bildungsministeriums die Ausweitung von zweisprachigen Programmen in der ganzen Stadt stark gefördert.[1] Ihr Nachfolger Richard Carranza scheint ebenso entschlossen, diese Entwicklung weiter zu verfolgen. Indem sie zweisprachige Programme an öffentlichen Schulen einrichtet, bietet die Stadt kollektiven Zugang zu qualitativ hochwertiger bilingualer Bildung für Kinder diverser sozioökonomischer und ethnischer Hintergründe. Zweisprachige Programme existieren seit über zwanzig Jahren in New York und ersetzen schrittweise und erfolgreich traditionelle Modelle bilingualer Bildung, die sich darauf konzentrieren, ImmigrantInnen Englisch beizubringen.

Frühere bilinguale Programme wurden in der Regel übergangsweise angeboten und waren dafür gedacht, nicht-englischsprachigen Schülern zu helfen, versiert Englisch zu sprechen, während sie gleichzeitig alters- und schuljahrgangsgerechtes Wissen in ihrer Muttersprache vermittelt bekommen und lernen. Dieser Ansatz sollte den Schülern den Übergang in die englische Sprache und das allgemeine Lehrprogramm erleichtern, hat aber wenig dazu beigetragen, die Muttersprache der Schüler zu entwickeln oder gar zu erhalten, wodurch einige von ihnen letztlich mononlingual wurden. Laut Gesetz verlangen viele Staaten in den USA, dass ein bilinguales Programm eingerichtet wird, wenn eine Schule zwanzig oder mehr Schüler mit begrenzten Englischkenntnissen in derselben Stufe hat, die demselben Gebäude und derselben Muttersprache zugeordnet sind.[2] In New York City muss eine bilinguale Klasse eingerichtet werden, wenn fünfzehn Schüler dieselbe Sprache sprechen und entweder in der gleichen oder zwei aufeinander folgenden Stufen sind.

Über New York City hinaus

Ähnliche Programme wurden in Hunderten von Städten in den USA und rund um die Welt entwickelt. „Die Bilinguale Revolution" ist eine Geschichte von Erfolgen, aber auch von Rückschlägen, erzählt durch die Berichte von Eltern und Pädagogen. In ihrer Vielfalt illustrieren diese Portraits eine zukunftsfähige Strategie des 21. Jahrhunderts, linguistisches Erbe zu bewahren und eine neue Generation von bilingualen, zweisprachig gebildeten und multikulturellen WeltbürgerInnen heranzuziehen.

Kinder sowie Erwachsene sind Teil dieser Bewegung, um linguistische, kulturelle und historische Bindungen zu ihren ethnolinguistischen Communitys zu bewahren. Der Wunsch nach bilingualen Programmen hat die Schulen im Sturm erobert. 2013 berichteten 39 Staaten und der District of Columbia, ein oder mehrere zweisprachige Programme implementiert zu haben.[3] Es wird erwartet, dass diese Zahl in den kommenden Jahren exponentiell wachsen wird.

Bilinguale Bildung hat enormes Potential. Warum? Weil unsere Kinder Teil einer schrumpfenden Welt sind, in der Sprachen als ein Weg dienen, um andere rund um den Globus und sich selbst zu verstehen. Unsere Kinder haben die Möglichkeit verdient, sich nicht nur mit ihren Verwandten und FreundInnen, sondern auch mit ihrer eigenen Kultur und Geschichte und die anderer zu verbinden. Dieser Lernansatz hat das Potential, Respekt, Toleranz und gegenseitiges Verständnis zu fördern. Dies sind die Grundpfeiler einer friedlichen Welt.

Wir müssen zu Hause angeeignete Bilingualität akzeptieren und weiterentwickeln, doch dies kann nur geschehen, wenn wir diese Sprachen an öffentlichen Schulen anbieten. Darüber hinaus lernen Kinder mit Migrationshintergrund, die in einem Umfeld aufwachsen, das die Sprache ihrer Eltern wertschätzt, die dominierende Sprache schneller, wie viele in diesem Buch besprochene Studien zeigen. Heute profitieren immer mehr SchülerInnen von zweisprachigen Vollzeit-Programmen an öffentlichen Schulen und schließen die Schule vollständig bilingual, zweifach alphabetisiert und bikulturell ab. Eine zunehmende Anzahl von Sprachgemeinschaften sind der bilingualen Revolution beigetreten, wie die Beispiele in diesem Buch belegen.

Einige Worte der Vorsicht

Bevor wir zur zentralen Idee hinter diesem Buch kommen, ist es wichtig anzuerkennen, dass dieses Buch nicht vorgibt, all die vielen umfangreichen Themen zu behandeln, die die bilinguale Bildung betreffen und manchmal auch quälen – insbesondere im Zusammenhang mit der öffentlichen Bildung in den Vereinigten Staaten. Themen rund um Rasse, Armut, Segregation, Klasse und Gentrifizierung hatten und haben weiterhin signifikanten Einfluss auf die Entwicklung von bilingualen Bildungsprogrammen und auf öffentliche Bildung in diesem Land. Wir müssen darauf achten, dass diese Programme nicht ausschließlich für die Privilegierten zugänglich sind und weiterhin solidarisch mit den Minderheiten-Communitys arbeiten, die am meisten von diesen Programmen profitieren und am meisten verlieren, sollten ihre Wohnviertel gentrifiziert werden. Diese Themen müssen ernsthaft und detailreicher untersucht werden, als es im begrenzten Rahmen dieses Buches möglich ist. In diesem Buch und im Literaturverzeichnis wird auf viele wissenschaftliche und maßgebliche Studien für die weiterführende Lektüre verwiesen, um den Lesern die Möglichkeit zu geben, tiefer in diese sensiblen Themen einzutauchen.

Da den ForscherInnen die Vorteile von Bilingualität und Multikulturalität immer deutlicher werden – im Besonderen der Einfluss von Bilingualität auf kognitive Entwicklung, kritisches Denken und Sensibilität gegenüber anderen Menschen und Kulturen – strebt „Die Bilinguale Revolution" danach, unterschiedliche Gruppen von Eltern zu inspirieren und zu ermutigen, bilinguale „Revolutionäre" zu werden. Diese Personen werden nicht nur BefürworterInnen bilingualer Bildung, sondern wahre VorreiterInnen, die gewillt sind, positiven Wandel in ihren Gesellschaften voranzutreiben und die Öffentlichkeit mit öffentlichen Schulen neu zu begeistern, während sie gleichzeitig ein aktives (soziales, wirtschaftliches und kulturelles) Gemeinschaftsleben und gegenseitiges Verständnis und Respekt für Minderheiten und Menschen mit unterschiedlichem soziolinguistischen und ökonomischen Hintergrund fördern. Dies ist der Weg, um den lähmenden Teufelskreis zu durchbrechen, bei dem der Zugang zu guter Bildung häufig an das Haushaltseinkommen und den Status gekoppelt ist. Die Stimmen der alten und neuen Revolutionäre werden in diesem Buch gehört, während ihre Geschichten sich mit dem übergreifenden Thema dieses Buches verflechten: dem einer besseren Zukunft für unsere Kinder und unsere Welt.

Kapitel 1

Die Willenskraft der Eltern: Yes, You Can...

R und um die Welt verdanken viele neu gegründete bilinguale Programme einen großen Teil ihres Erfolgs der schieren Willenskraft der Eltern. Eine große Mehrheit der zweisprachigen Programme in den USA wurde geschaffen, schlicht weil Eltern um sie baten oder die Schulführung von ihren Vorteilen überzeugen konnten. Eltern sind seit langem starke BefürworterInnen bilingualer Bildung und haben die Implementierung zweisprachiger Programme mit finanziellen Beiträgen, Fundraisingaktionen und ehrenamtlicher Arbeit unterstützt. Dies ist nicht nur ein amerikanisches Phänomen; es gibt eine Vielzahl von internationalen Beispielen für Initiativen von Eltern, die an bilingualer Bildung für ihre Kinder interessiert sind, um entweder eine neue Sprache zu lernen oder ihr linguistisches Erbe zu bewahren. Was all diese Bewegungen miteinander verbindet, ist der überwältigende Wunsch und die Absicht, ihren Kindern wertvolle Fähigkeiten und Vorteile mitzugeben, damit sie in einer vernetzten, globalen Welt erfolgreich sein können.

Sich seiner Macht bewusst sein

Historisch gesehen war die Gründung und Umsetzung von zweisprachigen Bildungsprogrammen in den Vereinigten Staaten ein direktes Ergebnis der engagierten Arbeit von BürgerrechtlerInnen - viele von ihnen waren selbst Eltern, die sicherstellen wollten, dass ihre Kinder die Möglichkeit hatten, in der Schule zu lernen und in der Gesellschaft erfolgreich zu sein -, die in den 1970er und 1980er Jahren darum kämpften, Gerichtsverfahren für neu angekommene Einwanderer zu gewinnen, die wenig bis kein Englisch sprachen.[4] Diese Eltern bewiesen erfolgreich, dass ihre Kinder ein Recht auf bilinguale Bildung hatten, indem sie die Nachteile einsprachiger Bildung für Schüler, die Englisch als zweite Sprache lernten, hervor hoben und zusätzlichen Unterricht in der Muttersprache ihrer Kinder forderten. Dank der Pionierarbeit dieser AktivistInnen sind Eltern in den Vereinigten Staaten nun gesetzlich berechtigt, das Spracherwerbsprogramm ihrer Wahl zu bestimmen, wenn genügend Eltern in ihrer öffentlichen Schulgemeinschaft eine Klasse bilden wollen.

Die Anzahl der Erfolgsgeschichten von Elterngruppen rund um die Welt, die ihren Einfluss nutzten, um die Gründung von bilingualen Programmen voranzutreiben, ist wahrlich bemerkenswert. In Frankreich, wo bilinguale Bildung von der Regierung stark reguliert wird, begannen bilinguale Programme erst in den frühen 2000ern aufzutauchen, nachdem Elternvereine an der Basis Druck ausübten, um Programme an privaten und mit der Zeit auch an öffentlichen Schulen zu fördern.[5] In Irland, obwohl die Regierung das Lehren von Irisch als zweiter Sprache unterstützte, waren es Eltern, die für bilinguale Programme auf Irisch und Englisch im ganzen Land kämpften – auch jenseits der *Gaeltacht* Regionen, in denen Irisch noch im Alltagsleben gesprochen wird.[6] In Kanada ist eine Elternorganisation namens *Canadian Parents for French* zu einer wichtigen Kraft für das Wachstum bilingualer Programme im ganzen Land geworden, die Kampagnen zur Förderung der französischen Sprache organisieren und Berichte über Themen wie den gerechten Zugang zu Immersionsprogrammen, Anpassungen für Schüler mit Inklusionsbedarf und Arbeitsaussichten für bilinguale Fachkräfte veröffentlichen.[7]

Wenn Eltern sich gut organisieren und ihre Entschlossenheit aufrechterhalten, auch wenn sie vor großen Herausforderungen stehen, können sie zur schlagkräftigen Macht in der öffentlichen Bildung werden. Sie haben das Potential, Zugang zu bilingualen Programmen für Kinder vielfältiger sozioökonomischer und ethnischer Hintergründe zu ermöglichen. Doch wie wir alle wissen, sind Eltern nicht die einzigen Akteure, die in Bildungsgemeinschaften involviert sind. Darum müssen Eltern häufig mit anderen Akteuren auf Schul- und Communityebene zusammenarbeiten, damit ein erfolgreiches zweisprachiges Programm entstehen kann. Es kann manchmal schwierig sein, die Unterstützung von SchulleiterInnen, LehrerInnen und VerwalterInnen, die häufig selbst nicht bilingual und nicht unbedingt sachkundig in Bezug auf bilinguale Bildung sind, zu gewinnen. Um es deutlich zu sagen: Die Last, SchulverwalterInnen und LehrerInnen von dem Wert dieser Programme zu überzeugen, liegt häufig bei den Eltern. Ein ehemaliger Schulleiter einer Schule mit sowohl spanischen als auch französischen zweisprachigen Programmen aus New York hatte dazu folgendes zu sagen:

Eltern haben die größte Macht. Eltern müssen einen Antrag stellen, Briefe schreiben und sich beschweren, denn das wird Wandel hervorbringen – weit mehr als irgendetwas, das ich tun kann, so sehr ich oder andere SchulleiterInnen es auch wollen und versuchen würden. Es sind die Eltern, die tatsächlich die Macht haben. Nicht, dass sie immer erfolgreich sind, aber sie sind immerhin in der Lage, sich bei den Leuten, die diese Entscheidungen treffen, Gehör zu verschaffen.[8]

Wie dieser Schulleiter richtigerweise anmerkt, haben Eltern in der Tat eine maßgebliche Stimme in den öffentlichen Schulgemeinden und können die Aufmerksamkeit wesentlicher Entscheidungsträger auf sich ziehen. Ihre Macht sollte nicht unterschätzt werden.

Was diese Hebelwirkung oft erschwert, ist die Tatsache, dass Schulbehörden häufig nicht genug Möglichkeiten für Treffen der Community schaffen, bei denen Eltern über ihre Gedanken diskutieren können, welche Programme und Initiativen die Schule implementieren sollte. Diese Arten von Zusammentreffen können sehr fruchtbar sein, da sie die Vorbehalte reduzieren, die Verwaltung und Eltern möglicherweise gegenüber Elterninitiativen haben, und das Engagement und die Moral der Eltern fördern. Die positive Energie und der Antrieb, den Eltern mitbringen, können ansteckend sein. Treffen, die die Kluft zwischen Eltern und ErzieherInnen überbrücken, können helfen, unterschiedliche Hindernisse zu überwinden, auf die beide Seiten bei der Erstellung eines bilingualen Programms stoßen könnten (z.B. indem sie von Leuten hören, die erfolgreich Programme der gleichen Art implementiert haben oder indem sie eine gemeinsame Strategie oder einen Aktionsplan entwerfen). Sollten die angesprochenen Schulverwaltungen jedoch nicht offen sein, können Eltern gezwungen werden, alternative und vielleicht konfrontativere Wege zu gehen, um zweisprachige Programme an ihren öffentlichen Schulen zu entwickeln. Obwohl Beschwerden immer als letztes Mittel genutzt werden sollten, um ein zweisprachiges Programm zu lancieren, ist es manchmal der einzige Weg, einen Dialog mit den Schulbehörden einzuleiten, wenn die Kanäle, die Anregungen von Eltern willkommen heißen und wertschätzen, nicht existieren. Es wird empfohlen, dass Eltern sich ihrer Verhandlungsmacht und ihrer Rechte bewusst sind, aber immer zuerst versuchen sollten, eine produktive und kooperative Beziehung mit den anderen Akteuren in ihrer Bildungsgemeinschaft zu schaffen.

Eltern müssen sich darüber bewusst sein, dass mit großen Veränderungen auch immer natürlicher Widerstand verbunden ist, besonders von denen, die nicht eingebunden sind. Das Kennenlernen der größeren Schulgemeinschaft ist entscheidend für den Erfolg jedes zweisprachigen Programms. In New York City zum Beispiel wenden sich viele Eltern, die zweisprachige Programme etablieren wollen, an Schulen in ihren Bezirken, die von erhöhten Einschulungszahlen profitieren könnten oder erhöhte Finanzierung willkommen heißen würden. Diese Elterngruppen könnten den Anschein erwecken, von außen zu kommen und der bestehenden Schulbevölkerung ihren Willen aufzudrücken, ob mit oder ohne Absicht. Eltern sollten sich davor hüten, Konflikte mit der bereits vorhandenen Elternschaft der Schule zu beginnen und besonders darauf achten, sich in die Schulgemeinde, über das zweisprachige Programme hinaus, zu integrieren. Es gilt, zu gewährleisten, dass alle SchülerInnen von den Vorteilen, die eine zusätzliche kulturelle Community an einer Schule mit sich bringt, profitieren. Dieses Ziel kann erreicht werden, indem allen Kindern der Schule Möglichkeiten wie außerschulische Freizeitprogramme, Ausflüge und pädagogische Ressourcen angeboten werden.

Die Community kultivieren

Eltern verschiedenster Herkunft und ethnischer Communitys können zu Architekten bilingualer Bildungsmöglichkeiten werden, die ihren eigenen Herkunftscommunitys zugutekommen. In New York City ist eine große Mehrheit jener Familien, die daran interessiert sind, neue zweisprachige Programme in der Nähe ihrer Wohnsitze zu etablieren, von dem starken Wunsch motiviert, ihr linguistisches Erbe zu erhalten, der über den einfachen Wunsch hinausgeht, ihre Englischkompetenzen zu entwickeln. Menschen mit gemeinsamer Herkunftssprache können die sprachlichen Bindungen, die sie vereinen, durch Intensivierung und Unterstützung zweisprachiger Programme festigen. Es reicht nicht aus, eine Sprache zu Hause ohne mündliche und geschriebene Vertiefung in der Schule zu entwickeln und zu erhalten. Der Verlust einer Sprache und die Assimilierung an die amerikanische Gesellschaft geschehen schnell, vor allem bei Kindern. Zweisprachige Programme sind ideal, da sie Kindern ermöglichen, ihre Fähigkeiten in beiden Sprachen in einem schulischen Kontext zu verbessern, indem ein hoher Prozentsatz des täglichen Unterrichtes sowohl in der Zielsprache als auch auf Englisch stattfindet. Es ist die Aufgabe der Eltern in den Heimatgemeinden dafür zu sorgen, dass ihre Kinder diese Art von Bildung erhalten. Es ist ihr Recht und es lohnt sich, dafür zu kämpfen.

Für Familien mit einer fremden Herkunftssprache gibt es klare und bewiesene Vorteile, die akademische Entwicklung der Muttersprache zu unterstützen. Zum Beispiel kann ein zweisprachiges Programm Kindern ermöglichen, eine Beziehung über Generationen und Sprachhürden hinweg aufzubauen, falls ältere Familienmitglieder wie Großeltern eine andere Herkunftssprache sprechen. Die Vorteile sind noch größer, wenn

Eltern eine Sprache sprechen, die nicht Englisch ist; zweisprachige Programme ermöglichen Kindern, eine tiefere Verbindung zu ihren Eltern zu entwickeln, indem sie sich mit Leichtigkeit in ihrer Muttersprache unterhalten. Das problematische Phänomen des Sprachverlustes tritt allzu häufig in den USA auf. Immer wieder finden eingewanderte Eltern, dass sie mit ihren Kindern nicht in ihrer Muttersprache sprechen sollten, da es sie davon abhält Englisch zu lernen oder sie sind besorgt, dass die Bilingualität der Kinder sie zum Ziel von Diskriminierung machen könnte. Infolgedessen entscheiden sich einige Eltern bewusst, mit ihren Kindern lieber gebrochenes Englisch anstelle ihrer perfekt beherrschten Muttersprache zu sprechen. Diese Vorgehensweise hilft nicht, sondern beeinträchtigt sogar die allgemeinen linguistischen Fähigkeiten der Kinder. Zweisprachige Programme arbeiten daran, dieser schädlichen Verhaltensweise entgegen zu wirken, indem sie sinnvollen Unterricht, sowohl auf Englisch als auch in der Herkunftssprache der Schüler, in akademischem Umfeld anbieten, denn fließendes Sprechen der einen Sprache bestärkt fließendes Sprechen der anderen Sprache.

Zweisprachige Programme bieten auch eine einzigartige Möglichkeit, Beziehungen zwischen vielfältigen Gruppen von Menschen innerhalb einer Gemeinschaft zu pflegen und traditionelle „Identitätshürden" zu überwinden. Da Kinder verschiedener linguistischer Hintergründe, Kulturen und vielleicht auch sozioökonomischen Status, täglich im Klassenzimmer miteinander interagieren, können Familien schließlich Freundschaften und Beziehungen eingehen, die diese scheinbar undurchdringlichen Grenzen überschreiten. Des Weiteren kommen zweisprachige Programme der ganzen Community zugute, da sie die Hilfe motivierter Eltern für schulweite Anliegen in Anspruch nehmen, die Fähigkeiten zur Beschaffung von Finanzmitteln verbessern und die außerschulischen Angebote bereichern. Häufig werden Stadtteile mit neu eingerichteten zweisprachigen Programmen aufgrund des viel gefragten Lehrplans sofort attraktiver, nachdem das Programm beginnt. Dies beeinflusst die lokale Wirtschaft und die Lebensqualität der Nachbarschaft positiv und erweitert in Folge dessen auch die Programme selbst.

Für viele SchulleiterInnen ist ein zweisprachiges Programm ein Weg, ihre Spuren in der Schule zu hinterlassen, indem sie den Einzigartigkeit der bilingualen Programme nutzen. Zweisprachige Programme haben häufig die Macht, scheiternde Schulen zu retten, Testergebnisse in allen Fächern, einschließlich Sprachen, Kunst und Mathe zu verbessern oder einer nicht ausgelasteten Schule eine neue Identität zu verleihen.[9] Ein Schulleiter hat das zweisprachige Programm seiner Schule wie folgt kommentiert:

Wir haben das französische zweisprachige Programm an der P.S. 133 auf ziemlich organische Weise eröffnet. 2009 hat mich eine Gruppe frankophoner Eltern gebeten, die Möglichkeit eines französischen zweisprachigen Programms zu prüfen. Mein stellvertretender Schulleiter, ein Alphabetisierungscoach und ich besuchten eine benachbarte Schule mit einem existierenden Programm und entschieden, dass es eine wunderbare Ergänzung wäre... 2010 stellte ich einen bilingualen Lehrer ein und eröffnete eine in sich geschlossene zweisprachige Klasse. Sagen wir einfach, es war ein riesiger Erfolg. Im darauffolgenden Jahr eröffneten wir zwei Kindergartengruppen und eine erste Klasse und seitdem fügen wir jedes Jahr zwei weitere Klassen hinzu. Zweisprachigkeit ist ein prägendes Merkmal unserer Schule, an der SchülerInnen unterschiedlichste linguistische Hintergründe haben. Der Erfolg des französischen Programms ermutigte die lateinamerikanischen Eltern, um ein spanisches zweisprachiges Programm zu bitten. Fünf Jahre später konnte ich mir keinen mehr Tag vorstellen, ohne Französisch und Spanisch in den Klassenzimmern und auf den Fluren zu hören.[10]

In diesem Fall überzeugten Eltern nicht nur ihren Schulleiter, ein zweisprachiges Programm auf Französisch einzurichten, sie waren auch maßgeblich an der Entscheidung der Schule beteiligt, ein spanisches zweisprachiges Programm anzubieten. Die Bemühungen der engagierten Eltern haben eine einsprachige Schule effektiv in ein

Modell für zweisprachige Bildung verwandelt.

Am Erfolg arbeiten

Einmal etabliert, spielen Eltern eine immense Rolle bei der Unterstützung des zweisprachigen Programms ihrer Schule. Zweisprachige Eltern können als Botschafter ihrer Sprache und ihrer Kultur in der Schulgemeinde fungieren, indem sie kulturelle Veranstaltungen oder Nachmittagsaktivitäten und –stunden organisieren. Es ist sehr wichtig zu zeigen, dass allen Kindern in der Schule etwas zugutekommt und nicht nur denen, die im zweisprachigen Programm sind. Zusätzlich können Eltern dringend benötigte Hilfe innerhalb und außerhalb des Klassenzimmers anbieten, indem sie der Klasse Bücher vorlesen, beim Erwerb von bilingualem Unterrichtsmaterial helfen, ein kulturelles Gericht zum Probieren kochen oder Hausaufgabenhilfe für die Schüler anbieten, die zu Hause kein integriertes linguistisches Unterstützungssystem haben, um nur einige Ideen zu nennen. Wie auch im einsprachigen Klassenzimmer können zweisprachige Eltern als Aufsichtspersonen Klassenausflüge freiwillig begleiten, um Aktivitäten außerhalb des Klassenzimmers um mehrere Sprachen zu bereichern. Marie Bouteillon, eine ehemalige zweisprachige Lehrerin in New York City und hoch angesehene Beraterin für bilinguale Bildung, beschreibt die große Hilfe, die Eltern auf Schulausflügen geleistet haben:

Schwierig für mich war, dass Französisch die Minderheitssprache war, als ich unterrichtete. Wenn wir Schulausflüge machten und alles auf Englisch ablief, machte es einen großen Unterschied frankophone Begleitpersonen dabei zu haben. Sie mit einem hauptsächlich englischsprechenden Schüler zusammenzubringen, war fabelhaft. Es zeigte ihnen etwas völlig anderes, außerdem sprachen sie nicht im akademischen, sondern im sozialen Umfeld Französisch. Das war sehr schön.[11]

Es gibt keine Begrenzung, wieviel Unterstützung Eltern zweisprachigen Klassenzimmern zukommen lassen können und ihre Unterstützung hat das Potential, einen reibungslosen Ablauf der Programme zu gewährleisten und einen großen Erfolg zu erzielen.

Zusätzlich zu der sehr geschätzten und dringend benötigten Hilfe sollten Eltern vorsichtig sein, keinen unnötigen Stress zu verursachen, besonders am Anfang des Programms. LehrerInnen und SchulleiterInnen müssen als fähige Lehrpersonen und VerwalterInnen anerkannt werden, bevor aufgrund persönlicher Meinungen dazu, wie bilingualer Unterricht gestaltet werden sollte, voreilige Schlüsse gezogen werden. Da ein bilingualer Lehrplan nicht über Nacht entwickelt wird, müssen Eltern verstehen, dass die Arbeit der LehrerInnen sehr anspruchsvoll ist und sie sollten den Umfang der Anstrengungen, die erforderlich sind, um ein zweisprachiges Programm aufzubauen, wertschätzen. Eltern sollten sich ein Urteil über bestimmte Lehrstile vorbehalten und nicht vergessen, dass zweisprachige Lehrpersonen grundsätzlich versuchen, zwei oder mehr verschiedene Kulturen, Sprachen und Lernansätze miteinander zu vereinbaren. Das ist keine leichte Aufgabe. Die beste Möglichkeit für Eltern, mit dem Klassenzimmer zu interagieren, besteht darin, LehrerInnen zu ermutigen und Unterstützung anzubieten, wann immer diese gewünscht wird. LehrerInnen schätzen Feedback bezüglich der Herausforderungen, vor denen Eltern stehen, sehr, da es beinahe unmöglich ist, potentielle Hindernisse, die Eltern auf dem Weg erleben, vorherzusehen. Statt eine anklagende Position einzunehmen, sollten Eltern den LehrerInnen ihrer Kinder erlauben, die Gründe für ihre Entscheidungen im Klassenzimmer zu erklären. Natürlich ist es vollkommen akzeptabel, klärende Fragen zu stellen; Aber wenn man LehrerInnen und VerwalterInnen nach Monaten, vielleicht Jahren, der Planung in die Defensive treibt, wird das wahrscheinlich nicht zu einem positiven Ergebnis führen. Es ist wichtig, dass Eltern in ihrem Austausch mit LehrerInnen und SchulverwalterInnen rücksichtsvoll sind, da es wirklich außergewöhnliche Leute braucht, um ein zweisprachiges Programm zu leiten. Es ist sicher, dass sie den Erfolg ihrer Klasse über alles andere stellen.

Sobald das Programm an Dynamik gewonnen hat, gibt es einen Moment, in dem Eltern – besonders Gründereltern – ihre Initiative loslassen und der Schule ermöglichen müssen, diese zu übernehmen. Es mag für Eltern schwierig sein, den Grad an Kontrolle aufzugeben, den sie während der Etablierung des Programms genossen. Dies ist ein guter Zeitpunkt für Eltern, um darüber nachzudenken, wie sie sich weiterhin außerhalb der Lehrplanaufsicht und Durchführungsrolle, die der Lehrer jetzt übernehmen wird, engagieren können. Zum Beispiel könnten Eltern Zusammenhänge, in denen die Zielsprache noch nicht an der Schule präsent ist, hervorheben und neue Möglichkeiten, wie die Sprache geübt werden kann, kreieren, indem sie zum Beispiel Künstler und Autoren in die Schule einladen, einen kulturellen Stand auf dem Schulfest aufstellen oder Besuche bei lokalen Unternehmen, kulturellen Zentren oder Museen organisieren, in denen die Sprache gesprochen wird. Eltern können sich stärker bei der Schulbücherei einbringen, indem sie Bücher spenden oder das Inventar, die Pflege, das Ausleihen, die Rückgabe und die Auswahl verwalten. Selbst kleine Sachen rund um die Schule, wie zum Beispiel mehrsprachige Schilder auf den Fluren oder das Organisieren von Mittags- oder Nachmittagsworkshops, können eine große Bereicherung für ein zweisprachiges Klassenzimmer sein. Sommeraktivitäten können organisiert werden, sodass Schüler nicht alles vergessen, was sie im vorherigen Jahr gelernt haben; Sport, Musik, Theater und Basteln, um nur einige Aktivitäten zu nennen, können allesamt in der Zielsprache angeboten werden. Diese Arten von Aktivitäten sind es letztendlich, die den Lernprozess für zweisprachige Schüler am Ende so unterhaltsam und spannend machen.

Eine weitere Möglichkeit, eine zweisprachige Schule zu unterstützen, ist Fundraising. Im zweisprachigen Kontext ist es wichtig zu berücksichtigen, dass Philanthropie in einigen linguistischen Communitys unter Umständen anders verstanden oder sogar praktiziert wird. Das heißt nicht, dass eine bestimmte Community nicht großzügig oder spendabel ist, aber vielleicht hat sie eine andere Auffassung davon, was als karitativ oder akzeptabel gilt. Darum sollte das Motivieren von Eltern, sich an Fundraisingaktionen zu beteiligen, mit einem guten Verständnis für die kulturelle Spendenkultur der Community geschehen. Eine Gruppe fühlt sich vielleicht wohl, einen Scheck zu schreiben oder Bargeld zu spenden, um einer bestimmten Initiative oder der Schule im Allgemeinen zu helfen. Andere nutzen vielleicht ihr eigenes Netzwerk oder wenden sich an ihre Firma. Wieder andere ziehen es vielleicht vor, ihre Zeit zu spenden, indem sie recherchieren, wie man an zusätzliche Mittel kommt.

Eins der effektivsten Fundraising-Instrumente, das immer wieder von LeiterInnen zweisprachiger Programme genutzt wird, ist ein gemeinnütziger Verein, gegründet von den Eltern als juristische Einheit. Dadurch ist es möglich, Gelder auch außerhalb der Schule zu sammeln.[12] Diese Methode kann besonders effektiv sein, wenn eine Schule nicht in der Lage ist, bestimmte Fundraisingaktionen zu genehmigen oder dem Bezirk gegenüber für Aktivitäten einer nichtschulischen Gruppe haftbar gemacht werden will. Eltern können dann Gelder des gemeinnützigen Vereins an die Schule spenden, um unter anderem den Kauf neuer Bücher zu ermöglichen, die Kosten eines Ausflugs zu decken oder sogar um einen Lehrer zu einer Konferenz zu schicken. Diese Gemeinschaftsaktion hat die Macht, einen Funken in den Eltern zu entfachen, die wissen, dass sie am Ende des Tages etwas Greifbares beigesteuert haben.[13]

Manche Eltern gehen über ihre Verpflichtungen hinaus und entscheiden sich, selbst zweisprachige Lehrer zu werden. In New York haben sich viele Eltern entschieden, zurück an die Universität zu gehen um ihren Master in bilingualer Bildung zu erwerben, da es etwas ist, das ihnen am Herzen liegt und dem sie ihr Leben widmen wollen. Diese Art persönlichen Engagements kann die Langlebigkeit eines Programms gewährleisten und die unerschütterliche Hingabe hervorheben, die in vielen

Elterngemeinden existiert. Eltern sind der Wind in den Segeln aller zweisprachigen Programme – von der Gründung über die Implementierung, bis hin zum langfristigen Bestehen. Überall auf der Welt nutzen Eltern ihr Potenzial, Änderungen in ihrer Schulgemeinde zu bewirken und bilinguale Programme zu erschaffen, von denen ihre Kinder ein Leben lang profitieren werden. Wenn Eltern sich ihre Macht zunutze machen, ist nicht abzusehen, wie weit die bilinguale Revolution sich ausbreiten wird.

Kapitel 2

Die Schullandschaft verändern: Brooklyns erstes japanisches Programm

Nachdem sie von mehreren zweisprachigen Programmen an öffentlichen Schulen in New York City und Los Angeles gehört hatten, beschlossen fünf Mütter aus Brooklyn, dass sie genau das für ihre Kinder wollten. Da es in der Nähe kein solches Programm gab, nahmen sie die Herausforderung an, ein japanisch-englisches zweisprachiges Programm von Grund auf neu zu entwickeln – das erste seiner Art in New York City. Zu diesen fünf Müttern gehörten die japanische Yumi Miki, die schweizerisch-japanische Monica Muller, die koreanisch-amerikanische Hee Jin Kan, die taiwanesisch-amerikanische Yuli Fisher und die chinesisch-amerikanische Lanny Cheuk. Yumi und Monica waren die einzigen beiden in der Gruppe, die fließend Japanisch sprechen konnten; die drei anderen hatten wenige bis keine Japanischkenntnisse und keine nennenswerten Verbindungen zu Japan oder der japanischen Community. Sie trafen sich bei einer Sommerspielgruppe, *Summer Hui*, eine Untergruppe des bekannten Online-Netzwerkes von Eltern in New York, *Brooklyn Baby Hui*. Durch diese Sommergruppe organisierten die Mütter Verabredungen für ihre Kleinkinder und trafen sich regelmäßig in nahegelegenen Parks. Die fünf Mütter wurden schnell Freundinnen und begannen bald, über Schulen zu sprechen. Sie hatten von einem erfolgreichen französischen zweisprachigen Programm gehört, das an einer öffentlichen Schule in der Nähe eingerichtet wurde und sie begannen sich vorzustellen, wie ein ähnliches Programm auf Japanisch aussehen könnte. Ausgehend von diesen informellen Gesprächen auf Spielplätzen und in Parks begann die Gruppe mit der Organisation und Entwicklung eines Plans, um ihr Traumprogramm zu verwirklichen.

Glücklicherweise teilten die Mütter ähnliche Ansichten zur mehrsprachigen Bildung. Sie glaubten, dass Begegnungen mit anderen Sprachen während der Kindheit wichtig sind, und sie verstanden die potentiellen Vorteile und akademischen Vorzüge eines starken zweisprachigen Programms. Vor allem aber hatten sie den gleichen Wunsch, die Schullandschaft zu verändern, wie eine der Mütter sehr schön beschrieb:

Wir dachten, es sei leichter, unser eigenes Programm zu erschaffen, um andere Schulen im Bezirk aufzuwerten. Der Grund, warum es für Eltern so stressig ist, sich bei Kindergärten oder Vorschulen zu bewerben, ist, dass der Unterschied zwischen den guten Schulen und den schlechten Schulen so groß ist. Wir sahen ein zweisprachiges Programm als eine Möglichkeit, einen Beitrag für die Schule und die Gemeinschaft zu leisten, um mehr Kindern eine bessere Bildung zu ermöglichen und unseren Kindern bilinguale Bildung anzubieten. Wir wollten die Schullandschaft mit dem Kernlehrplan, *No Child Left Behind*, und all den Tests, die zur Beurteilung der LehrerInnen und Schulen benutzt werden, verändern. Ich dachte: „Was kann ich als Einzelne tun, um das zu umgehen und meinem Kind eine Bildung zu bieten von der ich glaube, das sie besser ist?"[14]

Mit diesem Ziel vor Augen kontaktierte die Gruppe Leute, die Erfahrung mit der Erschaffung ähnlicher Programme hatten, einschließlich mir selbst. Gemeinsam arbeiteten sie unermüdlich im Team und folgten dem Plan – eine komprimierte Version dessen, was in diesem Buch präsentiert wird – und passten ihn an die Anforderungen ihres Projektes an. Die ganze Zeit war ihnen klar, dass sie Vorreiterinnen waren und dass sie die japanische Community, SchulleiterInnen und eine Schulgemeinde von den Verdiensten ihrer Leistungen überzeugen mussten, um erfolgreich zu sein.

Die Gruppe findet ein Modell

Die neugegründete Gruppe des japanischen zweisprachigen Programms begann mit der Erforschung bestehender Programme und Recherche nach effektiven Modellen. Sie fand schnell zwei öffentliche Schulen in Glendale, Kalifornien, im Großraum Los Angeles, die seit 2010 wechselseitige japanisch-englische zweisprachige Programme anboten.[15] Das Glendale Programm wurde von einer Reihe von Eltern initiiert, die Unterschriften sammelten und schließlich zum Schulbezirk gingen, um einen bilingualen Lehrplan zu fordern. Als sie die Genehmigung bekamen, wurde das Programm mit einer ersten Klasse und zwei Kindergartengruppen eingeweiht. In Glendale wird, von zwei unterschiedlichen Lehrerguppen, die Hälfte des Tages auf Japanisch und die andere Hälfte auf Englisch unterrichtet. Das ist das sogenannte *side by side* Modell. Ungefähr vierzig Prozent der SchülerInnen spricht fließend Japanisch, wenn sie das Programm beginnen. Einige Kinder haben japanische Eltern, einige sind japanisch-amerikanisch und einige haben keinen japanischen Hintergrund, aber Eltern, die sehr an der japanischen Kultur interessiert sind oder selber Japanisch an der Universität gelernt haben. Wenn künftige Eltern die Schule besuchen, vergewissern die VerwalterInnen sich, dass diese Eltern wirklich an Japanisch interessiert sind, da sie ihre Kinder für das gesamte siebenjährige Programm verbindlich anmelden müssen, vom Kindergarten bis zur sechsten Klasse. (Verständlicherweise ist es für eine Schule unglaublich schwierig, SchülerInnen zu ersetzen, die nach einigen Jahren in einem zweisprachigen Programm plötzlich gehen. Das ist, im Großen und Ganzen, dem Umstand geschuldet, dass Kinder, die zu einem späteren Zeitpunkt einen Platz besetzen, bereits beide Sprachen gut beherrschen müssen, damit sie mit ihren AltersgenossInnen, die seit Schulbeginn in einem zweisprachigen Programm sind, mithalten können.)

Das japanische zweisprachige Programm in Glendale lehrt von Anfang an Lesen und Schreiben auf Japanisch, benutzt im Kindergarten Hiragana Schriftzeichen und ergänzt in der ersten Klasse Katakana und chinesische Zeichen. Obwohl intensiv und temporeich, lässt das Programm Raum für spielerische Aktivitäten und den Einsatz von Technologie, wie zum Beispiel Smartboards. Darüber hinaus haben Schüler in dem Programm sehr gute akademische Leistungen erbracht. Fünf Jahre, nachdem das Programm begonnen wurde, führte die Schule ihre eigene Analyse der Englisch-Testergebnisse durch. Anhand ihrer Daten fand die Schule Beweise dafür, dass nach fünf Jahren im Programm SchülerInnen zweisprachiger Programme die SchülerInnen der einsprachigen englischen Programme übertrafen.[16]

Der japanischsprachige Lehrkörper der Schule setzt sich zusammen aus gebürtigen JapanerInnen, einigen japanisch-amerikanischen MitarbeiterInnen und einer Lehrerin, die in Japan gearbeitet hat und deren Ehemann Japaner ist. Auf der englischen Seite unterrichten einsprachige LehrerInnen den ganzen Tag über zwei wechselnde Gruppen von SchülerInnen auf Englisch. Englischsprachige LehrerInnen müssen kein Japanisch verstehen – was die SchülerInnen dazu zwingt, nur auf Englisch mit ihnen zu sprechen. Das Gegenteil gilt für die JapanischlehrerInnen. Ein Vorteil des *side by side* Modells ist, dass es die Zahl der benötigten ZielsprachenlehrerInnen reduziert. Das hilft bei der Bewältigung der anspruchsvollen Aufgabe, qualifizierte Lehrkräfte zu finden, die Japanisch sprechen, über eine kalifornische Lehrberechtigung verfügen und in den USA arbeiten dürfen. Zusätzlich stellte die Schule einige BeraterInnen und UniversitätsprofessorInnen ein, die am Anfang des Programms halfen. All diese Punkte wurden von dem leitenden Team der Schule mit Unterstützung der Eltern berücksichtigt. Gemeinsam erzielten die Eltern und die Schule so eine ergebnisorientierte Zusammenarbeit.

Ein Brooklyn-Programm entsteht

Unsere fünf Mütter in Brooklyn benutzten diese wertvollen Erkenntnisse aus Glendale, um ihren Argumenten mehr Nachdruck zu verleihen und ihre Strategie aufzubauen. Sie untersuchten auch New Yorks japanische Community, um ein besseres Verständnis dafür zu erhalten, welche Eltern an dem Programm interessiert sein könnten. Yumi und Monica wurden die Kontaktpersonen der Gruppe zur japanischen Community. Bald konnten sie ihre Kontakte zu lokalen japanischen Sprechern nutzen, um eine große

Anzahl von Familien zu erreichen, die an einer Teilnahme am Programm interessiert waren. Dieser Schritt war entscheidend, da eine kritische Anzahl interessierter Eltern und berechtigter SchülerInnen einer der effektivsten Wege ist, SchulleiterInnen von der Notwendigkeit eines zweisprachigen Programms zu überzeugen.

Mit Tabellenkalkulationen in der Hand gingen Yumi und Monica von Tür zu Tür zu verschiedener japanischen Community-Organisationen, um die Nachricht zu verbreiten. Sie besuchten die *Brooklyn Japanese American Family Association*, einen gemeinnützigen Verein, der japanische kulturelle Aktivitäten sponsert und Nachmittags- und Wochenendprogramme anbietet, und *Aozora Gakuen*, eine progressive Schule, die ein Hybridprogramm, für japanische Familien anbietet, die in Amerika bleiben wollen. Die Gruppe setzte sich auch mit dem japanischen Konsulat in New York und der *Japan Society* in Verbindung, einer nichtstaatlichen Organisation, deren Auftrag in erster Linie kulturell und bildungsorientiert ist.[17]

Unterschiedliche Zielgruppen

Eine Tatsache, auf die die Gruppe des japanischen zweisprachigen Programms bald stieß, war, dass es bereits mehrere private japanische Schulen gab, die jedoch dazu neigten, Kinder von japanischen Geschäftsleuten aufzunehmen, die in New York arbeiteten, bevor sie wieder nach Japan zurückkehrten. Diese Schulen waren nach japanischem Vorbild gestaltet, sodass die Kinder von Expatriates ihre Sprache bewahren konnten und darauf vorbereitet wurden, wieder in das japanische Schulsystem eingegliedert zu werden, wenn sie nach Japan zurückkehrten. Da dieses System bereits in New York existierte, würden viele *Expat*-Familien aus verschiedenen Gründen nicht unbedingt ein zweisprachiges Programm an einer öffentlichen Schule in Betracht ziehen – der wesentlichste Grund ist, dass zweisprachige Programme gewöhnlich nicht den Ansprüchen japanischer Schulen oder ihren eigenen Ansprüchen bezüglich der Bildung ihres Kindes genügen.

Daraufhin begann die Gruppe sich an Eltern zu wenden, die einen längerfristigen Aufenthalt in den USA in Erwägung zogen und es für wichtig hielten, dass ihre Kinder Lese- und Schreibfähigkeiten im Englischen entwickelten. Sie richteten sich auch an Familien gemischter ethnischer Hintergründe, insbesondere an solche mit einem japanischen und einem amerikanischen Elternteil. Diese Familien waren bemüht darum, sicherzustellen, dass ihre Kinder bilinguale und bikulturelle Verbindungen zu beiden Ländern aufrechterhielten.[18] Die Vorstellung, dass Schüler in einem zweisprachigen Programm eine Sprache beibehalten konnten, während sie eine andere lernten, war ebenfalls sehr ansprechend für japanische Eltern.

Die Befragung der Community brachte auch einige Bedenken der Eltern über öffentliche Schulen ans Licht, darunter die allgemeine Qualität öffentlicher Bildung in New York City, das Essen, das es in der Schule zu Mittag gab, oder sogar die Befürchtung, dass Kinder in zweisprachigen Programmen einen Akzent im Englischen oder Japanischen entwickeln würden. In dieser ersten Phase der Recherche stellte die Gruppe des japanischen zweisprachigen Programms auch fest, dass einige private Schulen sich sogar Sorgen machten, dass die neue Zwei-Sprachen-Initiative ihre LehrerInnen abwerben würde.[19]

Die Gruppe stellte fest, dass, wenn eingewanderte Eltern, keine Pläne hatten, in naher Zukunft in ihr Herkunftsland zurückzukehren, dazu neigten, nach einer qualitativ hochwertigen Schule mit einer soliden akademischen Erfolgsbilanz zu suchen, um eine tragfähige pädagogische Grundlage für die Zukunft ihres Kindes zu schaffen. Infolgedessen entdeckte die Gruppe, dass einige Eltern dem japanischen zweisprachigen Programm skeptisch gegenüber standen, weil es keinen gefestigten Ruf hatte. Das verdeutlichte unserer Gruppe, dass die Initiative des japanischen zweisprachigen Programms Energie darauf verwenden musste, die Zustimmung unsicherer Eltern zu gewinnen.

Es wurde wichtig, kontinuierlich neue Eltern zu rekrutieren, damit die Gruppe beginnen konnte, in größerem Umfang miteinander zu kommunizieren. Sie nutzten das Internet, um durch Online-Umfragen Daten zu sammeln und Informationen zu posten, um Eltern über den Fortschritt der Initiative auf dem Laufenden zu halten. Ein Blog wurde erstellt, um mehrere Ziele zu erreichen:

Unser Blog wurde erstellt, um Leute an Bord zu holen und [der Initiative] mehr Nachdruck zu verleihen. Wir posteten den Plan und Artikel über die Vorteile von Bilingualität und wir versuchten einfach, das Programm zu verkaufen. Keine von uns hatte vorher wirklich einen Blog, also haben wir uns das einfach selbst beigebracht. Wir versuchten, eine Menüleiste an der Seite mit den Hauptpunkten einzurichten: Wer wir sind, wie alles begann, warum wir das machen, was die Schule ist, was wir hoffen, dass das Programm sein wird. Man konte auch einfach Updates kriegen.[20]

Die Massenkommunikation brachte der Initiative viel Aufmerksamkeit, auch von japanischen Medien in New York und Japan. Ausgehend von fünf Müttern mit einem Plan, zog die Gruppe zig interessierte Familien mit genügend Kindern an, um ein Jahr früher als erwartet eine erste Klasse einzurichten. Gleichzeitig gewannen sie noch mehr Interesse für die folgenden Klassen. Sie bekamen auch viele Anfragen von Eltern, deren Kinder bereits die Schule besuchten und enttäuscht waren, dass ihre Kinder zu alt waren, um an diesem Programm, das im Kindergarten beginnen sollte, teilzunehmen.

Die richtige öffentliche Schule finden

Ungefähr zur selben Zeit begann die Gruppe, Schulen zu besuchen und eine Verwaltung mit einer Lehrplanphilosophie zu finden, die ihren Vorstellungen entsprechen würde. Die fünf Mütter besuchten die Schulen immer gemeinsam und erhielten in der Regel eine private Führung. Lanny führte die Besuche an, da sie die meiste Erfahrung in der Arbeit mit Schulen hatte:

Lanny als Pädagogin zu haben, die sich mit dem *Department of Education* auskannte – sie arbeitete als Lehrerin – war sehr entscheidend. Wenn wir die Schulen besuchten, wusste sie welche Fragen wir stellen mussten, wonach wir auf dem Lehrplan gucken sollten, wie die Lehrer mit den Schülern umgingen, wie die Verwaltung war und welcher Philosophie sie folgte. Das war eine wirklich große Hilfe für uns. Wir wären ohne ihr Wissen nicht so weit gekommen.[21]

Es dauerte nicht lange, bis die Gruppe ein paar Schulen fand, die sie wirklich mochte und die nah genug an ihrem Wohnort lagen. Ihre Unterhaltungen mit den SchulleiterInnen halfen ihnen, ihre Wahl auf zwei Schulen im Norden Brooklyns zu begrenzen und schließlich eine in Bushwick auszuwählen: P.S. 147.

Nachdem sie sich für die Schule entschieden hatte, ging die Gruppe sofort zur Planung mit der Verwaltung über. Eine anfängliche Sorge der Eltern, die sich für das japanische zweisprachige Programm interessierten, insbesondere der japanischen Familien, war die Angst vor Diskriminierung. Am Anfang wollten sie, dass alle ihre Kinder in derselben Klasse waren. Die fünf Gründermütter antworteten jedoch mit einem überzeugenden Gegenargument: Sie wollten nicht, dass das japanische zweisprachige Programm wie eine Eliteklasse isolierter Schüler erschien. Mit Hilfe einiger BeraterInnen entwickelten die Mütter und das Schulleitungsteam einen Plan zur Integration des zweisprachigen Klassenzimmers in die Schule, bei dem sich SchülerInnen innerhalb und außerhalb des japanischen zweisprachigen Programms regelmäßig treffen und an wöchentlichen Projekten teilnehmen sollten. Diese intensive Planung sorgte weitestgehend dafür, dass sich kein Kind isoliert oder vom Lernen im zweisprachigen oder regulären Programm ausgeschlossen fühlte.

Da die Initiative früher als erwartet überwältigende Unterstützung erhielt, führte der Start des japanischen Programms in einem überstürzten Zeitrahmen zu technischen Problemen mit dem zentralisierten Anmeldeverfahren des Bildungsministeriums und zur Anpassung an das allgemeine bürokratische Tempo des öffentlichen Schulsystems - was nicht immer so schnell war, wie die Eltern es erwartet hatten. Folglich erfuhr die Initiative Verzögerungen, die die Anwerbung von Familien beeinflusste, insbesondere von japanischsprachigen Familien außerhalb des Schulgebiets. Darum begann die erste Kindergartenklasse nicht wie erwartet mit dem perfekten 50/50 Mix japanischer Muttersprachler und englischer Muttersprachler. Dies trug maßgeblich zur Frustration bei den Gründungsmitgliedern bei und strapazierte die Moral der Gruppe ziemlich stark. Letzten Endes meldete sich nur eins der ursprünglichen Mitglieder der Gruppe des japanischen zweisprachigen Programms für das Programm an. Die anderen lehnten aus persönlichen Gründe ab oder zogen aus dem Bezirk weg.

Nichtsdestotrotz widersetzte sich die Schulleiterin der P.S. 147, Sandie Noyola, dem Druck, die Initiative fallen zu lassen. Stattdessen eröffnete sie das Programm in der Hoffnung, dass die bürokratischen Schwierigkeiten sich bald legen würden. Ein japanischsprachiger Lehrer mit den entsprechenden Qualifikationen und Lizenzen wurde eingestellt und das Programm startete. Eine Vor-Kindergartenklasse wurde eingerichtet, um sowohl japanischsprachige Kinder und Kinder, deren Familien Interesse am Programm zeigten, anzuziehen und ihnen durch die Unterstützung der *Japan Society* sprachliche und kulturelle Inhalte zu vermitteln. Mit einer ausgewogenen Mischung aus japanischen und englischen Muttersprachlern wurde der Grundstein für den Aufbau des Programms gelegt.[22]

Ein Geschenk für die Zukunft

Eltern, sowohl kampferprobte als auch neue, haben die Führung bei der Unterstützung und Pflege des japanischen Programms in Brooklyn übernommen. Sie arbeiteten unermüdlich daran, einen glaubwürdigen Ruf bei den japanischen Eltern aufzubauen und machten sich mit dem Registrierungsprozess vertraut, um neu hinzukommende Familien bei der Bewerbung und Verstehen der Vorschriften der Schuleinzugsgebiete zu helfen. Sie ergänzten das Schulbudget durch Gründung einer entsprechenden gemeinnützigen Organisation [501 (c)(3)][23], das der Schule im Ganzen, sowohl innerhalb als auch außerhalb des zweisprachigen Programms, zugutekommen sollte. Dieses Projekt besteht weiterhin. Die Bemühungen der Eltern der P.S. 147 beim Fundraising erlaubten der Schule bereits, in ihre Schüler und ihren Lehrplan zu investieren, indem sie die Mittel für Dinge wie den Kauf von Büchern, die Kosten für Schulausflüge, die Ausbildung von Lehrern und zur Unterstützung zusätzlicher Freizeitprogramme an der Schule verwenden.[24]

Das Geschenk der Gründermütter an die Gesellschaft ist unglaublich wichtig, obwohl sie nicht alle die Früchte ihrer harten Arbeit ernten konnten. Als Ergebnis ihrer Bemühungen öffnete New Yorks erstes japanisch-englisches zweisprachiges Programm im September 2015 an der P.S. 147 in Nordbrooklyn seine Pforten. Wie wir gesehen haben, stand die Initiative vor großen Herausforderungen, von der Suche nach einer Schule und der Einschreibung genügend Schülern beider Sprachen bis zur Finanzierung des Programms und dem Aufrechthalten des Interesses angesichts großer Enttäuschungen. Trotz der Rückschläge war der Geist des Gründerinnenteams stark genug, um das Programm über die anfänglichen Hürden zu bringen. Ihr Ideenaustausch, ihre gemeinsame Vision, ihre individuelle Hingabe und ihre Teamarbeit waren ausschlaggebend für die Entwicklung dieses einzigartigen Programms. Ihre Initiative macht weiterhin Fortschritte, da ein neuer Kreis von Eltern und PädagogInnen das aufstrebende Programm fördert. Außerdem haben mehrere japanische Eltern in New York City und darüber hinaus von der Initiative gehört und wurden angeregt, zweisprachige Programme in ihren eigenen Stadtteilen einzurichten. Auf diesem Wege haben unsere japanischen Mütter andere dazu inspiriert, ihre eigenen Programme zu kreieren und der Kreis schließt sich.

Diese geteilte Leidenschaft und der Enthusiasmus sowie auch der Beweis, dass es sehr wohl für eine Gruppe von fünf Müttern möglich ist, ein solches Programm zu erschaffen, haben auch andere linguistische Communitys dazu inspiriert, der Bewegung für bilinguale Bildung beizutreten, wie die folgenden Geschichten von den italienischen, russischen und deutschen Zwei-Sprachen-Initiativen zeigen. Dies ist die zentrale Geschichte der bilingualen Revolution. Aus den Bemühungen und der Vision einiger weniger kann eine ganze Bewegung entstehen, die bilinguale Bildung an öffentliche Schulen bringt.

Kapitel 3

Die Community beschwören: drei Anläufe für ein italienisches Programm

Viele neu in den Vereinigten Staaten angekommene Eltern sind mehr als bereit, die Ausbildung ihrer Kinder selbst in die Hand zu nehmen, und, wenn nötig, manchmal sogar mit gutem Beispiel voranzugehen. Auf ihrer eigenen Suche stoß eine Gruppe kürzlich angekommener ItalienerInnen auf die zweisprachigen Programme, die andere linguistische Communitys in New York City entwickelt hatten. Das war der Anfang eines langen und manchmal mühsamen Weges, ein italienisches zweisprachiges Programm in New York einzuführen. Diese Eltern waren Martina Ferrari, Stefania Puxeddu, Piera Bonerba und Marcello Lucchetta. Ihre Geschichte veranschaulicht viele der Herausforderungen und Erfolge, die auf neue Initiativen zukommen können. Nicht mit einem oder zwei, sondern drei Anläufen ein Programm zu erschaffen, unterstreicht die italienische Community die Wichtigkeit der Ausdauer von Eltern, die in die Bildung ihrer Kinder investiert haben.

ItalienerInnen und italienische AmerikanerInnen bilden eine der größten und am stärksten vernetzten Communitys New York Citys. Laut der *American Community Survey* Daten, sprachen im Jahr 2014 in New York 85 000 Personen im Alter von fünf oder älter zu Hause Italienisch; 30 000 von ihnen gaben an, nicht sehr gut Englisch zu sprechen. Neben den Muttersprachlern gibt es in New York City auch viele italienische AmerikanerInnen —vor allem in bestimmten Teilen Brooklyns, wie Bensonhurt, Bay Ridge und Carroll Gardens — die ihre italienische Kultur bewahren wollen. Zensusdaten von 2014 bestätigen, dass über 500 000 BewohnerInnen New York Citys angaben, italienische Vorfahren zu haben. Trotz dieser hohen Zahlen glaubte die Gruppe des italienischen zweisprachigen Programms nie, dass es einfach werden würde, eine kritische Anzahl interessierter Eltern zu gewinnen, die sich für ein zweisprachiges Programm einsetzen würden.

Die treibende Kraft globaler Expatriates des 21. Jahrhunderts

Die jungen und gebildeten italienischen StaatsbürgerInnen, aus denen sich das italienische zweisprachige Programm zusammensetzte, kamen alle auf der Suche nach interessanten Arbeitsmöglichkeiten und einem aufregenden Tempowechsel in die USA. Wie viele AuswanderInnen der ersten Generation übernahmen sie schnell eine amerikanische Lebensart und begannen, Kinder zu kriegen. Durch ihre Arbeit haben sie regelmäßig Kontakt nach Italien und sie sprechen zu Hause Italienisch. Diese Gruppe moderner italienischer ImmigrantInnen kehrt oft mit ihren Kindern in ihr Heimatland zurück, um ihre italienischen Wurzeln zu pflegen. Weihnachts- und Sommerferien sind wichtig, um Großeltern wiederzusehen und Cousins und Cousinen zu besuchen und ihre Kindern, in ihre Muttersprache und Kultur eintauchen zu lassen.

Obwohl sie zu Hause Italienisch sprachen, fand diese Gruppe der Eltern, dass ihre Kinder mit zunehmendem Alter in ihrer Muttersprache schnell schwächer wurden. Das lag daran, dass sie in ihren Vorschulen und Communitys von Menschen umgeben waren, die nur Englisch sprachen. Außerdem wurde zu Hause, besonders wenn eins der Elternteile kein italienischer Muttersprachler war, immer öfter Englisch gesprochen. Die Eltern unternahmen große Anstrengungen, nur Italienisch zu sprechen, wie Marcello erklärt:

Mit den jüngeren Kindern bemühen wir uns, ihnen Italienisch beizubringen, zum Beispiel, indem wir Bücher auf Italienisch lesen und nachfragen, ob sie sich an Wörter erinnern können. Filme und Zeichentrickserien helfen dabei, ein bisschen von der Sprache aufzunehmen. Manchmal sprechen wir über Unterschiede wie: „So machen wir Pasta in Italien." Wir machen immer kleine Vergleiche darüber, wie Leute Sachen hier und in Italien machen.[25]

Kompliziertere Diskussionen auf Italienisch erforderten mehr Zeit und Geduld von den Eltern, da das italienische Vokabular ihrer Kinder normalerweise nicht so weit entwickelt war wie das englische. Häufig neigten ihre Kinder dazu, eine Frage, die auf Italienisch gestellt wurde, auf Englisch zu beantworten. Einige Kinder entwickelten sogar einen starken amerikanischen Akzent im Italienischen. Trotz allem gaben die Eltern ihr Bestes, um ihr linguistisches Erbe zu Hause zu bewahren. Gleichwohl ihrer Bemühungen erkannten sie bald, dass ihre Methode für ihre Kinder nicht ausreichen würde, um fließend in ihrer Muttersprache zu sprechen, und beschlossen, dass ein zweisprachiges Programm ihnen die beste Möglichkeit bieten würde, sich in beiden Sprachen wohl zu fühlen.

Die Eltern wandten sich an Ilaria Costa, die Geschäftsführerin des *New York Italian American Committee on Education*, die sie wiederum mit Lucia Pasqualini, der italienischen stellvertretenden Konsulin und Carlo Davoli, dem Bildungsattaché am italienischen Konsulat, bekannt machte. Diese Kontaktpersonen waren in der Lage, die Zwei-Sprachen-Initiative bei allen italienischen StaatsbürgerInnen des konsularischen Verzeichnisses publik zu machen. Lucia brachte die Gruppe auch mit Jack Spatola in Kontakt, den sie während einem ihrer regelmäßigen Besuche in Brooklyns italienischer Hochburg in Bensonhurst getroffen hatte. Jack war der Schulleiter der P.S. 172 in Brooklyn und ein aktives Mitglied der italienisch-amerikanischen Community. Er war auch der Präsident der *Federation of Italian-American Organizations of Brooklyn*, einer gemeinnützigen, wohltätigen Organisation, die durch die Bemühungen von Dutzenden Organisationen entstanden war, um zu vereinen, Ressourcen zu sammeln und der italienischen Community sowie der Stadt New York gemeinsame Dienstleistungen anzubieten. Mit diesen Verbindungen war die Gruppe nun bereit, ihre Fühler auszustrecken und erste interessierte Familien zu werben.

Innerhalb kürzester Zeit begannen Lucia und Ilaria, ein Informationstreffen am italienischen Konsulat zu organisieren. Flyer wurden verteilt und Ankündigungen in den sozialen Medien, Blogs sowie über die E-Mail-Liste des Konsulats veröffentlicht. Zur Überraschung aller antwortete die Community sehr zahlreich und Hunderte von Anmeldungen gingen ein. Es war nötig, im Konsulat einen zusätzlichen Raum mit Videoübertragung zur Verfügung zu stellen, damit alle Gäste Platz finden konnten. Diese beeindruckende und enthusiastische Resonanz zog die Aufmerksamkeit der italienischen Medien auf sich, die Kameraleute und Reporter zur Berichterstattung schickten. Letztendlich kamen 200 Leute zu dem Treffen. Die zwei Haupträume des Konsulats waren brechend voll, einschließlich stehender Menschen und zusätzlicher Menschen auf den Fluren. Es war ein siegreicher Moment für die italienische Initiative.

Das Treffen selbst war in vier Teile gegliedert. Es begann mit einem allgemeinen Überblick über die Vorteile von Bilingualität und zweisprachiger Bildung, präsentiert von Bahar Octu, einem türkisch-amerikanischem Professor für bilinguale Bildung am *Mercy College* in New York. Darauf folgte eine Diskussionsrunde mit französischen, japanischen und russischen Eltern, die es geschafft hatten ihre eigenen zweisprachigen Programme zu errichten. Die Eltern erklärten, wie sie ihre jeweilige Community mobilisierten, Familien warben und ihren Vorschlag ausgewählten Schulen vorstellten. Der Abend wurde mit einer Gesprächsrunde von PädagogInnen fortgesetzt, einschließlich der damaligen Direktorin des *Office of English Language Learners of the New York City Department of Education*, Claudia Aguirre, und mir selbst. Zum Schluss überließ das letzte Podium den Eltern das Wort, die ursprünglich das Konsulat kontaktiert hatten, sowie auch Jack Spatola, der großzügigerweise seine Hilfe anbot. Dieser Teil der Diskussion konzentrierte sich auf die Bemühungen der Gruppe, für Elternbeteiligung zu werben sowie auf Schritte, um den allgemeinen Enthusiasmus für die Initiative in ein oder mehr zweisprachige Programme an öffentlichen Schulen in Manhattan und Brooklyn zu verwandeln. Die Gruppe präsentierte außerdem den Blog, den sie geschaffen hatte, mithilfe dessen sie Rückmeldungen von interessierten Familien sammeln, Informationen und Updates verbreiten und Schulvorschläge koordinieren wollte. Dies gewährleistete, dass Eltern die richtige Schule in der richten Gegend anvisieren konnten.

Eine wesentliche Anzahl interessierter Eltern zu vereinen, bevor man auf einen Schulleiter oder eine Schulleiterin bezüglich eines zweisprachigen Programms zugeht, ist unumgänglich, aber nicht das einzige Muss. Bei der Planung eines neuen Programms sind neben der Unterstützung durch kommunale Organisationen auch zusätzliche, leicht nachweisbare Finanzierungsquellen, der Zugang zu Büchern und Ressourcen sowie Kontakte zu LehrerInnen zu berücksichtigen. Ohne dies alles kann eine Initiative nicht erfolgreich sein. Das erklärt warum drei Jahre vor dem Start der aktuellen zweisprachigen italienischen Initiative eine ähnliche Initiative unter der Leitung einer italienisch-amerikanischen Mutter, Christina Prostano, eingestellt wurde.

Die Strapazen und Qualen der Basisinitiativen

Christinas Urgroßeltern wanderten im frühen zwanzigsten Jahrhundert von Italien nach Amerika ein, aber die Fähigkeit ihrer Familie, Italienisch zu sprechen, verschwand über die Generationen hinweg. Christina beklagte diesen Verlust und hoffte, dass ihre Kinder Italienisch lernen würden, obwohl sie selbst nur ein paar Wörter kannte. Sie versuchte, diese Lücke in der Bildung ihrer Kinder zu schließen und begann mit einer Facebookseite und einer Umfrage zur Messung des Interesses am Italienischlernen, die etwa 70 englischsprachige und italienischsprachige Familien anzog. Jedoch war Christina nicht in der Lage, die notwendigen Voraussetzungen für die Einführung eines zweisprachigen Programms zu erfüllen, wie zum Beispiel die Suche nach einer Schule, die den Wunsch und die Mittel hatte, ein solches Programm zu initiieren, die Unterstützung und finanzielle Förderung von italienischen Organisationen und die Rekrutierung qualifizierte LehrerInnen. Leider führten ihre beherzten Bemühungen, ein italienisch-englisches bilinguales Programm ins Leben zu rufen, ins Leere und die Initiative wurde aufgegeben.

Traurigerweise begegnete Lucia und Ilarias Gruppe auch Hindernissen bei dem Versuch, eine Schule zu finden und das Interesse der Eltern aufrechtzuhalten. Trotz der anfänglichen Begeisterung, die sie auslöste, kam die Initiative nicht zustande. Der Verlust von engagierten Familien, als das Schuljahr näher rückte und der Mangel an Engagement der öffentlichen Schulen, die sie in Erwägung zogen, waren genug, um das Programm zu vernichten. Ihre Vorarbeiten trugen jedoch dazu bei, eine neue Initiative in Bensonhurst unter Leitung von Jack Spatola und der *Federation of Italian-American Organizations of Brooklyn* ins Leben zu rufen mit dem Ziel, die erste italienische Vor-Kindergartenklasse im Jahr 2015 zu eröffnen. Leider kam diese besondere Bemühung zu spät für die Kinder der ursprünglichen Gruppe von fünf Eltern, die nun zu alt waren, um in einem zweisprachigen Kindergarten anzufangen. Wenn die ursprüngliche Gründergruppe die Chancen, die sie so hart erkämpft hat, verpasst, ist dies immer ein sehr frustrierender Moment für die beteiligten Familien. Marcello beschreibt die Niederlage:

> Was ich wirklich toll gefunden hätte, wäre, wenn meine Kinder eine öffentliche Schule besucht hätten. Wir sind aus einem bestimmten Grund hier, es hat Sinn, das zu tun. Mein Traum war es, ein zweisprachiges italienisch-englisches Programm an einer öffentlichen Schule zu haben. Es war nicht nur eine Geldsache, es ging vielmehr darum zu wissen, dass es auch noch andere italienisch-amerikanische Kinder wie sie und andere interessierte amerikanische Familien gibt, die ihr Kind zur Schule schicken, um eine andere – meine – Sprache zu lernen. Wahrscheinlich war es eine versonnene Sichtweise, ein bisschen visionär, aber das war mein erster Gedanke.[26]

Es war auch ein Verlust für die Gesellschaft im Allgemeinen, denn das Programm hätte nicht nur der italienischen Community gedient, indem es vielen Kindern Zugang zu einer wunderschönen

Sprache und sehr reichen Kultur ermöglicht hätte. Was Marcello und die anderen Eltern angeht, so hoffen sie noch immer, dass ihre Kinder Italienisch sprechen, auch wenn das häufig heißt, dass sie, als Eltern, ihnen lesen und schreiben beibringen müssen. Es ist kein perfekter Ersatz für formale bilinguale Bildung, aber sie müssen zunächst damit zurechtkommen.

Einige erwogen auch eine naheliegende Privatschule in Manhattan, *La Scuola d'Italia*, aber die hohen Schulgelder und der lange Weg, besonders für Familien im Süden von Brooklyn, hielt viele davon ab. Andere stellten ein Au Pair aus Italien ein, obwohl es dafür ein zusätzliches Zimmer im Haus und häufig jährliche Anstellungswechsel bedurfte. Samstagsprogramme boten Familien eine weitere Möglichkeit, mit der Sprache in Berührung zu kommen, manchmal mit der Hilfe italienischer Organisationen oder des italienischen Konsulats. Allerdings kann es für ein junges Kind zu viel verlangt sein, sich zusätzlich zu einem gut gefüllten Stundenplan einem Samstagsprogramm zu verpflichten. Dasselbe gilt für Angebote unter der Woche, die nach der Schule stattfinden. Diese Hürden – Preis, Zeit und Lebensstil – verdeutlichen die Schwierigkeit, eine Herkunftssprache außerhalb des Klassenzimmers des öffentlichen Bildungssystems zu pflegen.

Die Rolle von Communitys fremder Herkunft

Die Bemühungen der ursprünglichen Gruppe waren jedoch nicht umsonst. Ihre Vision wurde letztendlich mit Hilfe von Jack Spatola verwirklicht, dessen Erfahrung und Kontakte mit dem Schulsystem zur Erschaffung von New Yorks erstem italienisch-englischem zweisprachigem Programm führten. Statt von frisch angekommenen italienischen StaatsbürgerInnen getragen zu werden, lag die Initiative nun in den Händen italienischer EinwanderInnen der zweiten und dritten Generation. Interessanterweise waren die Familien dieser neuen Gruppe vor dreißig oder vierzig Jahren in ähnlichen Situationen gewesen. Sie selbst hatten Eltern, die mit ihnen zu Hause Italienisch sprachen, während sie öffentliche, rein englischsprachige Schulen in New

York besuchten. Sie wurden zu ZeugInnen des linguistischen Schadens, der in ihren Generationen oder vielleicht der Generation ihrer Eltern, entstand und waren in bemerkenswerter Weise in der Lage, andere zu mobilisieren, um den Prozess des Sprachverlusts in ihrer Community umzukehren.

Im Großen und Ganzen kamen die italienischen Einwanderer der Generation der Eltern oder Großeltern aus dieser Gruppe mit wenig oder keiner Bildung in die USA. Sie hatten einen ganz anderen Hintergrund als unsere Gruppe junger italienischer Expatriates, da sich viele von ihnen verzweifelt der Arbeit zuwandten, statt die „ideale" Arbeitssituation zu suchen. Anders als die heutige Generation italienischer StaatsbürgerInnen in New York, die größtenteils bilingual ist, hatten die vorherigen Generationen Schwierigkeiten, auf Englisch zu kommunizieren. Darüber hinaus war das Italienisch, das sie sprachen, nicht standardisiert und sie behielten die Dialekte ihrer kleinen Dörfer bei, was vermehrt zum Vorschein kam, als sie in die USA kamen.

Die heutigen italienischen AmerikanerInnen haben die Fähigkeit und den Luxus, eine fundierte Entscheidung in Bezug auf die Bildung ihrer Kinder zu treffen. Viele Familien italienischer Herkunft haben Italienisch zu Hause nicht beibehalten, obwohl sie von Generationen früherer italienischer ImmigrantInnen abstammen. Allerdings hat ihr Wunsch, ihr linguistisches Erbe zu erhalten, sich mit der Zeit verändert. Jack Spatola erklärt:

> Meiner Meinung nach, besonders innerhalb der italienisch-amerikanischen Community, sehen die Eltern den Wert der Bewahrung ihres Erbes, der Bewahrung der Kultur. Ich sehe das vorrangig bei jungen Fachkräften. Ich sehe darin ein Bedürfnis, die Sprache und Kultur zu erhalten, das vorher nicht existierte.[27]

Für diese neue Generation waren Sprachprogramme, die nach der Schule oder am Wochenende angeboten wurden, nicht mehr ausreichend, um ihr Ziel, eine Verbindung mit ihren linguistischen und kulturellen Wurzeln herzustellen und junge bilinguale italienisch-amerikanische Kinder aufzuziehen, zu erreichen. Jack bestätigt:

> Die italienischen AmerikanerInnen, wie auch viele andere ethnische Gruppen, die sich in den USA angepasst haben, haben ein bestimmtes Niveau an Verständnis, an Erkenntnis, an Entwicklungsstand erreicht, ihre Wurzeln wertzuschätzen. Vielleicht aus einer Nachahmermentalität, „Andere tun das, warum nicht auch wir? Wir sollten das auch tun!", oder aus echtem Bewusstsein heraus. Sie verstehen aber auch die Leistung eines Gehirns, das die Fähigkeit hat, wirklich auf zwei Sprachen zu denken.

Dieser Enthusiasmus für Bilingualität und die vielen kognitiven, beruflichen und sozialen Vorteile, die Kinder ihr Leben lang genießen, hat viel Aufmerksamkeit in der italienisch-amerikanischen Community erregt.[28] Zusätzlich zum Wiederbeleben ihres kulturellen Erbes und ihrer Sprache, verleihen zweisprachige Programme Kindern lebenslange Fähigkeiten, die sie mit sich tragen können, was die Suche der italienischen Community nach einem bilingualem Programm um ein Element der persönlichen Entwicklung bereichert.

Endlich erfolgreich

2015 hat sich dank Jack Spatolas unerschütterlicher Hilfe die *Federation of Italian-American Organizations of Brooklyn* mit der P.S. 112 in Bensonhurst zusammengeschlossen, um das erste italienische zweisprachige Programm in New York City zu eröffnen. Das Team fand in der italienisch-amerikanischen Direktorin der P.S. 112, Louise Alfano, eine sehr hilfreiche Befürworterin. Als die Eröffnung des Programms bekannt gegeben wurde, erhielt die Schule 270 Bewerbungen für nur zwanzig Plätze. Ungefähr 140 der Kinder waren italienische AmerikanerInnen, deren Eltern ihre wertvolle kulturelle Identität bewahren wollten, die schon Generationen zuvor entstanden war, wobei für das folgende Jahr noch höhere Zahlen erwartet wurden. Für die Organisatoren war es aufschlussreich so viele Familien mit kleinen Kindern zu sehen, die Interesse an zweisprachigen Programmen hatten. Sie wussten schon immer, dass es das Potential gab, aber verstanden das unglaubliche Ausmaß an Interesse der Community nicht ganz, bis Eltern begannen, ihre Kinder anzumelden.[29] In einer gemeinsamen Stellungnahme erklärten Jack Spatola und der Präsident des Bündnisses, Carlo Scissura:

> Die Resonanz von AnwohnerInnen war hervorragend, und wir haben viele Anrufe zu diesen Angebote bekommen. Wir glauben, dass es entscheidend ist, zweisprachige Programme zu so einer vielfältigen Community zu bringen, da sie dazu beitragen werden, unterschiedliche Kulturen zu bewahren, während sie gleichzeitig ein besseres Verständnis und größeren Respekt für andere Ethnizitäten fördern.[30]

Es wurde deutlich, dass die Gemeinschaft trotz der in der Vergangenheit gescheiterten Einführung eines zweisprachigen Programms nun bereit war, die Initiative zu unterstützen und anzunehmen - und es gab genügend Raum sich mittels zusätzlicher Programme zu entwickeln und zu wachsen.

Wie wir anhand der italienischen Zwei-Sprachen-Geschichte sehen können, ist es nicht immer leicht, Programme von unten her aufzubauen. Diese Geschichte beleuchtet die unglückliche Tatsache, dass Gründereltern manchmal die Chancen verpassen, die sie sich so hart erarbeitet haben, schlicht weil das Programm nicht schnell genug verwirklicht wird, um ihren eigenen Kindern zugute zukommen. Ihre Geschichte verdeutlicht aber auch die Bedeutung von Beharrlichkeit, Gemeinschaftsbeziehungen und die Widerstandsfähigkeit von Sprachgemeinschaften. Das darf man nicht vergessen.

Der Wunsch, eine linguistische oder kulturelle Community wiederzubeleben, sollte nicht unterschätzt werden, besonders in dem *melting pot* der USA, der viele einzigartige Geschichten der Communitys umfasst. Ein Erbe zu bewahren, hat zahlreiche

Vorteile für mehrere Generationen, vom Erhalt der eigenen Literatur, Kultur und Geschichte, bis zur Erschaffung eines Gefühls der Zugehörigkeit, des Stolzes und der Identität als Mitglied einer Gruppe mit kulturellem Erbe. Zweisprachige Programme befähigen Schüler mit linguistischem Erbe, ihre Herkunft zu bewahren und neue, eigene Identitäten und Fähigkeiten zu entwickeln und ihre Community mit Stolz zu erfüllen. Es ist schön zu sehen, wie dieses zweisprachige Programm in der italienisch-amerikanischen Community New Yorks endlich Früchte trägt, mit einer Fülle an Unterstützung Hunderter interessierter Familien. Wie das Sprichwort schon sagt: „Wenn es dir zuerst nicht gelingt, versuch es, versuch es, versuch es noch einmal." Jede Person in dieser Geschichte trug zu dem Erfolg des italienischen zweisprachigen Programms bei – egal wie klein ihre Rolle war oder ob sie selbst in der Lage war, ihr Projekt rechtzeitig durchzuführen. Am Ende kann und wird es bilingualen Bildungsprogrammen mit viel Ausdauer, den richtigen Kontakten und ein wenig Glück gelingen, unsere Communitys zu verwandeln und zu revitalisieren.

Kapitel 4

Strategische Köpfe: die Geschichte der deutschen Zwei-Sprachen-Initiative

Im Sommer 2015 diskutierte eine Gruppe von Eltern in *Kinderhaus*, einer deutschen Immersionsvorschule in Park Slope, Brooklyn, unterschiedliche Grundschuloptionen. Jedes Elternteil in der Gruppe hoffte, dass seine Kinder die Schule sowohl auf Englisch als auch auf Deutsch fortsetzen könnte. Einige kannten zufälligerweise Sylvia Wellhöfer, eine deutsche Mutter, die in der Nähe wohnte und hoffte, das erste deutsche zweisprachige Programm an einer öffentlichen Schule in New York City zu etablieren. Nachdem der Kontakt hergestellt war, schlossen Sylvia und die *Kinderhaus* Eltern sich zusammen, wobei Sylvia und Celine Keshishian, eine amerikanische Mutter eines bilingualen Kindes, die Führung übernahmen. Um das Interesse unter den Familien, die mit der Gruppe in Kontakt standen, abzuschätzen wurde einige Wochen später eine Auftaktveranstaltung organisiert. ProjektleiterInnen wurden bestimmt, um bei der Suche nach Schulen und Rekrutierung der Eltern zu helfen und ein strategischer Plan wurde entworfen. Schnell kamen einflussreiche Verbündete hinzu, insbesondere Katja Wiesbrock-Donovan, Leiterin der Kulturabteilung am deutschen Konsulat in New York, und Andrea Pfeil, Direktorin der Sprachabteilung des Goethe-Instituts, einem deutschen Kulturzentrum. Zusätzlich zu ihrer Expertise halfen diese Verbündeten, die Initiative in der deutschen Community in den fünf Stadtbezirken New Yorks bekannt zu machen.

Deutsche Wurzeln in Amerika

Mit der wachsenden Anzahl deutschsprechender Familien, die in Brooklyn leben, erkannte die Stadt vor kurzem die Notwendigkeit, Deutsch in den Lehrplan aufzunehmen. New York Citys deutschsprachige Community, die aus Deutschen,

Österreichern, Schweizern, Belgiern, Elsässer, Luxemburger, Norditaliener und Deutsch-AmerikanerInnen besteht, ist groß und vielfältig. Deutsch ist einer der am meist vertretenen Herkunftssprachen in den USA und viele AmerikanerInnen deutscher Abstammung haben ein persönliches Interesse am Erhalt ihrer Sprache und Kultur. Dieses Erbe am Leben zu erhalten, war jedoch historisch gesehen eine Herausforderung für die deutsche Community in den Vereinigten Staaten, da dies viele negative Vorbehalte und Vorurteile mit sich brachte. Für jene, die nach dem Krieg in die USA kamen hieß dies, sich der amerikanischen Kultur anzupassen und möglicherweise sogar die Tatsache zu verbergen, dass sie Deutsch sprachen, vorallem im Interesse ihrer Kinder in der Schule. Diese absichtliche Unterdrückung der deutschen Sprache und die antideutsche Stimmung nach dem zweiten Weltkrieg beeinflusste die Art und Weise, wie die deutsche Sprache in den USA, wie auch in New York City, gesehen und bewahrt wurde. Glücklicherweise hat sich diese Ansicht mit der Zeit größtenteils aufgelöst, da sich die Einstellungen geändert haben. Der heutige Wunsch, die deutsche Kultur in den USA zu bewahren, geht teilweise von deutschen Clubs und Vereinen aus, die von Queens und Long Island bis runter nach Philadelphia und hoch bis Connecticut bis heute aktiv sind. Diese Gruppen organisieren Veranstaltungen, die von deutschen EinwanderInnen der dritten und vierten Generation besucht werden. Der *Deutsche Verein* zum Beispiel, der zweitälteste deutsche Gesellschaftsverein, der in New York noch existiert, wurde 1842 gegründet. Damals war die Mitgliedschaft auf Geschäftsmänner begrenzt. Namenhafte Mitglieder waren zum Beispiel Frederick August Otto (FAO) Schwartz, Emile Pfizer und die Steinway Brüder. Auch wenn die Mitglieder heutzutage nicht unbedingt Deutsch miteinander sprechen, bleiben sie dennoch aktive TeilnehmerInnen am Erhalt ihres kulturellen Erbes.

Das deutsche Erbe in New York zeigt sich heute nur noch in wenigen traditionellen Betrieben wie dem Metzger Schaller & Weber, dem Heidelberg Restaurant oder der Kolping Jugendherberge. Sankt Paul, eine 175 Jahre alte deutsche evangelisch-lutherische Kirche in Chelsea, hält Gottesdienste in deutscher Sprache und bringt noch immer junge Familien in seine langjährige Gemeinde. Die Steuben Parade auf der Fifth Avenue, bei der Tausende von deutschen AmerikanerInnen jedes Jahr Lieder singen und traditionelle Trachten tragen, verkörpert das Feiern der deutschen Kultur in der Stadt. Auch wenn sich junge Expatriates aus Deutschland nicht immer mit diesen Traditionen identifizieren können, erkennen alle die Rolle an, die sie im Gefüge des deutsch-amerikanischen Kulturerbes New Yorks spielen. Die deutsche Kultur erlebt zurzeit so etwas wie eine Renaissance, vor allem in der Gastronomie, wo die jüngeren Generationen in den letzten zehn Jahren Dutzende von Lokalen mit deutscher Küche eröffnet haben.

Kürzlich angekommene deutsche Familien, von denen viele in den USA sind, um ihre Karriere voranzutreiben, sorgen sich ebenso um den Erhalt ihrer Sprache und Kultur. Einige in den USA lebende Familien der Elterngruppe, die nicht vorhatten, langfristig in den USA zu bleiben, begannen nach Bekanntwerden der zweisprachigen Initiative über eine Verlängerung ihres Aufenthalts nachzudenken da sie ortsansässige öffentliche Schulen als ausgezeichnete Alternative zu privaten deutschen Schulen betrachteten. Diese Gruppe von Neuzuwanderern stellt einen wichtigen Teil der deutschen Landschaft in New York dar, zusammen mit der bereits bestehenden Community deutscher Herkunft.

Es gibt interessante Beispiele von Organisationen, die diese beiden Gruppen der deutschen Community in New York zusammenbringen. *CityKinder* zum Beispiel, eine generationsübergreifende Internetcommunity Deutschsprechender in New York, organisiert eine jährliche Ostereiersuche, Sommerpicknicks, die Steuben Parade und „Herbst im Park", eine Veranstaltung, bei der Familien sich zum Drachensteigen, gegrillten Bratäpfeln, Herbstbasteln und Märchenerzählen treffen. Die größte Veranstaltung der Gruppe ist der Laternenumzug zum Sankt Martins Tag, an dem Kinder Laternen basteln, durch den Prospect

Park laufen und traditionelle deutsche Kinderlieder singen, bis sie Sankt Martin auf einem Pferd treffen. In gewisser Weise hat diese Organisation eine vereinende Rolle in der deutschen Community in New York City eingenommen, da deutsche Kulturzentren, Kirchen und Schulen sie als Ort nutzen, um ihre Aktivitäten zu bewerben und jüngere Familien zu erreichen. Sie spielte auch eine wesentliche Rolle beim Bekanntmachen der deutschen Initiative für ein zweisprachiges Programm, und verband Familien verschiedener linguistischer und kultureller Herkunft mit einem Projekt, das das Potential hatte, der Community auf nie dagewesene Weise zu dienen.[31]

Die Initiative für ein zweisprachiges deutsches Programm hat sich zu einer multikulturellen, mehrsprachigen und multinationalen Gruppe entwickelt. Wie auch der Stadtteil Brooklyn, in dem sie ansässig war, vertrat sie ein breites Spektrum von Ethnien, Berufen und Interessen, von UnternehmerInnen und Managern bis hin zu KünstlerInnen und Studierenden. Einige der Familien waren einsprachige englischsprechende AmerikanerInnen. Einige hatten einen Migrationshintergrund, einschließlich derer, die kamen, um sich ein Leben in den USA aufzubauen und derer, die erst mit der Zeit beschlossen zu bleiben. Häufig sprachen die Familien der deutschen zweisprachigen Gruppe zu Hause Englisch, unabhängig davon, ob es ihre Muttersprache war. Alle waren unterschiedlicher religiöser und sozioökonomischer Herkunft. Diese Vielfalt war eine der Stärken des deutschen zweisprachigen Programms.

Handeln

Der Versuch der Gruppe des deutschen zweisprachigen Programms, von Anfang an eine Strategie zu definieren, war ein wichtiger Faktor für ihren Erfolg. Das Planungsteam arbeitete mit „Etappenzielen" und legte Deadlines und Ziele fest, um das Projekt zeitnah voranzubringen. Das Team entschied zum Beispiel, dass die Gruppe bis Dezember eine Schule aussuchen musste, um genügend Zeit zu haben, SchülerInnen bis zum darauffolgenden September aufzunehmen. Außerdem musste der Ausschuss für

Öffentlichkeitsarbeit unermüdlich daran arbeiten, das Programm zu verkaufen, da nicht alle kontaktierten Schulen für die Idee empfänglich waren oder die Vorteile einer zweisprachigen Bildung für ihre SchülerInnen und ihre Schulgemeinde sahen. Für einige SchulleiterInnen war dies eine Herausforderung, da sie gezwungen waren, über das Altbekannte hinauszugehen.

Doch die Gruppe machte weiter und dokumentierte die Arbeit, die sie später den interessierten Eltern, die sie vertraten, präsentieren würde. Sylvia Wellhöfer beschreibt die ersten Schritte ihres Teams wie folgt:

> Zunächst folgten wir dem Plan des französischen Programms und passten ihn bei Bedarf an. In der Anfangsphase legten wir keinen Bezirk fest und konzentrierten uns verstärkt auf die Eltern als auf Institutionen. Wir konzentrierten uns darauf, eine Datenbank anzulegen, um für unser Anliegen einzutreten und die Anzahl der Englischlernenden zu erfassen. Unsere Datenbank enthielt persönliche Informationen, aber nur einige wenige Leute hatten Zugang. Das war sehr nützlich. Nach der Auftaktveranstaltung definierten wir drei Elterngruppen und kontaktierten Schulen und EntscheidungsträgerInnen im Bezirk. Wir sammelten alle Daten in einem gemeinsamen Dokument, um in der Lage zu sein, Schulen zu vergleichen und uns untereinander auf dem Laufenden zu halten.[32]

Das Ziel der Gruppe war, fünfzehn deutschsprachige und fünfzehn nicht-deutschsprachige Kinder zu finden, bevor sie ihren Fall den Schulbehörden vorlegten. Um die Anforderungen von New York City zu erfüllen, mussten sie auch die Anzahl der Kinder je Schulzone ermitteln, die als Englischlernende betrachtet wurden und dem Profil des Programms entsprechen würden. Die Vielfalt der Familien, die sich für ihre Initiative interessierten, war ein bedeutender Vorteil für die Erreichung ihrer Ziele, da Kinder und Eltern in unterschiedlichem Maße mit Englisch und Deutsch vertraut waren.

Von Anfang an kommunizierte die Gruppe des deutschen zweisprachigen Programms regelmäßig mit allen Beteiligten und entwickelten eine Strategie zur Rekrutierung von Eltern, die ihr Kind für das Programm anmelden wollten. Um eine angemessene Schule zu finden, visierte die Gruppe drei benachbarte Bezirke in Brooklyn an und gründete drei unabhängige Arbeitsgruppen, die je einen Bezirk recherchierten und aufgrund der Grundlage der gesammelten Daten neue, auf jede Community zugeschnittene Vorschläge entwickelten. Obwohl die Gruppe hoffte, in den nächsten paar Jahren mehrere Programme in unterschiedlichen Stadtteilen zu gründen, wollte sie die Initiative nicht gefährden, indem sie sich in mehrere Richtungen zugleich bewegte und so die Zeit und Energie ihrer ehrenamtlichen HelferInnen verschwendete.

Mit einem Eröffnungsdatum im Kopf musste das Team der Schulsuche eine endgültige Entscheidung darüber treffen, auf welche Schule sie die Bemühungen der Gruppe konzentrieren wollte, basierend auf Schlüsselfaktoren wie die Unterstützung seitens der Schulverwaltung und die Verfügbarkeit von Klassenräumen. Die ausgewählte Schule musste leicht erreichbar und auf die vielfältigen Herausforderungen vorbereitet sein, die mit der Eröffnung eines neuen zweisprachigen Programms einhergehen. Die Vorzüge jeder potentiellen Schule, die die LeiterInnen der Gruppe besuchten, wurden mit den interessierten Eltern besprochen. Die Teams waren sich auch bewusst, dass nicht ausgelastete Schulen am meisten von einem neuen zweisprachigen Programm profitieren würden, da diese Art von Programmen typischerweise eine Fülle von neuen SchülerInnen und engagierte Eltern anzieht. Neue Familien sind häufig erpicht darauf, sich zu engagieren, zum Beispiel indem sie in der Bücherei, beim Beantragen von Zuschüssen und der Beschaffung von Unterrichtsmaterialien helfen. Das Wachstum der Schulgemeinde, das normalerweise auf die Gründung eines zweisprachigen Programms folgt, garantiert der Schule außerdem zusätzliche finanzielle Mittel der Stadt und der staatlichen Bildungsabteilung. Diese Faktoren sowie die Aufgeschlossenheit der Verwaltungen gegenüber der Idee eines zweisprachigen Programms an ihrer

Schule, prägten den Entscheidungsprozess der deutschen Zweisprachigen Programmgruppe.

Eine organisierte und effiziente Strategie

Für die GründerInnen des deutschen zweisprachigen Programms war es wichtig, immer klar und ehrlich in Bezug auf ihre Strategie zu sein. Fünf private deutsche Schulen in New York City gab es bereits vor Beginn der Initiative, drei davon in Brooklyn. Die LeiterInnen des deutschen zweisprachigen Programms wollten nicht mit diesen Institutionen konkurrieren oder in eine Lage geraten, in welcher ihre Initiative diese zu bedrohen schien. Die Gruppe glaubte fest daran, dass es unterschiedliche Programme in der Community geben sollte und sahen ihre Bemühungen, ein zweisprachiges Programm an einer öffentlichen Schule zu gründen, als Ergänzung zu dem bestehenden Angebot an privaten Schulen. Die Gruppe war sehr darauf bedacht, unnötige Spannungen in einem ohnehin schwierigen Vorhaben nicht zu verstärken. Abhängig von den Bedürfnissen der einzelnen Familien, schlugen sie manchen Eltern, die es sich leisten konnten, die Option einer privaten Schule sogar zuerst vor. Diese Zusammenarbeit und die Unterstützung der Programme an privaten Schulen stellten sicher, dass ein zweisprachiges Programm an einer öffentlichen Schule eine willkommene Ergänzung zu der Community sein würde.

Unsere Gruppe wusste, dass sie Vertrauen aufbauen und ein großes Netzwerk an Kontakten pflegen musste und gleichzeitig in ihrer Strategie konsequent bleiben, Vorschläge weiterverfolgen und sicherstellen musste, dass individuelle Wünsche der Eltern berücksichtigt wurden. Sylvia Wellhöfer erklärt:

Ich bin sehr prozessorientiert. Ich bin sicher, dass es noch einen anderen Weg gibt, aber ich habe es immer als Gründung eines Unternehmens oder einer NGO ohne Geld gesehen. Wir erstellten eine Facebookseite und gestalteten ein Logo und eine Website. Wenn es sehr wichtig war, schickte ich auch mehrere

E-Mails oder tätigte zusätzliche Anrufe, um nachzuhaken. Wir kommunizierten das deutsche zweisprachige Programm via *CityKinder*, einer deutschen Onlineplattform, dem Newsletter des deutschen Konsulats und dem Newsletter des Goethe Instituts. Wir hängten auch einige Flyer auf und versuchten, die Bekanntheit auf Spielplätzen oder Veranstaltungen, die wir besuchten, zu verbreiten.[33]

Eltern nahmen regelmäßig an Tagen der offenen Tür teil, trafen sich in örtlichen Cafés und unterhielten sich auf dem Spielplatz. Der Informationsfluss war beständig. Die Partnerschaften, die die Gruppe aufbaute, stärkten auch die Glaubwürdigkeit und Effektivität der Initiative. Das Goethe Institut zum Beispiel bot an, alle Unterrichtsmaterialien zur Verfügung zu stellen und wandte sich für Ressourcen, Lehrplanentwicklung und Lebensläufe an sein Netzwerk von LehrerInnen. Die Gruppe knüpfte auch Kontakte mit Schulen, die – wie die P.S.110 und ihr französisches zweisprachiges Programm und die P.S. 147 mit dem japanischen zweisprachigen Programm – schon Programme etabliert hatten und ihre Erfahrungen und nützlichen Tipps für den Start ihres eigenen Programms weitergeben konnten.

Wenn die Enttäuschung zuschlägt

Dank der Informationen, die sie gesammelt hatten, und der klaren Kommunikation mit Interessenvertretern, konnte die Gruppe des deutschen zweisprachigen Programms eine erste Vereinbarung mit der P.S. 17 in Brooklyn treffen. Unsere hochorganisierte Gruppe von Eltern machte dann Familien ausfindig, deren Kinder zur gleichen Zeit im Kindergarten anfangen würden, und kontaktierte Gruppen in mehreren Schulbezirken in Brooklyn und Queens. Leider stellte man einige Wochen vor dem Start des neuen Schuljahrs fest, dass zu viele Familien ausgeschieden waren, um die Deadline im September einzuhalten. Die deutsche zweisprachige Initiative an der P.S. 17 scheiterte in der Folge an der Zurückhaltung der Schulleitung sowie an schwer zu überwindenden administrativen Hürden. In diesem Fall, wie in den meisten der im

Buch behandelten Geschichten, ist es wichtig, eine verbindliche Zusage von Eltern zu bekommen und sicherzustellen, dass sie an der zweisprachigen Initiative interessiert bleiben. Es ist auch wichtig, dass LeiterInnen der Gruppe beharrlich bleiben und sich auf die Suche nach einer Schule konzentrieren, wie diese Gruppe es tat.

Mit der großen Unterstützung des Superintendenten des Bezirks prüften das Team für die deutsche zweisprachige Initiative und die Schulleitung mehrere neue Optionen, um ein deutsches zweisprachiges Programm zu eröffnen. Infolgedessen wurde an der benachbarten P.S. 18 ein Nachmittagsprogramm auf Deutsch für Kindergarten- und Vorkindergartengruppen eingeführt, das die Chance bietet, deutsche Inhalte in den Lehrplan aufzunehmen und eine Verbindung zur deutschen Sprache und Kultur an der Schule aufrechtzuerhalten. Somit schuf die Gruppe um die deutsche Zwei-Sprachen-Initiative die Grundlage für ein zweisprachiges Programm an der P.S. 18. Indem sie ihrer Mission treu bleibt, ein zweisprachiges Programm in deutscher und englischer Sprache an öffentlichen Schulen in New York anzubieten, ist die Beharrlichkeit der Gruppe zweifellos vorbildlich und ein positiver Indikator für weitere Erfolge.

Die Eltern, die an der Initiative für ein deutsches zweisprachiges Programm beteiligt waren, gründeten eine gut organisierte Gruppe, die eine bemerkenswerte Strategie erstellte, um Schulen zu finden, Familien anzuwerben und die Kommunikation zwischen allen Beteiligten immer transparent zu gestalten. Sie waren bereit, Leute in ihre Gruppe aufzunehmen, die kein Deutsch sprachen. Sie waren darauf bedacht, mit privaten Schulen und kulturellen Organisationen als Partner und nicht als Konkurrenten zusammenzuarbeiten. Obwohl mehrere Familien frustriert waren, dass das Programm verschoben werden musste, wurde viel erreicht und die Hoffnungen, dass weitere deutsche zweisprachige Programme in New York entstehen, sind groß. Auf organisierte und gut durchdachte Weise wurde der Grundstein für eine erfolgreiche zweisprachige deutsche Revolution gelegt.

Kapitel 5

Die Geschichte von zwei Stadtteilen: Russisch in Harlem und Brooklyn

Eine Veranstaltung an der Columbia University bildete den Höhepunkt für die russisch zweisprachige Programm-Initiative, geleitet von den Müttern Julia Stojanowitsch und Olga Iljaschenko. Das Treffen vereinte eine beeindruckende Reihe von UnterstützerInnen, darunter Tim Frye, ein russischsprachiger amerikanischer Professor der Osteuropastudien, Maria Kot, eine gebürtige Russin, die zur Rettung und Erweiterung russischer zweisprachiger Programme in Brooklyn beitrug, und Tatyana Kleyn, Professorin für bilinguale Bildung am *City College of New York*, die als junges russischsprachiges Kind aus Lettland in die USA kam und als Erwachsene Russisch wieder erlernen musste. Das Treffen schloss außerdem wichtige staatliche und städtische AmtsträgerInnen ein, wie Luis Reyes des *New York State Board of Regents* und Milady Baez, Vizekanzlerin des *New York City Department of Education*, sowie SchuldirektorInnen, LehrerInnen, RepräsentantInnenn kultureller Organisationen, die Presse und Eltern. Dieses Treffen war nur ein kleiner Ausschnitt der enormen mehrjährigen Bemühungen, ein russisches zweisprachiges Programm auf der Upper West Side Manhattans zu errichten. Durch viele Höhen und Tiefen versuchten mehrere aufeinanderfolgende Elterngruppen seit Jahren, die Schulbehörden von der Notwendigkeit eines russischen zweisprachigen Programms in ihrem Stadtteil zu überzeugen. Angesichts kontinuierlicher Herausforderungen vereinte dieser Aufruf eine große Vielfalt an Menschen und Erwartungen.

Eine global gesinnte linguistische Community

Nicht alle Personen in dem Raum kamen aus Russland. Genau genommen waren es nur einige wenige. Viele lebten in New York City, wuchsen jedoch in russischsprachigen Elternhäusern auf.

Andere kamen aus Ländern der ehemaligen Sowjetunion oder anderen europäischen Ländern. Auf die Frage, welche andere Sprache zu Hause gesprochen wurden, antworteten Familien, die sich für die Initiative eines russischen zweisprachigen Programm einsetzten, folgendes: Italienisch, Griechisch, Ukrainisch, Tatarisch, Armenisch, Spanisch, Französisch, Deutsch, Hebräisch, Ungarisch, Serbisch und Urdu, zusätzlich zu Russisch und Englisch. Die versammelte Gruppe repräsentierte 125 Familien mit 160 Kindern, die zwischen 2011 und 2016 geboren wurden, also etwa dreißig bis vierzig Kinder pro Geburtsjahr, die bald den Vor-Kindergarten oder den Kindergarten besuchen würden. Einige Eltern waren russische Muttersprachler oder sprachen Russisch als Herkunftssprache, obwohl einige wenig oder gar kein Russisch sprachen. Nach Angaben der Organisatoren sprach etwa die Hälfte der Kinder, deren Eltern interessiert waren, zu Hause Russisch, ein Viertel sprach zu gleichen Teilen Englisch und Russisch und ein Viertel sprach kein Russisch, einschließlich Englisch-einsprachiger SchülerInnen. Die Gruppe, die die Initiative vertrat, war, wie die Mütter so schön sagten, so vielfältig wie die Stadt, die sie bewohnte: mehrsprachig, multikulturell und erpicht auf neue Chancen für ihre Kinder.

Zeugenaussagen der beteiligten Familien sprechen für die Notwendigkeit eines zweisprachigen russischen Programms in ihrem Privat- und Familienleben. Einige Eltern rangen im Erwachsenenalter damit, Russisch als Fremdsprache zu lernen und wollten nicht, dass ihre Kinder so leiden mussten wie sie. Einige Kinder kamen aus Familien mit einem russischsprachigen und einem englischsprachigen Elternteil, was das Kommunizieren auf Russisch zu Hause zu einer häufig schwierigen Aufgabe machte. Eine Familie hatte sogar ein Kind, das bereits dreisprachig in Englisch, Russisch und Chinesisch war und wollte ihren Sohn in einem zweisprachigen Programm anmelden, sodass er Lese- und Schreibfähigkeiten in zwei seiner drei gesprochenen Sprachen entwickeln konnte.

Eltern hoben die kulturellen Vorteile hervor, die sowohl russischsprachige als auch nicht-russischsprachige Kinder aus dem Programm ziehen würden, indem sie die „Schätze" russischer Kultur entdecken. Die Familie der Gründerin Julia Stoyanovich merkte an, dass sie zu Hause nur Russisch sprachen, da sie und ihr Mann wollten, dass ihr Sohn sie nicht nur verstehen, sondern in ihrer Muttersprache auch Witze machen und lachen konnte. Außerdem wollten sie, dass ihr Kind problemlos mit seinen Großeltern kommunizieren konnte, die in Queens, Moskau und Belgrad wohnten und nur begrenztes Englisch sprachen. Viele Familien bezeichneten sich als globale Russen, ein Begriff der durch eine Mischung aus russischer Sprache und Kultur, einen vielmals gestempelten Pass und eine westliche Bildung und Lebensweise gekennzeichnet ist. Diese Eltern glaubten, dass ein russisches zweisprachiges Programm für sie von unschätzbarem Wert sein würde, um ihre Identität zu bewahren, indem sie ihre Muttersprache und Kultur an ihre Kinder weitergaben.

Die Nachricht dieser vielfältigen Gruppe war tiefgründig, aber einfach: E Pluribus Unum.[34] Ihre überwältigende Hoffnung war, ihre unterschiedliche Herkunft und Interessen zu vereinen, um ein florierendes zweisprachiges Programm zu gestalten. Auf der Upper West Side, wo die Initiative zu Hause ist, ist es nicht ungewöhnlich auf den Straßen Russisch zu hören. In der Tat hat New York City die größte russischsprachige Bevölkerung in den USA. Laut einer aktuellen Erhebung zählte die Stadt über 200 000 Russischsprechende, womit Russisch nach Englisch, Spanisch und Chinesisch die vierthäufigste Sprache in New York City ist.[35] Ungefähr 3400 russischsprachige Kinder in New York sind als Englischlernende identifiziert und haben somit einen Anspruch auf bilinguale Bildungsangebote. Weitaus mehr SchülerInnen, die aus russischsprachigen Elternhäusern kommen, können die Schule mit geringen Englisch-Sprachkenntnissen beginnen, müssen aber sicher im Lesen, Schreiben und Verstehen werden.[36]

Darüber hinaus könnten Kinder aller Sprachen, einschließlich derer, die nur Englisch sprechen, von einem zweisprachigen russischen Programm profitieren, da das Russische auf globaler Ebene wichtig ist und viele versteckte kulturelle, berufliche und persönliche Wege für fließend Sprechende eröffnet. Die GründerInnen sprachen ausführlich über ihren Wunsch, ihre Liebe zur russischen Sprache und Kultur mit Anderen in der New Yorker Community zu teilen. Sie glaubten, dass das russische Programm ein Geschenk für ihre Kinder, aber auch die Community im Allgemeinen sein würde und waren bereit, alles Mögliche zu tun, um ihren Traum zu verwirklichen.

Sich nach oben kämpfen

Bevor wir zu unseren zwei Müttern in Manhattan zurückkehren, ist es wichtig, die ursprüngliche Geschichte von russischen zweisprachigen Programmen in New York zu erzählen, eine Geschichte, die in Brooklyn ihren Anfang nimmt. Dort war Maria Kot, ein russischsprachiges Elternteil, zu einer wesentlichen Verfechterin russischer bilingualer Bildung für ihre Tochter und Hunderte von anderen bilingualen SchülerInnen an der P.S. 200 und der I.S. 228 geworden.[37] Maria organisierte Communityveranstaltungen und Treffen, entwickelte Aktionspläne und setzte sich mit vielen befürwortenden Gruppen, Community Vorständen, russischen Familien und Regierungsbehörden in Verbindung. Sie ist nun Elternvertreterin in der *New York State Association for Bilingual Education*, wo sie die Interessen von Eltern unterschiedlicher linguistischer Communitys vertreten kann.

Maria kam das erste Mal mit russischen zweisprachigen Programmen in Berührung, als sie ihre Tochter an der Grundschule der P.S. 200 anmeldete. Obwohl das Programm bereits existierte, wurde es einige Jahre nachdem Marias Tochter mit der Schule begann fast gekürzt, als ein neuer Schuldirektor die Leitung übernahm und andere Minderheiten das Gefühl hatten, dass sie und ihre Kinder nicht dazugehörten. Maria erklärt, wie schwierig es war, die Eltern und die Verwaltung von der Notwendigkeit zu überzeugen, ein solches Programm fortzusetzen:

Damals war die Situation anders und die Idee der Zweisprachigkeit war nicht sehr willkommen. Wir mussten kämpfen. Wir mussten einen Kampf mit dem *Department of Education beginnen*, damit unsere Kinder eine zweisprachige Bildung unserer Kinder erhielten. Wenn das vermieden werden kann, sollte es vermieden werden, weil es stressig für alle ist und man nicht dazu gezwungen sein sollte.[38]

Nach einem anstrengenden Rechtsstreit mit dem *Department of Education* gewannen Maria und die anderen Eltern des russischen zweisprachigen Programms schließlich das Recht, das zweisprachige Programm für ihre Tochter und den Rest der zweisprachigen Klasse weiterzuführen.

Ihr Argument beruhte auf dem Präzedenzfall *Lau gegen Nichols*, der in Kapitel 13 näher betrachtet wird, und dem Recht von Englischlernenden auf Zugang zu zweisprachiger Bildung. Mit einer nachgewiesenen Anzahl von englischlernenden Schülern war Maria in der Lage, die russischen bilingualen Programme in Brooklyn zu retten. Mit der Zeit wuchsen die Programme weiter. Ein zweites russisches zweisprachiges Programm wurde an der I.S. 228 auf Middle School-Niveau eingerichtet, um den zunehmenden bilingualen Klassen Platz zu bieten. Dank eines außergewöhnlich hilfreichen Schulleiters war dieses Programm sehr viel einfacher einzuführen, wie Maria beschreibt:

Das war sehr viel einfacher, friedlicher und erfolgreicher. Ich fand einen Schulleiter, der daran interessiert war, seine Schule zu verbessern. Ich kontaktierte ihn und erklärte die Chancen, die das zweisprachige Programm seiner Schule bieten konnte. Es bedurfte einiger Besuche, bis er die Idee bilingualer Bildung wirklich verstand. Aber dann wurde er ein großartiger Unterstützer zweisprachiger Bildung. Seitdem startete er ein russisches zweisprachiges und ein chinesisches zweisprachiges Programm. Im nächsten Jahr führte er ein spanisches zweisprachiges Programm und dann ein hebräisches zweisprachiges Programm ein. Jetzt haben wir die riesige

Unterstützung und Befürwortung des Schulleiters, um weiterzumachen.[39]

Unglaublich, dass Marias Bemühungen, russische zweisprachige Programme zu erweitern, anderen linguistischen Communitys die Möglichkeit boten, ihre eigenen Programme zu realisieren. Darüber hinaus wurde die P.S. 200 von der ehemaligen Schulkanzlerin New York Citys, Carmen Fariña, im Schuljahr 2015-2016 zur zweisprachigen Modell-Schule ernannt. Diese Erfolge veranschaulichen die Macht des Eltern-Engagement, da jede Initiative das Potential hat, die Bildungslandschaft einer Community zu verändern.

Mach Deinen Traum zur Realität

Während die russischen Programme in Brooklyn eindeutig Erfolg hatten, geriet die Initiative in Manhattan weiterhin ins Stocken. Alle waren sich bewusst, dass vorherige Versuche, ein russisches bilinguales Programm in Manhattan zu erschaffen, gescheitert waren. Aber für Olga und Julia war dies kein Grund zum Aufgeben. Stattdessen erweckten sie Aufmerksamkeit für ihren enthusiastischen Aufruf zum Handeln. Julia beschreibt ihre Vision wie folgt:

Dies ist unser Traum. Unser Traum liegt uns sehr am Herzen. Es geht darum, ein russisches zweisprachiges Programm an einer öffentlichen Grundschule auf der Upper West Side von Manhattan einzuführen. Wir wollen, dass dies ein qualitativ hochwertiges bilinguales Programm ist. Dieses Programm soll russischsprachigen, englischlernenden Kindern helfen, in einer konstruktiven, stressfreien und angenehmen Umgebung Englisch zu lernen. Außerdem soll es Kindern, die kein Russisch sprechen, helfen, die Sprache zu lernen und sie zusammen mit uns und dem Rest der russischsprachigen Community und der Welt zu genießen und wertzuschätzen. Wir möchten dieses Programm gezielt an einer öffentlichen Grundschule anbieten. Wir glauben, dass das öffentliche

Schulsystem uns die Vorteile bietet, die New York City hat –
die Multikulturalität, die Vielfalt, die Integration und die
Schönheit der Stadt, die wir gerne als unser Zuhause
bezeichnen.[40]

Zusätzlich zu ihrer eigenen russischsprachigen Gemeinschaft
entwickelten unsere Mütter eine Strategie, um nicht-russische
Sprecher für ihr Programm zu begeistern, das auf drei wesentlichen
Punkten basierte: bärtigen Männern, Raumschiffen und dem Siegel
der Bilingualität. Lachend beschrieb Julia, dass die russische
Sprache die Tür zu Russlands reichen kulturellen Traditionen ist,
einschließlich bärtiger Männer wie Leo Tolstoi, Tschaikowski und
Tschechow. Das Raumschiff, eine Ode an Sputnik, konzentrierte
sich auf Karrierechancen und Beschäftigungszuwachs in den
politischen, technologischen und wissenschaftlichen Bereichen im
russischsprachigen Raum. Und schlussendlich wird das Siegel der
Bilingualität an High School-Absolventen verliehen, die ein hohes
Leistungsniveau in einer oder mehreren Sprachen zusätzlich zum
Englischen erworben haben, was zweisprachigen Programmen im
ganzen Land Legitimität verleiht. Viele der notwendigen Zutaten
für ein erfolgreiches zweisprachiges Programm auf der Upper West
Side waren am Abend der Präsentation des russischen
zweisprachigen Programms bereits vorhanden. Die Gruppe
benötigte motivierte Eltern und viele von ihnen waren im
Publikum. Sie brauchten Ressourcen, sowohl vom *New York City
Department of Education* als auch Drittmittel von Organisationen und
externen Partnern, von denen viele VertreterInnen anwesend waren
und sich unter den Vortragenden befanden. Sie mussten
hochqualifizierte Lehrkräfte finden und konnten dies durch die
Zusammenarbeit mit den Schulen tun, die sie bereits kontaktiert
hatten. Die letzte Zutat waren die SchülerInnen, die ihnen durch
die enthusiastischen und engagierten Eltern im Publikum sicher
waren. Jedoch erinnerten VerwalterInnen im Publikum und der
Diskussionsrunde die neuen LeiterInnen der russischen Zwei-
Sprachen-Initiative daran, wie wichtig es ist, die bereits bestehende
Schulgemeinde zu respektieren und sich in diese zu integrieren. Sie
forderten die Gruppe auf, mit den Eltern an Schulen zu arbeiten,

die sich von dem Wandel und neuen Angeboten bedroht fühlen. Als Markenzeichen der russischen Initiative brachten diese Mütter ihr klares Bekenntnis zum Ausdruck, die Bildung einer isolierten Blase innerhalb der Schule für die russischen Sprachschüler zu vermeiden. Sie waren fest entschlossen, ein Programm zum Wohl der gesamten Schulgemeinde zu entwerfen. Wie die Gruppe sehr wohl verstand, wird die Schule zur Grundlage, auf der eine Community gedeihen kann, wenn ein zweisprachiges Programm auf Respekt, Wertschätzung und Kooperation aufgebaut ist.

Die zwei Gruppen russischer Zwei-Sprachen-Initiativen, eine in Brooklyn und eine in Manhattan, bieten gegensätzliche Geschichten, aber liefern dennoch ähnliche Ratschläge. In Brooklyn entstand aus einem schwierigen Rechtsstreit eine florierende zweisprachige Oase, die ihre vielfältige Community bis heute akzeptiert und stärkt. In Manhattan hat sich der mehrjährige schwierige Kampf, einen Schulraum in einer hochwertigen Immobilie zu finden, als zu entmutigend und schwierig erwiesen, um ein bilinguales Programm für die vielen enthusiastischen russischen Familien zu etablieren. Zum Zeitpunkt der Veröffentlichung befand sich die russische Zwei-Sprachen-Initiative in Manhattan im Gespräch mit einer Schule in Harlem, die offen für den Vorschlag eines zweisprachigen Programms schien. Obwohl die Projekte in Brooklyn und Manhattan unterschiedlichen Wegen folgten, sind Beide Verfechter der Vielfalt ihrer Communitys. Sie möchten die unterschiedlichen Kulturen, die ihre linguistische Community einschließt, fördern und ihre Traditionen mit der Allgemeinheit teilen und zelebrieren. Ob ihre Kinder nun Witze erzählen, Ballett tanzen oder Tolstoi lesen, die russischen zweisprachigen Familien in New York haben es sich zur Aufgabe gemacht, ihr einzigartiges kulturelles Erbe in ihrer multikulturellen Stadt zu bewahren und ihre Träume wahr werden zu lassen.

Kapitel 6

Der Dominoeffekt: die Vermehrung französischer Programme

E s begann alles im April 2006, als drei hartnäckige Mütter in das Büro von Schulleiterin Giselle McGee an der P.S. 58 in *Carroll Gardens* in Brooklyn traten, in der Hoffnung sie davon zu überzeugen, dass ein französisches Nachmittagsprogramm eine würdige Ergänzung an ihrer Schule wäre. Wie auch diese Mütter, wollten viele französischsprachige Familien in der Nachbarschaft das Französisch ihrer Kinder außerhalb des Elternhauses erhalten. Die französische Community ahnte nicht, dass Giselle nicht nur die Nachmittagsidee sofort akzeptieren würde, sondern dass ihr Gespräch zu New Yorks erstem französischen zweisprachigen Programm und einer Lawine darauffolgender Programme führen würde. Die französische Zwei-Sprachen-Geschichte in New York hebt den mächtigen Dominoeffekt der bilingualen Revolution hervor. Unter Einfluss einer engagierten und motivierten Community können sich zweisprachige Programme vervielfachen, um die immer größer werdende Zahl bilingualer Schüler zu versorgen.

Der Einfluss unterstützender BefürworterInnen

Bis zum Alter von fünf Jahren war diese hilfreiche Schulleiterin Giselle bilingual und sprach zu Hause mit ihrer Mutter Französisch und mit ihrem Vater Englisch. Erst als sie in den Kindergarten auf Staten Island ging, gab sie ihre Französischkenntnisse auf, da Keiner ihrer KlassenkameradInnen Französisch sprach. Giselle wuchs in den 1960er Jahren auf, als in den Communitys die Assimilation kürzlich angekommener Zuwanderer im Vordergrund stand. Zu der Zeit boten Grundschulen nicht einmal Fremdsprachen an, sodass Kinder im Klassenzimmer nicht auf die Sprache ihres Elternhauses zurückgreifen konnten, wenn diese nicht Englisch war. So verlor die fünfjährige französischsprachige Giselle ihre Muttersprache. Es ist eine in den Vereinigten Staaten allzu verbreitete Geschichte der vergangenen Jahrzehnte und ein Phänomen, das die neuesten Trends in bilingualer Bildung umkehren wollen.

Mit ihrer eigenen Geschichte im Hinterkopf eröffnete Giselle 2007 mit Begeisterung das französische zweisprachige Programm an der P.S. 58. Die positive Begegnung zwischen den drei Müttern – Catherine Poisson, Anne-Laure Fayard und Mary-Powel Thomas – und der engagierten Schulleiterin ebnete den Weg für zahlreiche Gruppen, ihre Leistungen nachzuahmen. In Anlehnung an diese ursprüngliche Gruppe organisierten sich neue Eltern in einer kritischen Anzahl und erhielten Unterstützung und Engagement von wichtigen InteressenvertreterInnen der Community und SchulverwalterInnen. Diese Bewegung führte in den letzten zehn Jahren zur Gründung Dutzender französischer bilingualer Programme in ganz New York City sowie auch in mehreren anderen Städten in den USA. Der anhaltende Erfolg des Programms an der P.S. 58 ermutigte weitere Eltern mit französischen Zwei-Sprachen-Vorschlägen an Schulen heranzutreten, bereit alles zu tun, um bilinguale Bildung in ihre Stadtteile zu bringen. Bis heute führen PädagogInnen und ForscherInnen in den USA und im Ausland dieses spezielle Programm als glänzendes Beispiel für die Wirksamkeit zweisprachiger Programme im 21. Jahrhundert an.

Als andere Communitys in der Stadt begannen, von dem Erfolg der P.S. 58 zu hören, entstand eine wachsende Synergie zwischen mehreren Organisationen. Dazu gehörten die Kulturellen Dienste der Französischen Botschaft, mehrere gemeinnützige und philanthropische Organisationen, örtliche französischsprachige Nachrichtenmagazine[41] und *Education en Français à New York*, eine ehrenamtliche Organisation, deren Aufgabe es ist, französische Angebote an öffentlichen Schulen in der Nachbarschaft zu schaffen. Diese dynamische Zusammenarbeit ermöglichte die Vermehrung der französischen zweisprachigen Programme in New York in einem bemerkenswert kurzen Zeitraum. Sie legte den Grundstein für die ursprüngliche bilinguale Revolution in New York City, die später als „Französische Bilinguale Revolution" gelten sollte.[42]

Die Option der öffentlichen Schule

Diese Revolution wurde durch ein wachsendes Interesse an bilingualer Bildung in der französischsprachigen Community vorangetrieben, verbunden mit der Notwendigkeit, ihrer vielfältigen Bevölkerung im Rahmen des öffentlichen Schulsystems New York Citys zu dienen. Im Jahr 2012 schätzte ich, dass 120 000 Personen in New York zu Hause Französisch sprachen, darunter 22 000 Kinder, was das Potential, über 50 französisch-englische zweisprachige Programme in der Stadt zu füllen, offenbarte.[43] In der Metropolregion New Yorks haben französischsprachige Expat-Familien, wie auch amerikanische und internationale Familien, die an französischer Bildung interessiert sind, und die sich Privatschulen leisten können, ein exzellentes Bildungsangebot zur Auswahl. Etablierte Institutionen wie zum Beispiel das *Lycée Français* New Yorks, die *United Nations International School*, das *Lyceum Kennedy*, die französisch-amerikanische Schule New Yorks in Larchmont, die *International School of Brooklyn*, die *École Internationale de New York*, die französisch-amerikanische Akademie und die französisch-amerikanische Schule Princetons bieten hochwertige bilinguale Bildungsprogramme nach akkreditierten Lehrplänen in Übereinstimmung mit den nationalen Bildungsstandards Frankreichs an. In diesen Schulen profitieren Familien von den Vorteilen und Chancen einer bilingualen Bildung, und ihre Kinder sind in der Lage, sowohl Englisch als auch Französisch auf sehr hohem Niveau zu beherrschen – allerdings zu einem Preis.

In den frühen 2000er Jahren erfuhr New York einen Zustrom junger französischsprachiger Familien, die es sich nicht leisten konnten, die Gebühren dieser Schulen zu zahlen. Zur gleichen Zeit erlebten mehrere Nachbarschaften in West Brooklyn, Harlem, Queens und der südlichen Bronx einen stetigen Zuwachs ihrer frankophonen Bevölkerung, einschließlich ImmigrantInnen aus Europa, Kanada, Afrika und der Karibik. Diese neu angekommenen Bevölkerungsgruppen hatten die Hoffnung, die Sprachkenntnisse ihrer Kinder zu erhalten, während sie sich dem Leben in den USA anpassten. Das führte zu einem massiven Wachstum des Bedarfs an französisch zweisprachigen Programme, angetrieben durch die Anwesenheit von Französischsprechenden Schülern, die oft von den Schulbehörden unbemerkt blieben, da viele auch andere Primärsprachen im Elternhaus benutzen, wie zum Beispiel Wolof, Bambara oder Creole und von den SchulbeamtInnen als SprecherInnen dieser Sprachen eingestuft wurden. Französische zweisprachige Programme wurden auch extrem beliebt unter amerikanischen und internationalen Familien, deren vorherrschende Sprache nicht Französisch war, die aber von der Idee bilingualer Bildung für ihre Kinder angelockt wurden.

Die Revolution vorantreiben

Die Programme, die 2011 sowohl an der P.S. 110 in Greenpoint als auch an der P.S. 133 in Boerum Hill eröffnet haben, erhalten jedes Jahr Hunderte von Bewerbungen für die geringe Anzahl an Plätzen in den französischen zweisprachigen Kindergartengruppen. Diese Programme wurden von Eltern französischer Herkunft initiiert, von denen einige in den USA, andere in Kanada oder Frankreich geboren wurden. Die Mehrzahl der BewerberInnen kommt aus englischsprachigen einsprachigen Familien ohne kulturelle oder sprachliche Verbindungen zum Französischen. An anderen Schulen in Brooklyn, wie der P.S. 20 in Clinton Hill und der P.S. 03 in Bedford-Stuyvesant, wurde das französische zweisprachige Programm tatsächlich entweder von amerikanischen Eltern ohne Französischkenntnisse oder PädagogInnen, die das Angebot für benachteiligte Familien aus französischsprachigen Ländern verbessern wollten, ins Leben gerufen.

Motivierte Eltern wie Virgil de Voldère und Susan Long, ein französisch-amerikanisches Paar, das wollte, dass ihre beiden Söhne komplett bilingual sind und sowohl Lese- als auch Schreibfähigkeiten in beiden Sprachen entwickelten, waren 2008 angeregt, ein französisches zweisprachiges Programm an der P.S.

84 auf der Upper West Side Manhattans zu starten. Virgil erklärt, wie seine eigene Initiative begann:

> Meine Frau Susan schlug die Idee eines französischen zweisprachigen Programms vor. Wir kamen alle zusammen und begannen, die Eröffnung des Programms für den folgenden September zu planen. Das war im Februar. Im Mai hatten wir die Daten von 100 Familien in der Nachbarschaft gesammelt. Robin Sundick [damalige Schulleiterin der P.S. 84] arbeitete mit ihrer Verwaltung daran, den ganzen Papierkrieg zu bewältigen. Im September hatten wir, wie durch ein Wunder, ein Programm. Was ich all den frankophonen Eltern und besonders den aus Frankreich stammenden Eltern, die an ein staatliches Bildungssystem gewöhnt sind, erzähle, ist, dass sie in Amerika wirklich etwas bewirken können. Sie können sich organisieren, sie können Projekte vorschlagen und sie haben ein Recht darauf, dass ihre Herkunftssprache an der Schule gesprochen wird."[44]

Um Ihr Ziel zu erreichen, beanspruchten Virgil und Susan die Hilfe anderer Eltern an der Schule und Talcott Camps, einer frankophilen amerikanischen Bürgerrechtsanwältin und zweifachen Mutter, die hoffte, dass ihre eigenen Kinder bilingual würden. Später wurde sie Präsidentin der *Education en Français à New York*. Sie erklärt ihre eigene Teilnahme an der Initiative wie folgt:

> Ich war am Spracherwerb interessiert, aber der wahre Grund für meinen Wunsch nach einem zweisprachigen Programm für meine Kinder war, dass ich nicht wollte, dass sie einsprachig aufwuchsen. Das kommt mir einfach so arm vor. Ich wollte, dass sie mit mehr als einer Sprache aufwuchsen, wegen des Reichtums und der Sichtweise, die es ihnen auf Politik und Kultur ermöglichen würde – auch mental. Wir hätten ein französisches zweisprachiges Programm geliebt, aber es kam mir nicht in den Sinn, dass das möglich sein würde. Es war eigentlich Virgil, der meinte: „Pourquoi pas?" [„Warum nicht?"]. Die damalige Schulleiterin, Robin Sundick, sagte zu

ihm: „Wenn du mir genug frankophone Familien bringst, mache ich das." Und so begann dann die Arbeit.[45]

Wie versprochen, fanden Virgil, Susan und Talcott die nötige Anzahl von Mitgliedern, um ihre Vision einer französischen Immersion zu verwirklichen. Die Schule, die sie aussuchten, P.S. 84, war zufällig eine Pionierschule zweisprachiger spanischer Bildung und war so in der Lage, ihre existierende Verwaltungsstruktur für zweisprachige Programme zu mobilisieren und schnell und effizient ein französisches Programm im September 2008 zu eröffnen. Heute richtet sich das Programm an etwa 250 Schüler europäischer, kanadischer, karibischer und afrikanischer Herkunft. Eltern, die in ihrer Nachbarschaft warben, Poster entwarfen, Websites updateten und Tage der offenen Tür organisierten, machten diesen Erfolg möglich.

Seit September 2007 haben vierzehn öffentliche Schulen in New York ein französisches zweisprachiges Programm eröffnet, von denen zehn immer noch aktiv sind. Die vier Programme, die letztendlich geschlossen wurden, scheiterten an schlechter Planung oder einem Wechsel in der Schulleitung – wesentliche Hürden, die es bei der Implementierung zweisprachiger Bildung zu überwinden gilt. Die Erfolgsgeschichten umfassen sieben zweisprachige Grundschulprogramme, einschließlich öffentlicher Schulen in Manhattan und Brooklyn und der *New York French-American Charter School*, einer Schule in freier Trägerschaft in Harlem. Außerdem bieten drei Middle Schools einen französischen zweisprachigen Lehrplan bis zur achten Klasse an: M.S. 51 in Park Slope, M.S. 256 auf der Upper West Side und die *Boerum Hill School for International Studies* in Brooklyn. Letztere befindet sich derzeit im Prozess, das erste französische zweisprachige, internationale Baccalaureate Programm an einer öffentlichen Schule in den USA einzuführen, mit Plänen, zweisprachige SchülerInnen bis zur zwölften Klasse aufzunehmen, die am Ende ein internationales Baccalaureate Diplom erhalten.

Da mehr und mehr SchülerInnen französischsprachiger Programme nun die High School beginnen, ist es wichtig, dass Schulen die Kontinuität ihrer Ausbildung sowohl auf Englisch als auch auf Französisch sicherstellen. Zurzeit nehmen über 1700 SchülerInnen an New York Citys französischen zweisprachigen Programmen teil; mit Schätzungen der gesamten Schülerzahl, die fast doppelt so hoch sind, wenn man die Familien miteinbezieht, die umgezogen und ausgeschieden sind und die Schulen, die seit 2007 geschlossen wurden. Prognosen geben an, dass 7000 weitere SchülerInnen bis 2020 von diesen Programmen profitieren könnten, wenn der aktuelle Aufschwung weiterhin die Unterstützung neuer Schulleiter, Mitglieder der Community und von Eltern erhält.

Wachstumsschmerzen und der Umgang mit Erfolg

Bedauerlich und vielleicht auch merkwürdig ist, dass die Französische Zweisprachige Revolution eher durch einen fehlenden Zugang zu Räumlichkeiten als durch ein mangelndes Interesse behindert wird. Folglich wurden mehr Familien, sowohl französischsprachige als auch andere, abgelehnt, als in französischen zweisprachigen Programmen angenommen. Die Anzahl der Plätze in der Stadt bleibt begrenzt, was einen erbitterten Wettbewerb zwischen den BewerberInnen zufolge hat. Zum Glück kann dieses Problem bekämpft werden. Durch Partnerschaften mit neuen Schulen und dem Engagement neuer Eltern kann der Ausbau der französischen zweisprachigen Programme diese Möglichkeiten für leistungswillige Familien in New York City und darüber hinaus zugänglicher machen.

Aber Räumlichkeiten für Klassenzimmer sind nicht das einzige Problem, das die Entwicklung dieser Programme hemmt. Mit der wachsenden Anzahl französischer zweisprachiger Programme wächst auch der Bedarf an qualifizierten Lehrkräften. Dieses Dilemma wird häufig von Hürden bei der Anstellung kompetenter, akkreditierter, bilingualer LehrerInnen an öffentlichen Schulen begleitet. Zurzeit ist die Mehrheit der AnwärterInnen für bilinguale Lehrstellen in den USA im Besitz der amerikanischen

Staatsbürgerschaft oder einer Green Card, da es Schulen aufgrund des komplizierten bürokratischen Prozedere häufig nicht möglich ist, ausländischen LehrerInnen eine Arbeitserlaubnis zu erteilen. Häufig wird ein Abschluss in bilingualer Bildung gefordert und in New York City ist es Vorschrift, eine Zertifizierung des Staats New York zu haben, um an einer öffentlichen Schule zu unterrichten. Eine große Zahl außergewöhnlicher BewerberInnen für die Stellen von Lehrkräften zu finden, ist zu einem wesentlichen Element in der Etablierung eines bilingualen Programms geworden. Als Antwort auf diesen Bedarf hat das *Hunter College* in Manhattan, das seit 1983 einen Master in spanischer bilingualer Bildung anbietet, sein Lehrangebot um einen französischen Studienzweig erweitert. Um Studierende zu ermutigen, sich für das Programm am Hunter College und ähnliche Programme in der Stadt zu bewerben, hat die *Société des Professeurs de Français et Francophones d'Amererique* ein Stipendienprogramm eingerichtet, um künftige französische zweisprachige Lehrer zu unterstützen.[46] Stipendien und Zertifizierungsprogramme wie diese sind wichtig, damit zweisprachige Programme in Zukunft von allein tragfähig sind.

Neben qualifizierten Lehrkräften besteht auch ein großer Bedarf an Lehrmaterialien, insbesondere an Klassen- und Schulbibliotheksbüchern, die an unterschiedliche Fächer und Niveaus angepasst sind. Spenden spielen eine wichtige Rolle bei der Deckung dieses Bedarfs. Eltern mit Erfahrung im Umgang mit Kampagnen und großen Geldanlagen haben maßgeblich dazu beigetragen, die erforderlichen Mittel zur Unterstützung von Schulen mit französischen zweisprachigen Programmen aufzubringen. Ein Team professioneller Spendenwerber und zweisprachiger Eltern halfen den Kulturellen Diensten der französischen Botschaft und ihrem Partner, der *FACE Foundation*, bei der Einrichtung einer mehrjährigen, stadtweiten Spendenkampagne, um eine größere Anzahl französischer zweisprachiger Kinder zu versorgen, besonders in benachteiligten Nachbarschaften in der Bronx, Queens und East Brooklyn, in denen viele frankophone Familien wohnen.[47] Die Initiative ist nun zu einem landesweiten Programm geworden, dem *French Dual-*

language Fund, unter der Leitung von Bénédicte de Montlaur, kulturelle Beraterin der französischen Botschaft. Ihr Ziel ist der Aufbau eines dauerhaften Netzwerks von zweisprachigen und immersiven Programmen, das fest in der amerikanischen Bildungslandschaft verankert ist. Der Fonds wurde von großzügigen Einzelpersonen, Stiftungen, Unternehmen und öffentlichen Institutionen unterstützt. Außerdem wurden Organisationen wie das französische Institut *Alliance Française*, das Komitee französischsprachiger Vereine, die *Alfred and Jane Ross Foundation*, die Regierungsdelegation Quebecs und sogar der französische Senat – dank der Unterstützung der Senatoren, die französische StaatsbürgerInnen im Ausland vertreten – zu glühenden UnterstützerInnen und großzügigen BefürworterInnen der französischen zweisprachigen Programme in New York City.[48]

Jane Ross, eine internationale Erzieherin und ehemalige Englischlehrerin am *Lycée Français* in New York, war maßgeblich bei der Etablierung des französischen Herkunftssprachprogramms beteiligt, das von der französischen Botschaft und der *FACE Foundation* durchgeführt wird. Über die letzten zehn Jahre hat dieses Programm jungen ImmigrantInnen französischer Herkunft geholfen, ihr sprachliches Erbe zu bewahren, während sie sich an das Leben in den USA anpassen. Durch das *Internationals Network für Public Schools*, einer Organisation, die neu angekommene ImmigrantInnen willkommen heißt, bietet es kostenlose Französischkurse an.[49] Die meisten SchülerInnen, die an dem Programm teilnehmen, stammen aus Westafrika und Haiti. Durch Unterstützung in und nach der Schule baut das Programm auf die französischen Lese- und Schreibfähigkeiten der Schüler auf und beschleunigt ihren Englischerwerb. Schüler haben außerdem die Möglichkeit, College Credits zu erwerben, indem sie ausgewählte Prüfungen in dem Programm bestehen. Insgesamt haben seit der Einführung im Jahr 2006 mehr als 3000 Schüler vom Kindergarten bis zur zwölften Klasse von dem französischen Herkunftssprachprogramm profitiert. Das Programm ist zu einem integralen Bestandteil frankophoner Bildung in New York und zu einem wichtigen Partner zweisprachiger Programme sowie zu einer

Schlüsselfaktor in der französischen bilingualen Revolution geworden.

Das Zusammenspiel in der Geschichte des französischen zweisprachigen Programms in New York City verdeutlicht die zentrale Rolle von Eltern und PädagogInnen bei der Entwicklung zweisprachiger Programme sowie von externen Organisationen, die auf unterschiedlichste Weise wichtige Unterstützung leisten können. Diese Portraits sind Beweis dafür, dass engagierte Personen ihre Kräfte bündeln können, um auf die Bedürfnisse einer Community einzugehen, erfolgreiche Spendenaktionen ins Leben zu rufen und Partnerschaften mit Institutionen zu knüpfen, die die Fähigkeit haben, Hilfe bei der Lösung von Problemen, die für eine Elterngruppe alleine zu weitgreifend oder komplex sind, zu leisten.

Wie wir gesehen haben, haben Tausende von Kindern von den gemeinsamen Anstrengungen vieler Einzelpersonen, Gruppen und Organisationen, die sich der französischen bilingualen Bildung an New Yorks öffentlichen Schulen verschrieben haben, profitiert. Die Hoffnung, dass dies in naher Zukunft noch mehr Kindern zugutekommt, ist groß. Die französische Zwei-Sprachen-Geschichte verkörpert alles, was die bilinguale Revolution zu bieten hat: hochwertige Programme an öffentlichen Schulen für Kinder aller ethnischen, linguistischen und sozioökonomischen Herkünfte. Wenn sich die bilinguale Revolution weiterhin in diesem unglaublichen Tempo ausbreitet, ist nicht absehbar, wie weit sie reichen wird.

Kapitel 7

Vorurteile überwinden: die arabischen zweisprachigen Programme der Stadt

D as erste arabisch-englische zweisprachige Programm in New York City wurde an der *Khalil International Academy* gegründet, einer öffentlichen Schule in Brooklyn, die ihre Pforten für Sechstklässler im September 2007 öffnete. Der Namenspatron der Schule, Khalil Gibran, war ein libanesisch-amerikanischer Künstler, Poet und Schriftsteller der *New York Pen League*. Gibrain kam als Kind in die USA und wuchs in Boston auf, wo er in der Schule eine spezielle Klasse für ImmigrantInnen besuchte. Dort war er in der Lage, die englische Sprache zu erlernen, während er zu Hause weiterhin fließend Arabisch sprach. Gibran wurde in beiden Sprachen zu einem geachteten und berühmten Autor und zu einem international angesehenen Befürworter multikulturellen Verständnisses und verkörpert bis heute den Geist zweisprachiger Bildung.

Die *Khalil Gibran International Academy* war die erste öffentliche Schule in den USA, die einen Lehrplan anbot, der das Lernen arabischer Sprache und Kultur in den Vordergrund stellte. Unterstützung kam von vielen Institutionen, einschließlich eines Ausschusses, der sich aus dem *Lutheran Medical Center*, dem *American-Arab Anti-Discrimination Committee* und dem *Arab-American Family Support Center* zusammensetzte. Die gründende Direktorin, Debbie Almontaser, strebte eine zweisprachige Schule an, die auf den Wünschen der Community beruhte. Die Schule sollte in der sechsten Klasse beginnen und bis zum Ende der High School führen, sodass die Kinder wahrhaftig bikulturell werden und Lese- und Schreibfähigkeiten in beiden Sprachen entwickeln würden.[50]

Als religiös und politisch vielfältige Community strebte die Gruppe ursprünglich an, sowohl Unterricht auf Hebräisch als auch auf Arabisch anzubieten. Dieses Modell stellte sich jedoch als zu ambitioniert heraus, besonders wenn man die unterschiedlichen öffentlichen Bildungsstandards und Vorschriften im Staat New York bedenkt. Letztendlich entschied die Gruppe, den Schwerpunkt auf ein arabisches zweisprachiges Programm zu legen, das die Werte der Inklusion und des Pluralismus fördern und gleichzeitig den Bedürfnissen der örtlichen Community genügen würde. Zu einer Zeit vermehrter Islamophobie und Rassismus war die Schule auch als ein Mittel gedacht, Toleranz zu fördern.[51]

Niederlagen und was wir aus ihnen lernen können

Leider hat das zweisprachige Middle School-Programm an der *Khalil Gibran International Academy* angesichts von Angriffen der Presse und mehrerer Interessengruppen nicht überlebt. Obwohl die Mission der Akademie klar und gut strukturiert war, wurde sie zum Ziel vieler Feindseligkeiten, einschließlich einer Gruppe namens *Stop the Madrassa*, die vor dem Rathaus der Stadt protestierte. Plakatschwingende Mengen standen tagelang vor der Schule und protestierten gegen den arabisch-englischen zweisprachigen Lehrplan aus Angst, dass er den Kindern radikale islamistische Ideologie eintrichtern würde.

Diese Reaktionen entstanden aus der Stimmung nach 9/11, die die arabischen und muslimischen Institutionen in New York City nach wie vor belastete. Ungeachtet dessen, was die New York Times als eine „organisierte Bewegung, um muslimische BürgerInnen, die eine größere Rolle im amerikanischen öffentlichen Leben einnehmen wollen, zu stoppen",[52] bezeichnete, hielt die Akademie an ihrem bilingualen Lehrplan fest, da das Programm bereits starke akademische und soziale Erfolge vorzuweisen hatte. 2007 jedoch hörte die Stadt auf, die Schule zu unterstützen und Schulleiterin Debbie Almontaser musste inmitten eines Presseskandals zurücktreten, obwohl sie eine bekannte interreligiöse Aktivistin in New York City war. Ein späterer Fall, der vor der *Equal Employment Opportunity Commission* landete, befand, dass Almontaser von dem *New York City Department of Education* diskriminiert wurde. Mit einem traurigen persönlichen und beruflichen Fazit in Bezug auf Almontasers Vorhaben sah sich die *Khalil Gibran Academy* gezwungen, ihr zweisprachiges Programm aufzugeben.

Heute, indem sich die Khalil Gibran International Academy in einer veränderten Schulgemeinschaft neu formiert hat, trägt sie Gibrans Friedensbotschaft weiter Sie ist von einer Middle School in eine High School für die 9.-12. Klasse übergegangen. Ihre Mission ist:

SchülerInnen zu erziehen, zu unterstützen und bis zum Abschluss zu begleiten, die ein Leben lang lernen und ein tiefes Verständnis für unterschiedliche kulturelle Perspektiven, eine Liebe zum Lernen und einen Wunsch nach wirklicher Spitzenleistung haben. Die Schule fördert eine ganzheitliche Entwicklung der Schüler und ermutigt sie in ihrem sozialen, emotionalen, körperlichen und intellektuellen Wachstum. Zusammen mit unseren Partnern haben wir uns einer unterstützenden, schülerbezogenen und kooperativen Lernumgebung verschrieben, in der unsere SchülerInnen ihr volles Potential entwickeln und zu verantwortlichen globalen Führungspersönlichkeiten heranwachsen können, die die Welt um sich herum beeinflussen, .[53]

Die Schule bietet englische und arabische Programme an, jedoch nicht in einem zweisprachigen Kontext. Auch wenn die Absolventen der *Khalil Gibran Academy* nicht unbedingt fließend Arabisch beherrschen, entwickeln sie dennoch Fähigkeiten, die auf ihre persönliche Entwicklung aufbauen und ein interkulturelles Verständnis fördern, das ihnen zweifellos helfen wird, ihre zukünftigen beruflichen Möglichkeiten in Bereichen wie Business oder internationale Beziehungen zu nutzen.

Obwohl die Geschichte der *Khalil Gibran Academy* eine gute Seite hat, stellen arabischsprachige Bevölkerungsgruppen nach wie vor eine Zielscheibe dar und werden ausgegrenzt. Unter arabischen

AmerikanerInnen und in arabischsprachigen Communitys ist die Angst vor Diskriminierung seit 9/11 groß. Arabischsprachige Menschen werden regelmäßig in schlechtem Licht dargestellt und mit Misstrauen betrachtet, allein schon wegen ihrer sprachlichen Herkunft, ihrer ethnischen Zugehörigkeit oder ihres äußeren Erscheinungsbilds.[54] Außerdem wird diese Gruppe häufig gemeinhin als muslimisch eingestuft, obwohl viele arabischsprachige Personen eigentlich Christen sind oder andere religiöse Hintergründe haben. Missverständnisse und diskriminierende Angriffe kommen weiterhin vor und das erhitzte und gespaltene politische Klima in den USA in jüngster Zeit hat diese Situation nicht verbessert. Die überwältigende negative Haltung hat in der arabisch-amerikanischen Community zu Anspannung, Unbehagen und Verzweiflung geführt, wie Zeena Zakharia, Lehrbeauftragte für Internationale und Vergleichende Pädagogik an der *University of Massachussetts* in Boston, erklärt:

> Ich glaube schon, dass es für arabische Communitys anders ist, politisch gesehen [...] Die Leute wollen unauffällig bleiben, sie wollen keinen Ärger machen – sie wissen nicht, ob Forderungen stellen, bedeutet, in Schwierigkeiten zu kommen.[55]

Diese Besorgnis ist bei denjenigen spürbar, die in der Öffentlichkeit Arabisch sprechen, und selbst zu Hause zwischen den Eltern und ihren Kindern. Häufig ziehen Eltern vor, dass ihre Kinder gar kein Arabisch lernen, wie Zeena bestätigt:

> Arabisch ist keine sehr angesehene Sprache. Die Politik, die Arabisch umgibt, ist schwierig. Selbst im Libanon, wo ich die Direktorin einer zweisprachigen Schule war, begegnete ich Eltern, die mit ihren Kindern aus den USA zurückkamen, um im Libanon zu leben, und meinten: „Ich möchte nicht, dass mein Kind Arabisch lernt."[56]

Diese Erosion rund um das Erbe der arabischen Sprache in den USA und auf der ganzen Welt, die Zeena beschreibt, ist beunruhigend. Wie wir bei anderen linguistischen Communitys gesehen haben, sind die Angst vor Diskriminierung und ein starker Wunsch nach Assimilation unglaublich starke Kräfte, die gegen Bilingualität in Amerika wirken. Angesichts der Schwierigkeiten ist Arabisch zum neusten Opfer in der langen Geschichte der Sprachen in den USA geworden, die dem wachsenden Druck aufgrund von sozialen und ethnischen Vorurteilen erlegen sind.

Ein erneuter Anlauf

Glücklicherweise haben Eltern und PädagogInnen einige Erfolge bei der Bekämpfung dieser Stigmata erzielt und Arabisch als Unterrichtssprache hat in New York City eine gewisse Wiedergeburt erlebt. 2013 wandte sich New York Citys Büro für *English Language Learners* an Carol Heeraman, um ein zweisprachiges Programm an ihrer Schule, der P.S./I.S. 30 in Brooklyn, einzuführen. Sie dachte sofort an Arabisch als Zielsprache des Programms, da die Mehrheit der Schulgemeinde zu Hause Arabisch sprach. Familien aus dem Jemen, Ägypten, Libanon und Syrien hatten vor kurzem begonnen, in die Nachbarschaft zu ziehen, was eine Erweiterung der arabischen bilingualen Angebote an öffentlichen Schulen erforderlich machte. Das Programm wurde mit überwältigender Begeisterung von den Eltern aufgenommen und es war überhaupt nicht schwierig, die Familien davon zu überzeugen, da Arabisch in der Schule und in der Community bereits bestens bekannt war. Vor allem pflegten die Schulleiterin und das Lehrpersonal keine Vorurteile gegenüber dem Arabischen und waren sich des Potentials bewusst, ihre Schüler auf zukünftigen Erfolg vorzubereiten.

Durch das arabisch-englische zweisprachige Programm fand die P.S./I.S. 30 schnell einen engagierten Partner in der *Qatar Foundation International*, einer Organisation, die sich der arabischen Sprache und kulturellen Bildung verschrieben hat. Die Schule und die Stiftung arbeiteten zusammen, um die Zwei-Sprachen-Initiative in ein Projekt der ganzen Community zu verwandeln.[57] *Qatar Foundation International* sorgte für die nötigen Gelder, die Erstellung der Lehrpläne und Materialien, mit denen das zweisprachige Programm ins Leben gerufen werden konnte.[58] Sie verlieh der Initiative Legitimität und teilte bereitwillig ihr Fachwissen über das Lehren der arabischen Sprache. Die Stiftung stelle außerdem Mittel zur Verfügung, um Mimi Met, eine Expertin für Sprachimmersion, als Beraterin des Programms einzustellen. Zudem arbeiteten SchulbeamtInnen an der Seite der Arabisch-Amerikanischen Assoziation, mit Sitz in der Nähe der Fifth Avenue in Brooklyn, deren Aufgabe es ist „die arabischen ImmigrantInnen und arabisch-amerikanische Community mit Hilfe von Dienstleistungsangeboten zu unterstützen und zu bestärken, um ihnen zu helfen sich in ihrer neuen Heimat einzuleben und aktive Mitglieder der Gesellschaft zu werden."[59] Die damalige Direktorin des Verbandes und eine bekannte palästinensisch-amerikanische Aktivistin, Linda Sarsour, war bestrebt, ihr eigenes Netzwerk einzubinden, um das Programm zu unterstützen und zu fördern. Diese Partnerschaften verhalfen dem arabischen zweisprachigen Programm zu den notwendigen Mitteln und der Unterstützung der Community, zwei wesentliche Schlüsselfaktoren, die zu ihrem Erfolg beitrugen.

Trotz der Vorurteile und Stigmata, die die arabischsprachige Community heutzutage umgeben, werden Arabischkenntnisse auf dem beruflichen Niveau unglaublich wertgeschätzt, besonders in den USA. In dem Kontext nach 9/11 erfordern viele Berufe nun Arabisch und es gibt eine Fülle an Arbeitsmöglichkeiten im Zusammenhang mit dem arabischsprachigen Raum. Der Großteil des Wachstums des arabischen Sprachunterrichts in den USA fand auf Universitätsniveau statt, aber es ist ein riesiger Vorteil für Kinder, die Sprache ab einem jungen Alter zu lernen, was das Potenzial des Einflusses von zweisprachigen Programmen hervorhebt.[60]

Fließendes Arabisch hebt BewerberInnen von der Konkurrenz um Universitäten, Stipendien und Freizeitprogramme ab. Arabischkenntnisse und eine Vertrautheit mit der arabischen Kultur bieten Zugang zu Karrieren in vielen Bereichen, wie Business, dem diplomatischen Dienst, Journalismus, Sicherheit und

Staatstätigkeiten.[61] Außerdem ist Arabisch eine der am schnellsten wachsenden Zweitsprachen in den USA, da mehr als eine Million AmerikanerInnen zu Hause Arabisch sprechen.[62]

Schulleiterin Heeraman betont gerne, dass viele Familien, die an dem arabischen zweisprachigen Programm interessiert sind, aufgrund der multikulturellen Landschaft der Nachbarschaft, für die die Schule zuständig ist, zu Hause eine andere Sprache, wie Russisch oder Chinesisch sprechen. Diese Familien sehen die Programme als akademischen Vorteil, ähnlich der Klassen für „begabte" SchülerInnen, die es bereits in Schulen im ganzen Land gibt. In diesem Sinne erlangt Arabisch als Unterrichtsprache langsam den Status, der ihr in vergangenen Versuchen so häufig verwehrt war, da Familien nun die Chance ergreifen, dass ihre Kinder in einer zweiten oder sogar dritten Sprache fließend werden.

Die Zielsetzung definieren

Bei seiner Entwicklung stieß das arabische zweisprachige Programm auf Fragen von Eltern und den Mitgliedern der Community, deren Beantwortung einen klaren und definierten Rahmen des Programms erforderten. Zum einen wird das Arabischlernen häufig als vorteilhaft für die Teilnahme an muslimischen religiösen Traditionen gesehen, vor allem das Lesen des Korans. Viele Eltern äußerten ursprünglich ihr Bedenken, dass der Schwerpunkt des Programms eher religiös anstatt sprachlich sein würde, obwohl der Unterricht an einer öffentlichen Schule stattfand. Um von Anfang an eine direkte Kommunikation sicherzustellen, machte Schulleiterin Carol Heeraman den Eltern sehr deutlich, dass die Schule nicht mit irgendwelchen religiösen Traditionen assoziiert war und dass ihre Zielsetzung rein unterrichtender und akademischer Natur war. Ihre sorgfältig definierte Aufgabe war es, die Entwicklung von bilingualen Schülern, die fließende Lese- und Schreibfähigkeiten im Englischen und Arabischen vorweisen konnten, zu unterstützen. Diese Beharrlichkeit auf einer klaren Mission half dem arabischen

Programm, von jeglichen anhaltenden Zweifeln oder Verdächtigungen, die sich negativ auf die vorhergehenden arabisch-englischen zweisprachigen Programme ausgewirkt hatten, loszulösen.

Nach mehreren Monaten umfangreicher Zusammenarbeit und Planung öffnete das arabische zweisprachige Programm an der P.S./I.S. 30 im September 2013 seine Türen. Der zweisprachige Lehrplan war als geteilter Tag gestaltet, an dem der Unterricht am Vormittag auf Arabisch und am Nachmittag auf Englisch, oder andersherum, stattfand. Zurzeit bietet die Schule zweisprachige Klassen vom Kindergarten bis zur dritten Klasse an, die jedes Jahr um eine neue Klasse erweitert werden, während die ursprüngliche Klasse nach oben wechselt. Da Direktorin Heeraman auch die Middle School I.S. 30 leitet, plant sie, den arabischen zweisprachigen Lehrplan bis einschließlich der achten Klasse fortzuführen.

Für alle Beteiligten hat die etablierte Bedeutung des Arabischen als internationale und unverzichtbare Sprache die Beliebtheit der P.S./I.S. 30 in der Community vergrößert, wie Carol Heeraman bestätigt:

Meine Eltern sind sehr sachkundig und weltgewandt, sie sind sehr offen dafür. Sie rennen uns die Türen ein, um ihre Kinder in das Programm zu bekommen. Wir hoffen, nächstes Jahr zwei statt nur einer Kindergartengruppe eröffnen zu können. Und bis zur achten Klasse weitermachen zu können... Ich kann kaum erwarten, diese Kleinen, die jetzt in der zweiten Klasse sind, zu ihrem Abschluss zu führen. Achtklässler, die bilingual sind und Lese- und Schreibfähigkeiten in zwei Sprachen haben – das wird toll. Wir werden eine ganze Abschlussfeier auf Arabisch haben. Das ist phänomenal. All dies ist möglich.[63]

Diese von Schulleiterin Heeraman entworfene und umgesetzte Zukunftsvision ist eine wahre Inspiration. Ihre Leitung und ihr Elan für arabische zweisprachige Programme in ihrer Community berühren weiterhin die Leben vieler Kinder und Familien, die dieses Programm durchlaufen und die Möglichkeit bekommen, in zwei Sprachen zu lernen und zu wachsen.

Trotz jüngster Schwierigkeiten und Rückschläge, hat die arabischsprachige Community in New York City einen enormen Erfolg erzielt, indem sie in den letzten Jahren zwei bilinguale Programme aufgebaut hat. Ein wesentlicher Teil ihres Erfolgs basiert auf der unerschütterlichen Unterstützung von SchulverwalterInnen, Stiftungen und örtlichen Organisationen der Community, die ermöglichen, dass ein solch wertvolles Programm im heutigen politischen Klima existiert. Die arabische Zwei-Sprachen-Geschichte bietet eine dringend benötigte und doch etwas unerwartete Ergänzung zur Geschichte der bilingualen Revolution. Sie stellt lebhaft dar, wie wichtig die Kooperation und Unterstützung vieler unterschiedlicher Seiten ist. Auch wenn sie aktive TeilnehmerInnen ihrer eigenen zweisprachigen Programme sind, waren die InitiatorInnen des zweisprachigen Programms dieses Mal nicht die Eltern. Für das arabische zweisprachige Programm in New York City bedurfte es eines ganzen Dorfes, um eine bilinguale Revolution zu beginnen.

Kapitel 8

Die Kultur zelebrieren: das zweisprachige Programm der polnischen Community

Greenpoint im Norden Brooklyns ist das zu Hause des ersten polnisch-englischen zweisprachigen Programms in New York City. Das Programm begann im September 2015 an der P.S. 34 mit einer Kindergartengruppe und soll jedes Jahr um eine weitere Anfängergruppe erweitert werden. Fast seit anderthalb Jahrhunderten ist die P.S. 34 eine Nachbarschaftsinstitution in Greenpoint, einer Gegend, die für ihre große polnisch-amerikanische Community bekannt ist, wie ihr Spitzname *Little Poland* verrät. Die Nachbarschaft weist nach Chicago die zweitgrößte Ansammlung Polnischsprachiger in den USA auf,[64] was zum Teil auf die große Anzahl von PolInnen zurückzuführen ist, die vor der Wende des zwanzigsten Jahrhundert in New York ankam.[65] Manhattan Avenue liegt im Herzen *Little Polands*, wo man viele polnische Metzger mit Kielbasa-Schnüren, Bäckereien mit polnischem Brot und Babkas sowie Supermärkte mit polnischen sauren Gurken, Marmeladen, Tütensuppen und Sauerkraut findet. Mit dem polnischen zweisprachigen Programm ist die P.S. 34 zu einem lebenden Bindeglied zu Greenpoints reicher Geschichte und zu einem Symbol der bilingualen Revolution in Brooklyn geworden.

Die Einrichtung eines zweisprachigen Programms in einem kulturhistorisch polnischen Viertel in Brooklyn war ein wichtiger Meilenstein sowohl für die polnische Community als auch für die Stadt als Ganzes. Als das Programm 2015 offiziell eingeweiht wurde, waren Eltern, städtische und örtliche AmtsträgerInnen und DiplomatInnen anwesend sowie lokale polnische Nachrichtensender, die von der Veranstaltung berichteten.[66] Die Leiterin des Bezirks 14, Sicja Winnicki, selbst eine polnische Immigrantin und ehemalige Schulleiterin der P.S. 34, gratulierte

Schulleiterin Carmen Asselta, LehrerInnen und Eltern zur Erschaffung des Programms im Herzen Greenpoints. Ursula Gacek, die Generalkonsulin Polens in New York, lobte die bilingualen Angebote der Schule. Angesichts ihres persönlichen Hintergrunds – Gacek ist eine in England geborene und in Oxford ausgebildete Tochter polnischer Immigranten, die polnische Senatorin und Mitglied des Europäischen Parlaments wurde – erklärte Generalkonsulin Gacek: „Ich kann mir nicht vorstellen, das polnische zweisprachige Programm nicht zu unterstützen." Die Eröffnung des Programms war für alle Beteiligten ein Moment voller Stolz, der Höhepunkt aller Bemühungen vieler engagierter Eltern, PädagogInnenen und Akteure der Community.

Die Macht der Zusammenarbeit

Carmen und Alicja schrieben die Eröffnung des Programms den Eltern zu. Die Gründergruppe begann die Initiative 2014 mit einer Umfrage in der Community, um das Interesse an einem polnischen zweisprachigen Programm zu erfassen. Als sie merkten, dass sie die nötige Anzahl hatten, um ihrem Anliegen Nachdruck zu verleihen, kontaktierten sie Carmen und baten sie, über ein zweisprachiges Programm auf Polnisch nachzudenken. Julia Kotowski erinnert sich:

Die Idee begann mit polnischen Müttern, die im Park saßen. Jemand sagte, dass es ein Gesetz gibt, wonach man zweisprachige Programme an einer Schule einrichten kann. Einige von uns trafen sich, recherchierten ein wenig und schrieben einen Brief an Schulleiterin Asselta mit unserem Wunsch, ein Programm zu starten. Dann trafen wir uns mit Alicja Winnicki, der Superintendentin des Bezirks, die unsere Idee dem *Department of Education* vorstellte.[67]

Wie die Geschichten in vielen anderen Kapiteln in diesem Buch zeigen, beginnen viele zweisprachige Programme mit einer Basiskampagne, die von Eltern geleitet wird. Einzigartig für den

Fall der polnischen Zwei-Sprachen-Initiative ist jedoch der Umfang der Unterstützung, die die Eltern von der Bezirkssuperintendentin, der Schulverwaltung und dem Lehrkörper der P.S. 34, erhielt. Um den Erfolg ihrer Bemühungen zu sichern, traf sich die Schulleitung unverzüglich mit VertreterInnen des *Office of English Language Learners* und präsentierte ihnen die Fakten und Zahlen, die Eltern zur Anzahl der SchülerInnen in Greenpoint, die sich für bilinguale Angebote qualifizierten, sowie zur Anzahl interessierter Eltern, gesammelt hatten. Das Projekt startete bald und wurde mit Unterstützung der Community und des Schulsystems schnell Realität.

Ein klar definiertes Programm

Das zweisprachige Programm an der P.S. 34 zielte darauf ab, Englischlernenden und fließend englischsprechenden SchülerInnen einen akademisch anspruchsvollen Lehrplan auf Polnisch und Englisch anzubieten. Elizabeth Czastkiewicz, eine polnischsprachige Kindergartenlehrerin im zweisprachigen Programm, erklärt den Nutzen des Polnischunterrichts für ihre Schülergruppe in einem formalen Unterrichtsumfeld:

Die Kinder wurden alle hier geboren und die Mehrheit spricht zu Hause Polnisch. Diejenigen, die Geschwister haben, neigen dazu zu Hause Englisch zu sprechen, aber jetzt erzählen mir Eltern, dass sie nach Hause kommen und Polnisch sprechen. Es war schön zu hören, dass Englisch nicht mehr ihre vorherrschende Sprache ist. Sie sind jetzt viel selbstbewusster, sodass sie nach Hause gehen und dort was zeigen können. In diesem Alter, im Kindergarten und in der ersten Klasse, wollen Kinder ihren Familien und Eltern zeigen: „Seht, was ich gelernt habe! Das lerne ich gerade!" Eltern wollen das. Dieses Vertrauen aufzubauen, damit sie keine Angst haben, einen Fehler zu machen, ist enorm.

Diese Struktur ermöglicht den SchülerInnen, auf ihren schulischen Fähigkeiten in ihrer ersten Sprache aufzubauen und diese schließlich auf die zweite Sprache zu übertragen. Es wird erwartet, dass die SchülerInnen am Ende der fünften Klasse sowohl Englisch als auch Polnisch verstehen, sprechen, lesen und schreiben können. Durch sorgfältige Planung zwischen den LehrerInnen beider Sprachen entwickeln die SchülerInnen sich zu bilingualen und bikulturellen Personen, die Lese- und Schreibfähigkeiten in zwei Sprachen besitzen.

Erlebnispädagogische und praxisorientierte Lernmethoden sind ebenfalls in den Unterricht integriert, indem Bücher vorgelesen und Lieder gesungen werden, gebastelt wird und Ausflüge und multikulturelle Präsentationen außerhalb des Klassenzimmers stattfinden. Carmen beschreibt ein Beispiel solcher Aktivitäten:

Der Bezirk hat am Madlenkaprojekt teilgenommen, aber jede Schule hat basierend auf dem Charakter der Schule oder dem Lehrauftrag ihre eigenen Projekte entwickelt. Das Buch zelebriert Multikulturalismus – es zelebriert den Reichtum von Madlenkas Nachbarschaft. Dieses kleine Mädchen zieht durch die Häuserblocks, um ihre Nachbarn zu besuchen und jeder Nachbar repräsentiert einen anderen Teil der Welt. Meine Kindergartengruppe entschied, dass sie Madlenkas Nachbarschaft in Greenpoint bauen wollten. Das war die Interpretation der Gruppe: das ist unsere Nachbarschaft – den Reichtum des multikulturellen Geschmacks von Greenpoint zu zelebrieren.[69]

Für dieses Projekt stellten die Kinder in der polnischen zweisprachigen Klasse Bäckereien, Geschäfte, Häuser mit polnischen Fahnen und sogar Bilder von verehrten polnischen NationalbürgerInnen nach. Durch das Zelebrieren der multikulturellen Nachbarschaft, die sie ihr Zuhause nennen, entwickelten die Kinder einen Stolz auf ihre eigene polnische Kultur.

Selbst Kinder, die nicht polnischer Abstammung waren, zeigten sich begeistert und sehr engagiert bei solchen kulturellen Aktivitäten. Auch diese Kinder profitieren sehr vom polnischen zweisprachigen Lehrplan. Tatsächlich hat das Programm eine Welle von Familien nicht-polnischer Abstammung erlebt, die sich für das Bildungsangebot für ihre Kinder interessieren. Carmen beschreibt die Entwicklung des Programms und seinen Reiz für verschiedene Elterngruppen:

> Diese Kindergartengruppe ist sehr interessant, denn es gibt dort fünf Familien, die überhaupt keine polnische Abstammung haben, sich aber für das polnische Programm entschieden haben. Diese Familien haben schlicht Polnisch gewählt, weil sie ihre Kinder der Sprache aussetzen wollten. Die Kinder kommen stumm, ohne ein Wort zu kennen. Sie wollen einen, wie ich es nenne, „produktiven Kampf". Wenn du nicht wissend hereinkommst und dich da durchkämpfst, aber am Ende mit Erfolg rauskommst – das ist ein produktiver Kampf. Diese Familien wollen diesen produktiven Kampf für ihre Kinder.[70]

Die Schule hat eine lange Warteliste für die polnische zweisprachige Kindergartengruppe. Trotz der Obergrenze für die Aufnahme waren einige Familien sogar bereit, ihr Kind für das allgemeine Programm anzumelden, in der Hoffnung, dass sie im nächsten Jahr in das zweisprachige Programm wechseln könnten. Wie häufig der Fall bei erfolgreichen zweisprachigen Programmen, hat die Nachfrage das Angebot weit überstiegen und die Schule ist durch begrenzte Räumlichkeiten und Ressourcen deutlich eingeschränkt. Die gute Seite für das polnische zweisprachige Programm ist natürlich, dass es viel Raum zum Wachsen hat, um den Bedürfnissen seiner expandierenden Community besser nachzukommen.

Die vielen Wege, ein Erbe zu erhalten

Neben dem zweisprachigen Programm werden regelmäßig Samstags- und Nachmittagsprogramme angeboten, um die sprachliche und kulturelle Identität der Community mit polnischem Erbe zu erhalten. In der Vergangenheit wurde Samstagsunterricht von vielen polnischen Familien als ausreichend betrachtet, um ihr Erbe zu bewahren, besonders da sie wollten, dass ihre Kinder im Unterricht komplett ins Englische eintauchen. Alicja Winnicki, die Superintendentin des Bezirks, erklärt:

Lange Zeit, selbst als ich Schulleiterin der P.S. 34 war, wo über fünfzig Prozent der Schüler aus polnischsprachigen Elternhäusern kommen, wollten die Eltern kein zweisprachiges Programm. Sie wollten nur, dass ihre Kinder so schnell wie möglich Englisch lernen. Die polnische Community schickte ihre Kinder zu öffentlichen Schulen, um Englisch zu lernen und hier erfolgreich zu werden. Das polnische Erbe, die Kultur, die Sprache... das war Aufgabe des Samstagsunterrichts. Vor kurzem begannen deutlich jüngere Familien, diesen Trend umzukehren. Das sind junge Leute, die wollen, dass ihre Kinder eine Möglichkeit haben, in einem bilingualen Programm zu sein und zwei Sprachen gleichzeitig zu lernen.[71]

Dieser Sinneswandel führte schnell zu einer neuen strategischen Ausrichtung der polnischen zweisprachigen Programme und der zusätzlichen Samstagprogramme sowie zu der Frage, wie diese zusammenarbeiten können, um der polnischen Community besser zu helfen. Julia Kotowski, eine der GründerInneneltern an der P.S. 34, kommentiert:

Der Unterricht am Samstag vermittelt polnische Kultur und Geschichte. Das ist etwas, das sie nicht im gleichen Maße im Unterricht lernen. Das sind Sachen, die uns in der Schule in Polen beigebracht wurden. Das ersetzt keineswegs das schulische Polnischstudium, sondern fügt ihm eine weitere Ebene hinzu. Es ist ein weiterer Vorteil, den das Sprechen zweier Sprachen bietet.[72]

Eltern begannen zu begreifen, dass die Schule am Samstag unglaublich effektiv darin war, die Verbindungen zu ihrem Erbe aufrecht zu erhalten, aber zweisprachige Programme boten ihren Kindern die Möglichkeit, sowohl Englisch als Polnisch strukturiert und dauerhaft zu beherrschen. Auf diese Art ergänzen sich die beiden Gruppen polnisch-englischer Institutionen, indem sie einen umfassenden und sehr strengen kulturellen und linguistischen Lehrplan für polnische Familien anbieten.

Positive Ergebnisse

Das polnische zweisprachige Programm hat Kinder unterschiedlichster Herkunft mit offenen Armen empfangen. In der vielfältigen und robusten polnischen Community in New York empfängt das zweisprachige Programm Familien polnischer Herkunft, von kürzlich angekommenen EinwanderInnen, bis zu Familien zweiter, dritter oder vierter Generation, die ihren polnischen Wurzeln wieder näherkommen möchten. Carmen beschreibt die Zusammensetzung und die Leistung ihres Programms mit folgenden Worten:

> Wir haben Eltern, die PolInnen erster Generation sind, Eltern, die hier geboren sind, und Eltern, die eingewandert sind, als sie noch Babys waren und keine Erinnerung daran haben, in Polen gelebt zu haben. Wir haben Kinder mit polnischen Großeltern, denen nie Polnisch beigebracht wurde. Jetzt haben sie die Chance, ihre Herkunftssprache zu lernen und sie haben die Möglichkeit, dies in der Schule zu tun.[73]

Die Fähigkeit des zweisprachigen Programms, Generationen von Communitys durch Bildung zu verbinden, ist eines seiner stärksten und zutiefst persönlichen Eigenschaften. Durch einen erneuten Einsatz, fremde Herkunftssprachen in zweisprachigen Programmen zu lehren, können sich Beziehungen zu Familienmitgliedern, die einst unerreichbar oder entfernt waren, deutlich vertiefen. Dies eröffnet Familien, insbesondere in Communitys von EinwanderInnen, völlig neue Möglichkeiten, ihre Beziehungen über Generationen hinweg zu erhalten und ihre Kinder mit ihren Bräuchen, ihrer Kultur und ihrer Herkunft in Kontakt zu bringen.

Die Beziehungen der eng verbundenen polnischen Community wurden durch das zweisprachige Programm somit nur gestärkt. Das rege Leben in der Community, in Unternehmen und kulturellen Zentren wie *Dobra Polska Szkoła*, die eine wesentliche Rolle in der Förderung der polnischen bilingualen Revolution gespielt hat, haben einen Schwall an Unterstützung für das bilinguale Vorhaben und ein persönliches Interesse an der Förderung der nächsten Generation polnischer AmerikanerInnen ausgelöst. Alicja erklärt die Verbindung, die sie zu ihrem polnischen Erbe fühlt, wie folgt:

Wir haben ein starkes Zugehörigkeitsgefühl und eine starke Verbindung mit unserer Geschichte, unseren Kämpfen als Nation und dem, was uns zusammengehalten hat. Ich gehe andauernd zum polnischen Buchladen in Greenpoint, nur um in Kontakt zu bleiben und in die Literatur, Kultur und Poesie einzutauchen. Meine Tochter hat früher ihrem Vater dabei zugehört, wie er lange Gedichte auswendig aufsagte, sie war mit diesen Wurzeln vertraut, die uns wirklich erden in dem, wer wir sind. Das ist Teil unseres Erbes und ich weiß, wie stark es in der polnischen Community ist.[74]

Alicjas bewegendes Zeugnis unterstreicht, wie wichtig gelebte Erfahrungen mit Erbe und Kultur sind. Zarte Momente, in denen man sich in der Literatur verliert oder sich mit Familien und FreundInnen austauscht, spielen eine Rolle dabei, wie jede Familie, jedes Kind und jede Person ihre eigene Kultur erlebt.

Die Greenpoint Community hatte das Glück, dass sie es geschafft hat, ihre polnischen Wurzeln zu erhalten und zu zelebrieren und ist ein Beispiel für den Rest des Landes und der Welt, wie man einen multikulturellen Lebensstil pflegen kann. Das polnische zweisprachige Programm ist ein Beweis dafür, wie stolz die Community auf ihr Erbe ist und ihren Wunsch, ihre kulturellen und sprachlichen Traditionen an die nächste Generation polnischer AmerikanerInnen weiterzugeben. Blühende multikulturelle Communitys sind ausgezeichnete Partner für zweisprachige Bildungsprogramme, die wiederum hochqualifizierte bilinguale und bikulturelle SchülerInnen hervorbringen. Gemeinsam, Nachbarschaft für Nachbarschaft, legen diese Partnerschaften den Grundstein für eine dauerhafte bilinguale Revolution, die wertvolles linguistisches Erbe bewahrt und Communitys Schule für Schule bereichert.

Kapitel 9

Den Weg ebnen: die VorreiterInnen spanischer zweisprachiger Bildung

S panisch ist die am zweithäufigsten gesprochene Sprache in New York City; fast ein Viertel aller New YorkerInnen sind spanische Muttersprachler. Infolgedessen sind viele der zweisprachigen Programme der Stadt, sowohl neue als bereits bestehende, auf Spanisch und Englisch. Spanische Programme haben sich schnell verbreitet und entstehen oft in Stadtteilen mit einer hohen Anzahl an Englischlernenden. Doch der Umfang der spanischen zweisprachigen Programme geht weit über spanische Muttersprachler hinaus und schließt Kinder unterschiedlicher Herkunft und Fähigkeiten mit ein. Die spanische bilinguale Revolution war an der Spitze der bilingualen Revolution und heute besuchen über 10 000 Kinder spanische zweisprachige Programme in New York City. Ein großer Teil des Erfolgs heutiger zweisprachiger Programme ist dem Aktivismus derjenigen zu verdanken, die dafür gearbeitet haben, die spanischen bilingualen Programme in New York aufzubauen, sowie auch der Kreativität und der engagierten Unterstützung von PädagogInnen und VerwalterInnen. Ihre Geschichte, zweisprachige Programme zu entwickeln, um der spanischsprachigen Gemeinschaft besser dienen zu können, ist inspirierend und motivierend und illustriert, wie weit die bilinguale Bildung es in den letzten Jahrzehnten geschafft hat.

Wie alles begann

Es ist verlockend, die Erschaffung zweisprachiger Programme als Erfindung der jüngsten Geschichte zu betrachten, aber das Versprechen von Bilingualität, zweifacher Alphabetisierung und Bikulturalismus, das ein zentraler Bestandteil heutiger zweisprachiger Programme ist, ähnelt den Hoffnungen puerto-ricanischer AktivistInnen und PädagogInnen in den 1960ern, als sie für die ersten bilingualen Programme warben. Ofelia García erklärt:

> Zweisprachigkeit, wenn gut gemacht, ist genau das, was sich die puerto-ricanische Community für ihre Kinder schon damals gewünscht hätte. Diese Eltern forderten eine wahrhafte bilinguale Bildung, ungeachtet der sprachlichen Merkmale.[75]

Doch obwohl sich diese frühen AktivistInnen bilinguale spanisch-englische Programme wünschten, die es ihren Kindern erlauben würden in beiden Sprachen zu wachsen, war es nicht das, was sie ursprünglich erhielten. Denn die Geschichte der zweisprachigen Erziehung in New York und in den USA wurde durch politische und soziale Kämpfe erschwert, die sich in unterschiedlichen Auswirkungen im Schulunterricht spiegelten.

Die Debatte darüber, was bilinguale Bildung ist oder sein sollte, hält an und wird häufig mit hitzigen Diskussionen über Immigration und Assimilierung in den USA verbunden. García beschreibt die unterschwelligen Spannungen zu jener Zeit und ihre Einflüsse auf die spanische bilinguale Bildung:

> Bilinguale Bildung war damals noch in einer anderen Situation. Die Stadt war zu dieser Zeit hauptsächlich Puerto-Ricanisch. Alle sprachen Spanisch und es war sehr politisch. Diese VorreiterInnen wollten ein bilinguales Programm, das sich an das gesamte bilinguale Spektrum der Community wendet und nicht nur an die, die kein Englisch konnten. Die eingeführten Programme wurden schnell irrelevant, weil die Community komplett englischsprachig wurde und somit keinen Anspruch mehr auf die Programme hatte. Von Anfang an gab es Spannungen zwischen dem, was die Communitys wollten, was Schulverwaltungen zu geben bereit waren und dann, als diese ganze Zwei-Sprachen-Bewegung begann, der Erkenntnis, dass sie links liegen gelassen wurden.[76]

Anstelle von zweisprachigen Klassenzimmern, die auf fließende Sprachkenntnisse sowohl im Englischen als auch im Spanischen aufbauten, waren die bilingualen Programme, die Spanischsprechenden von Anfang an angeboten wurden, darauf ausgerichtet, Einsprachigkeit und die Beherrschung des Englischen zu fördern. Diese Programme wurden nur SchülerInnen angeboten, die mangelnde Englischkenntnisse hatten und benutzen Spanisch nur als Mittel, um Englisch zu lehren und verschlossen sich somit all den SchülerInnen lateinamerikanischer Herkunft, die in den USA geboren wurden und bereits mit Kenntnissen der englischen Sprache ankamen.

Doch der Trend im Bereich der bilingualen Bildung begann, sich zu verändern. Forschungsarbeiten wurden veröffentlicht, die die Vorteile zweisprachigen Unterrichts hervorhoben. Bilinguale AktivistInnen stiegen auf und bekleideten Machtpositionen in Schulbezirken und Verwaltungen in New York City und setzten bilinguale Themen auf die Agenda. Carmen Dinos, eine pensionierte Professorin für Pädagogik und eine Vorreiterin im Bereich der bilingualen Bildung, erschuf in den 1960ern und 1970ern New Yorks erste bilinguale Programme an öffentlichen Schulen. Sie beschreibt ihre Erfahrungen zu diesem Wendepunkt in der Geschichte bilingualer Bildung wie folgt:

Gegen Ende der Bürgerrechtsbewegung wurde das *Bilingual Office* als Abteilung des *Board of Education* entwickelt, mit Hernan LaFontaine, dem ehemaligen Schulleiter der P.S. 25 in der Bronx, der ersten bilingualen Schule, als Direktor. Sie hatten auf politischer Ebene mit der ganzen Stadt zu tun. Da habe ich verstanden, dass Bildung eng mit Politik verbunden ist. Zur gleichen Zeit blühte das Feld, mehr und mehr ForscherInnen in Kanada bewiesen die Vorteile bilingualer Bildung. Plötzlich war das nicht mehr nur eine Laune. Es gab solide Beweise, dass es gut für die Kinder war.[77]

SchulverwalterInnen begannen auch, den „Zwei-Sprachen"-Trend, der durch das Land ging, aufzugreifen und versteckten geschickt den belasteten Begriff „bilingual", der einen negativen Beiklang angenommen hatte. Ofelia García beschreibt die Logik und

Strategie eines Gründungsdirektors, ein ähnliches Programm an seiner Schule einzuführen:

> Damals gab es wenige Koryphäen. Eine davon war Sid Morrison, der Schulleiter der P.S. 84. Wir verdanken ihm, dass er Mitte der 1980er zu sagen begann: „Was wir haben, funktioniert nicht. Die Community hat sich verändert, sie ist nicht mehr spanisch-einsprachig und wird rasch gentrifiziert. Wir müssen ein Programm haben für alle, die mitmachen wollen." Um sich von den bilingualen Übergangsprogrammen zu distanzieren, griff er das Label „Zwei-Sprachen" auf, das im Land allmählich an Bedeutung gewann.[78]

Diese Strategie funktionierte. Mit Hilfe engagierter PädagogInnen, VerwalterInnen und Eltern nahmen spanische zweisprachige Programme in New York City Fahrt auf. Zum Zeitpunkt der Veröffentlichung gab es 45 Schulen in der ganzen Stadt, die spanische zweisprachige Programme vom Kindergarten bis zur High School unterhielten und insgesamt mehr als 10 000 Schüler versorgten.

Unter der Leitung der ehemaligen Kanzlerin, Carmen Fariña, legte das *Department of Education* einen bislang noch nie dagewesenen Schwerpunkt auf die Entwicklung bilingualer Bildungsprogramme. Die stellvertretende Kanzlerin Milady Baez beschreibt die Philosophie der aktuellen Regierung in Bezug auf bilinguale Bildung wie folgt:

> Wir verstehen, dass bilinguale Bildung in den USA eine Geschichte hat. Es war nicht immer eine positive. Es gab viele Gruppen, die kämpfen und ringen mussten. Wir mussten die Eltern davon überzeugen, dass ihre Kinder in mehr als einer Sprache unterrichtet werden müssen. Wir wissen, dass Kinder das Potential haben; sie haben die Fähigkeit, die Kenntnisse einer Sprache in die andere zu übertragen. Wir wissen, dass unsere Schüler, die mehr als eine Sprache sprechen größeren Erfolg haben als die, die nur eine Sprache sprechen.[79]

Diese Art von umfassender Unterstützung für bilinguale Bildung auf den höchsten Verwaltungsebenen ist unglaublich mächtig, da diese LeiterInnen die Schlüssel zur Erschaffung unzähliger zweisprachiger Programme in der Hand halten.

Milady, selbst eine spanische Muttersprachlerin, hat auch eine tiefe persönliche Verbindung zum Bereich der bilingualen Bildung. Sie verstand die Unterrichtssprache in der Schule als junge und vor kurzem angekommene Immigrantin in den USA nicht und wurde später bilinguale Lehrerin und danach Schulleiterin in Jackson Heights, Queens. Dort konnte Milady das erschaffen, was sie ihre "Traumschule" nannte, wo sie zweisprachige und bilinguale Zusatzprogramme auf Spanisch eröffnete, sodass „jeder Schüler und jede Schülerin und jede Familie die Möglichkeit geboten bekam, das Unterrichtsprogramm zu besuchen, das sie sich wünschte."

Derzeit ist Milady als stellvertretende Kanzlerin im Bildungsministerium an der Spitze der Verwaltung und Erstellung von Programmen für Englischlernende. Sie ermutigt Eltern ständig, für ihr Recht auf bilinguale Bildungsprogramme an öffentlichen Schulen zu kämpfen. Um seine Ziele zu erreichen, muss man manchmal nur nachfragen, wie Milady bestätigt:

Eltern haben Macht in unserem Bildungssystem. Viele Eltern wissen nicht, dass, wenn sie sich zusammenschließen und um diese Programme bitten, SchulleiterInnen die Verantwortung dafür tragen, diese in ihren Schulen zu realisieren.[80]

Starke Allianzen, die mit PädagogInnen und VerwalterInnen wie Milady gegründet werden, beginnen oft mit Basisbewegungen von Eltern und einer einfachen Bitte. Miladys herzlicher und aufgeschlossener Umgang mit zweisprachigen Programmen und bilingualen Möglichkeiten für SchülerInnen unterschiedlicher linguistischer Hintergründe und ihr Engagement, der Schulbevölkerung auf eine Art und Weise zu helfen, die ihren Bedürfnissen und Wünschen gerecht wird, ist ein ausgezeichnetes

Beispiel für die positive Rolle, die VerwalterInnen in der bilingualen Revolution spielen können.

Einige glänzende Beispiele

Eins der unzähligen spanischen zweisprachigen Programme, die heute in New York existieren, findet sich an der P.S. 133 in Brooklyn. Dort eröffnete die erste spanisch-englische zweisprachige Kindergartenklasse im Jahr 2012. Da die spanischsprachige Welt sehr vielfältig ist, lernen die Kinder, die am Programm an der P.S. 133 teilnehmen, die lange Geschichte und Beziehung zwischen der lateinamerikanischen Community und der Stadt New York kennen. Nach dem 50/50 Modell sind die Hälfte der Schüler englischsprachig und die andere Hälfte spanischsprachig, wobei die Hälfte des täglichen Unterrichts aller Fächer auf Spanisch und die andere Hälfte auf Englisch erfolgt. Letztes Jahr wurde die P.S. 133, zusammen mit vierzehn anderen Schulen in New York City, von der ehemaligen Kanzlerin des *Department of Education*, Carmen Fariña, zu einer Modellschule für zweisprachige Programme erklärt.[81]

Die zweisprachige Schule *Amistad* wurde von einer Gruppe von LehrerInnen und Eltern unter der Leitung von Elia Castro, einer zweisprachigen Pädagogin, gegründet, mit Unterstützung von Lydia Bassett, ehemalige Schulleiterin der *W. Hayward Burns School,* und *New Visions für Public Schools*, einer gemeinnützigen Organisation, die sich für die Revitalisierung und Verbesserung öffentlicher Schulen New York Citys einsetzt. *Amistad* wurde 1996 in Manhattan eröffnet und bietet seinen Schülern in Washington Heights, Hamilton Heights und Inwood einen spanisch-englischen zweisprachigen Lehrplan an, sowohl für Schüler, die vorwiegend Englisch als auch die, die hauptsächlich Spanisch sprechen.

Das dem Unterricht an der *Amistad* zu Grunde liegende Prinzip, ist, dass Kinder eine zweite Sprache auf dieselbe Art wie ihre erste lernen. LehrerInnen benutzen viele Strategien, die aus dem *English as a Second Language (ESL)* Bereich stammen, um Spanisch als zweite Sprache zu unterrichten, was sich unabhängig von der Muttersprache des Kindes als effektiv erwiesen hat. Die Schule nutzt einen multidisziplinären Unterrichtsansatz, indem sie ein umfassendes Programm mit Musik, Tanz, Theater und visuellen Künsten neben den sonst üblichen Standardfächern anbietet. Durch ein erlebnis- und projektgestütztes Lernen fördert *Amistad* Kreativität und kultiviert intellektuelle Neugier bei seinen Schülern – und das alles, während Sprachfertigkeiten sowie ein hoher Standard akademischen Erfolgs erzielt werden. Das Leitbild der Schule verkörpert ihren einzigartigen Ansatz für zweisprachige Bildung wie folgt:

Die Zwei-Sprachen-Schule *Amistad* ist eine Community von Lernenden, die den einzigartigen Weg jedes Einzelnen unterstützt. Zusammen fördern wir ein Verantwortungs- und Solidaritätsgefühl in der Community, indem wir Kultur, Sprache und Vielfalt zelebrieren. Unsere Kinder werden sich weiterentwickeln und bereit sein, die akademischen und sozialen Anforderungen der erweiterten Community zu erfüllen, indem sie den Zauber der Entdeckung und die Macht der Zweisprachigkeit bei sich tragen. Unsere Richtlinien für die Sprachzuteilung variieren je nach Stufe, um sowohl dialogorientierten als auch akademischen Spracherwerb zu gewährleisten.[82]

Amistad wurde von *Great Schools*, einer landesweiten Online-Quelle für Schulrankings und Informationen, mit fünf Sternen ausgezeichnet. Die Erfolgsbilanz der Schule, bilinguale SchülerInnen zum Abschluss zu bringen, ist der Hauptgrund, warum die Schule so attraktiv für Familien ist. Laut Miriam Pedraja, der ehemaligen Schulleiterin von *Amistad*, sind circa siebzig Prozent der SchülerInnen, die im Kindergarten hauptsächlich spanischsprechend angefangen haben, bis spätestens zur dritten Klasse ebenso gut im Englischen wie auch im Spanischen.[83]

Die *Cypress Hills Community School* in Brooklyn verfolgt einen anderen Ansatz. Sie bietet ein gemischtes zweisprachiges Programm an, sowohl an einer Schule als auch in einem Community Center. Mit der Unterstützung von *New Visions for Public Schools* wurde die Schule 1997 von Eltern und der *Cypress Hills Local Development Corporation* gegründet. Die starke Führungsrolle der Eltern ist das Markenzeichen der Schule, wie die Tatsache beweist, dass Maria Jaya, selbst ein Elternteil, zurzeit Co-Schulleiterin ist. Sie erinnert sich, wie sie und andere Eltern für die Bildung ihrer Kinder kämpften:

> Die Revolution begann vor dreißig Jahren, das [ursprüngliche] Programm eröffnete zehn Jahre später. Unsere Kinder waren in einem sogenannten „bilingualen" Programm, aber die Programme waren nicht gut gestaltet oder gut vorbereitet. Einige LehrerInnen hatten nicht die richtigen Lizenzen. Die Kriterien, nach denen ich die SchülerInnen für das bilinguale Programm aufnahm, basierten nicht auf ihren Bedürfnissen, sondern beruhten darauf, ob sie einen lateinamerikanisch klingenden Namen hatten. Die Treffen mit den Eltern fanden alle auf Englisch statt, also beantragten wir einen Übersetzer. Schließlich begannen sie zu übersetzen, aber sie schickten diejenigen, die um Übersetzungsdienste baten, in die Ecken des Raums. Das war eine Riesenverantwortung für die ÜbersetzerInnen und die Eltern rangen damit, Feedback zu geben, so abgetrennt in einer Ecke. Das war unser erster Kampf: wir wollten teilhaben und wir wollten Teil der Bildung unserer Kinder sein, aber wir hatten keine gleichberechtigte Chance, das zu tun. Bald schon bemerkten die LehrerInnen diese Gruppe von Eltern, die wirklich einen Wandel wollten und sie begannen, uns Informationen zu geben.[84]

Die Geschichte von *Cypress Hills* spiegelt die Schwierigkeiten, denen spanische bilinguale Bildung in New York City begegnet, während Eltern sich für zweisprachige Programme einsetzten, die ihre Community in beiden Sprachen bestärkt. Es brauchte Ausdauer und viel Mut, die Angebote und Programme einzufordern, die sie wollten und verdienten, besonders nachdem die angebotenen Programme jahrelang nicht die Erwartungen der spanischsprachigen Community erfüllten.

Doch die Hindernisse, denen *Cypress Hills* begegnete, beschränkten sich nicht auf den Unterricht oder die Elterntreffen. Die ersten dreizehn Jahre ihres Bestehens agierte die *Cypress Hills Community School* in unterschiedlichen Schulgebäuden und ohne ein permanentes Schulgelände. *Cypress Hills* hatte keinen Zugang zu einer Sporthalle, hatte keine eigene Bücherei oder Aula und litt an starker Überfüllung der Klassenzimmer – viele Unterrichtseinheiten wurden in alternden Containern durchgeführt. 2010 zog die Schule in ein nagelneues Gebäude, das Ergebnis jahrelanger, enorm harter Arbeit von Eltern, SchülerInnen und der *Cypress Hills* Community sowie auch Lobbyarbeit von gewählten AmtsträgerInnen. Letzten Endes war die Unterstützung des Stadtrats, des *Department of Education* und der Schulbaubehörde entscheidend für die Schaffung eines Raums, der den Beitrag von SchülerInnen, Eltern und LehrerInnen widerspiegelte. Als Ergebnis echten Engagements und unermüdlicher Anstrengungen verfügt die Schule heute über programmgerechte, durchdachte Unterrichtsräume mit neuster Technologie sowie ein Gewächshaus, ein naturwissenschaftliches Labor, eine beträchtliche und gut ausgestattete Bücherei, Räume für Kunst, eine Cafeteria im Café-Stil und über eine Mehrzwecksporthalle.[85]

Die Schule gedeiht weiterhin, indem sie auf vielen Wegen bilinguale Bildungschancen schafft. Das *Cypress Hills Learning Center* bietet unter der Woche einen verlängerten Schultag an, um innovative Freizeitprogramme und differenzierten Unterricht in Kunst, Tanz, Musik, Sport, Konfliktschlichtungen und akademische Unterstützung anzubieten. Die Schule unterhält außerdem Partnerschaften mit Organisationen wie der *Young Audiences New York* und dem *Brooklyn Queens Conservatory of Music*. Die Programme und Initiativen von *Cypress Hills* bieten ein beispielhaftes Modell für andere, die daran interessiert sind, ihr eigenes bilinguales Freizeitprogramm zu etablieren.

Diese spanischen zweisprachigen Programme sind eine Inspirationsquelle für zukünftige VorreiterInnen bilingualer Bildung, die Grenzen zu überschreiten und für die Kinder in ihren Communitys neue Möglichkeiten zu schaffen, bilingual zu werden oder ihre Bilingualität zu erhalten. Seit ihren Anfängen haben sie den Weg für bilinguale Programme in den USA geebnet und standen stets an der Spitze der Entwicklung und des Fortschritts bilingualer Bildung. Ohne die Entschlossenheit, das Engagement und die Inspiration von Eltern und PädagogInnen, die als VorreiterInnen für das Recht gekämpft haben, bilinguale Programme zu entwickeln, die das Kind ganzheitlich erziehen, gäbe es heute keine bilinguale Revolution.

Kapitel 10

Überflieger: die *High School for Dual Language and Asian Studies*

ährend zweisprachige Eltern und PädagogInnen nach neuen Möglichkeiten suchen, ihre Schule zu verbessern, die Bedürfnisse ihrer Schüler zu erfüllen und sich einer notengesteuerten Bildungskultur zu widersetzen, werden sich viele in diesem Bereich fragen, wie dieser richtige Weg aussehen könnte. Häufig wachsen zweisprachige Programme organisch und nicht sehr einheitlich und erfinden gewissermaßen mit der Gründung jedes neuen Programms „das Rad neu". In Anbetracht dessen ist es zwingend notwendig, den Wissensaustausch zu fördern, Normen zu schaffen und Ressourcen und Lehrmaterialien zur Verfügung zu stellen und zu gewährleisten, dass Unterrichtsmethoden mit denen erfolgreicher zweisprachiger Programme übereinstimmen. Um die bilinguale Revolution fortzusetzen und den erheblichen Arbeitsaufwand, den die Umsetzung neuer Bildungsangebote von Natur aus mit sich bringt, zu reduzieren, ist es ebenso wichtig von wegbereitenden Schulen zu lernen, die bereits ihre eigenen Ressourcen entwickelt und ihren Weg zum Erfolg gefunden haben.

Ein beispielhaftes Modell

Die *High School for Dual Language and Asian Studies* ist ein herausragendes Beispiel, von dem man viel lernen kann. Die 2003 gegründete Schule ist eine sehr wettbewerbsorientierte Institution, mit einem Schüleranteil von englischen als auch Mandarin-Muttersprachlern. Im fünften Stock eines alten Schulgebäudes im Zentrum Manhattans gelegen, betreut die Schule mehr als 400 Schüler aus Familien, die Englisch, Spanisch, Bengali und eine Kombination chinesischer Dialekte, einschließlich Mandarin, Kantonesisch, Taosonesisch, Fuzhounesisch, Schanghainesisch und

Wenzhounesisch sprechen. Die High School hat stets Spitzenleistungen gezeigt, unter anderem in den Fächern Englisch und Mathematik. Trotz ihres relativ hohen Anteils wirtschaftlich benachteiligter Kinder, erzielt die Schule weiterhin wettbewerbsfähige Platzierungen bei nationalen und staatlichen Rankings, die die Leistungen der Schüler in staatlich vorgeschriebenen Tests und ihre Hochschulreife beurteilen.[86] Wie in ihrem Leitbild definiert, hat sich die Schule:

> dem Angebot qualitativen Unterrichts und der Beratung verschrieben, um die akademische und soziale Entwicklung unserer Schüler sowie auch ihre linguistischen Fähigkeiten, kulturelle Wertschätzung und internationales und globales Bewusstsein zu fördern.[87]

Vor allem, da die große Mehrheit zweisprachiger Programme in den USA abrupt nach der fünften Klasse enden, nimmt diese Schule eine einzigartige Position ein, da sie eine der wenigen öffentlichen High Schools in den USA ist, die ein zweisprachiges Programm anbietet.

Die *High School for Dual Language and Asian Studies* ist eine der Schulen, die in „Schools to Learn From" genannt werden, einer beachtenswerten Studie, die von der Stanford University mit der Unterstützung der *Carnegie Corporation of New York* durchgeführt wurde. In ihrer Fallstudie führten die Autoren eine eingehende Analyse des zweisprachigen Programms durch, um zu verstehen, warum gerade diese Schule besonders erfolgreich bei der Vorbereitung ihrer SchülerInnen auf die Universität und ihr zukünftiges Berufsleben ist. In ihren Interviews mit den SchülerInnen, Eltern und LehrerInnen der Schule hoben die ForscherInnen das „grenzenlose Engagement [der Schulgemeinde] im Dienste der SchülerInnen und die Konzentration auf ihre Stärken und Bedürfnisse" hervor.[88]

Den unerschütterlichen Bemühungen der Schulgemeinde, sich als Akteur zu etablieren, mit dem man in der bilingualen Bildung rechnen muss, werden durch die Lobgesänge dieser AutorInnen Legitimität verliehen. Ihre unermüdliche Arbeitsmoral und ihr ständiges Streben nach Erfolg haben die Schule auf die nationale und internationale Bühne befördert – ein Beweis für ihren Erfolg.

Die Geburt eines einzigartigen Programms

Ron Woo, Professor für Bildungsrecht und ein Programmberater für das *NYU Metropolitan Center for Research on Equity and the Transformation of Schools*, führte die Entwicklung der *High School for Dual Language and Asian Studies* unter der Leitung des damaligen Kanzlers des *Department of Education*, Joel Klein, an. Ron erinnert sich:

2003 bat mich der Kanzler ihm bei der Zusammenstellung eines innovativen Programms zu helfen. Ich schlug eine zweisprachige High School an der ehemaligen *Seward Park High School* vor, einer großen Schule, die keine guten Leistungen vollbrachte. Dies war zu Anfang der Bloomberg-Regierung, als diese leistungsschwache Schulen schloss. Das Problem war, dass sie kleine Schulen schafften, aber vergaßen eine kleine Schule für die große Anzahl chinesischer EinwanderInnen in Seward Park zu schaffen. Wir setzten uns zusammen und sagten: „Warum nicht ein zweisprachiges chinesisches Programm?" Es wäre ein Fang für die Bevölkerung chinesischer ImmigrantInnen und es würden andere dazu kommen, die Chinesisch als Fremdsprache lernen würden.[89]

Der Vorschlag einer Schule für chinesische ImmigrantInnen erhielt die volle Unterstützung des Kanzlers und war landesweit die erste ihrer Art. Das Gründungsteam erhielt den Auftrag, die notwendigen Ressourcen für die Gründung der Schule zu erfassen und sich mit dem *China Institute of America*[90] und der *Asia Society*[91], die bei der Entwicklung von Lehrplänen halfen, in New York City zu treffen. Das Team rekrutierte außerdem Li Yan, die derzeitige Schulleiterin, die deren Konzeptarbeit in die heutige *High School for*

Dual Language and Asian Studies verwandelte.

Die Schule ist führend auf dem Gebiet der zweisprachigen Sekundarausbildung. Diese Art von High School bietet einen Lehrplan an, der auf die Universität vorbereitet und eine dringend benötigte mehrsprachige Fortsetzung für existierende zweisprachige Programme an Grundschulen und Middle Schools darstellt. Da die *High School for Dual Language and Asian Studies* nun gut etabliert und sehr erfolgreich ist, erinnern sich wenige Leute daran, wie schwierig es war, die Familien zu überzeugen, sich für das Programm anzumelden, als die Schule das erste Mal ihre Pforten öffnete. Schulleiterin Li Yan erinnert sich:

> Die Leute müssen sich an die Idee neuer Schulen gewöhnen. Eltern sagten immer: „Ihre Schule ist neu! Warum schicke ich meine Kinder hierhin? Sie haben mir hier nichts zu bieten." Ich begegnete vielen Problemen, da viele Eltern sich weigerten, ihre Kinder zu uns zu schicken. Die ersten drei oder vier Jahre über war es sehr schwierig, weil die Leute Ergebnisse wollten und ich ihnen keine zeigen konnte. Es fordert Überzeugungsarbeit. Alles, was wir an der Schule gemacht haben, jeglichen Fortschritt, den die Schule machte – wir sorgten dafür, dass die Eltern es wussten. Wir baten tatsächlich jeden Schüler, eine persönliche Präsentation über ihre Arbeit zu machen und das hat viele Eltern überzeugt. Vier Jahre nach der ersten Abschlussklasse begannen wir, einen Ruf aufzubauen.[92]

Es ist aufschlussreich, zurückzublicken und zu sehen, wie weit die Schule gekommen ist. Die Kommentare der Schulleiterin Li Yan weisen auf ein sehr wichtiges Phänomen hin, das der Erschaffung bilingualer Programme entgegenwirkt: die Angst vor dem Unbekannten. Das wird umso deutlicher, je älter die SchülerInnen werden – besonders auf dem High School Niveau – und Familien werden immer besorgter über die richtige Wahl der Schule, um ihre Kinder auf den großen Konkurrenzkampf rund um die Bewerbungen für die Universitäten vorzubereiten. Nichtsdestotrotz wird diese Angst mit jeder Erfolgsgeschichte einer zweisprachigen

Schule kleiner, da Eltern mehr über die Vorteile bilingualer Bildung lernen. Wie Yan und ihre KollegInnen, SchülerInnen und Familien bewiesen haben, ist die *High School for Dual Language and Asian Studies* ein voller Erfolg.

Ein kultureller und sprachlicher Lehrplan

Im Gegensatz zu anderen Städten ist die Wahl der High School in New York ein offener Auswahlprozess, bei dem jeder Schüler und jede Schülerin der Middle School bis zu zwölf Schulen aus einer Liste vom *Department of Education* auswählen kann. Um von der *High School for Dual Language and Asian Studies* angenommen zu werden, müssen die SchülerInnen nicht sowohl Chinesisch als auch Englisch sprechen, da die Schule zwei Zweige hat: einen für Englischsprachige und einen für Chinesischsprachige. Dadurch beginnen einige Schüler ihre Sprachimmersion sehr spät. Professor Won beschreibt das ehrgeizige Ziel des Programms wie folgt:

Das Modell basierte auf der Vorstellung, dass die SchülerInnen bei Schulabschluss vollständig bilingual sein würden. Jene, die ganz ohne Chinesisch begannen, sollten über die Spanne von vier Jahren aufholen. Die Chinesischsprechenden waren entweder schon bilingual oder würden im Englischen aufholen, da sie eingewanderte SchülerInnen waren. Im zweiten Jahr besuchten sie vielleicht schon dieselben Klassen. Es gibt eine Bandbreite an Sprachniveaus, was für einige Spannungen sorgt, aber immerhin bewegt sich etwas.[93]

Wie Professor Woo betont, ist dieser schnelle Übergang in der High School von der Einsprachigkeit zur Zweisprachigkeit ein nobles, wenn auch manchmal anstrengendes Ziel. SchülerInnen die Chance zu bieten, auf der High School-Ebene eine zweite Sprache zu beginnen und sie mit der Zeit fließend zu beherrschen, wie es an der *High School for Dual Language and Asian Studies* möglich ist, ist eine unglaubliche Leistung.

Die Bildungshintergründe sowohl der chinesischsprachigen als auch der englischsprachigen SchülerInnen an der Schule variieren deutlich. Einige chinesischsprachige SchülerInnen wurden in China geboren und besuchten dort die Grundschule und Middle School, bevor sie in die USA zogen, um ihre Bildung an der High School abzuschließen. Andere wurden in den USA geboren, zogen in ihrer Kindheit nach China und kehrten in die USA zurück, um die High School abzuschließen. SchülerInnen, die englischsprachig sind, unterscheiden sich in ihrer sprachlichen Herkunft und Chinesischkenntnissen, und eine Reihe von ihnen sind ehemalige Englischlernende. Die Schule nimmt auch SchülerInnen auf, deren erste Sprache Englisch ist und die vor dem Besuch der Schule keine Chinesischkenntnisse mitbringen. Diese Gruppe zieht das Programm aufgrund ihres Interesses an der chinesischen Sprache und Kultur sowie dem Fokus der Schule auf zweifache Alphabetisierung an.

Die *High School for Dual Language and Asian Studies* bietet SchülerInnen einen vielseitigen Lehrplan. Zusätzlich zu ihren anderen Fächern belegen alle SchülerInnen vier Jahre Mandarin, entweder als muttersprachlichen Kulturunterricht oder in Form von Chinesisch als Zweitsprache. Englische Muttersprachler besuchen jeden Tag eine Doppelstunde Chinesisch, um sicherzustellen, dass sie gut auf die erforderliche *Regents and Advanced Placement (AP)* Chinesischprüfung vorbereitet sind, die SchülerInnen zusätzlich zu den fünf anderen Prüfungen bestehen müssen, um sich für ein *New York State Regents diploma with honors* zu qualifizieren. LehrerInnen arbeiten mit BeratungslehrerInnen und ElternkoordinatorInnen zusammen, um SchülerInnen bei der Auswahl ihrer Kurse zu helfen und den SchülerInnen, die sie benötigen, zusätzliche Unterstützung zu bieten.

Die meisten SchülerInnen an der High School kommen aus kürzlich eingewanderten Familien, die seit weniger als zehn Jahren in den USA leben. Aufgrund der Sprachbarriere und der zusätzlichen Herausforderung, sich an eine neue Kultur anzupassen, benötigen diese SchülerInnen ergänzende Angebote, um ihren akademischen Erfolg sicherzustellen. Um diesen SchülerInnen und ihren Familien bei der Überwindung dieser Hindernisse zu helfen, werden alle schriftlichen Materialien auf Englisch, Chinesisch, Bengali und Spanisch bereitgestellt. Die Angestellten gehen auch noch einen Schritt weiter, da die Schulleiterin, die Sekretärin, die BeratungslehrerInnen und mehrere LehrerInnen bilingual und in der Lage sind, alle von der Schule bereitgestellten Materialien, die nicht zweisprachig sind, zu übersetzen.

Die Schule bietet eine reiche High School-Erfahrung und legt Wert auf einen rigorosen akademischen Lehrplan für SchülerInnen unterschiedlicher kultureller und sozioökonomischer Herkunft sowohl auf Englisch als auch auf Chinesisch. Thalia Baeza Milan, derzeit im dritten Jahr an der Schule, sprach bereits Englisch und Spanisch, als sie vor drei Jahren aus Guyana in den USA ankam und war bestrebt, die Gelegenheit zu nutzen, an der *High School for Dual Language and Asian Studies* Chinesisch zu lernen. Sie beschreibt ihre Zeit an der High School mit folgenden Worten:

> Die Erfahrung hat mir geholfen, verschiedene Kulturen wertzuschätzen und Schwierigkeiten zu bewältigen – wie zum Beispiel das Verwechseln der Wörter für „Brathähnchen" und „Akrobat". Ich kenne die Schritte, um Herausforderungen zu bewältigen und die Schritte, um sich in einer Umgebung wohlzufühlen, in der ich noch nie zuvor war. Das sind Sachen, die noch hilfreich sein werden.[94]

Thalia verweist auf den „produktiven Kampf" des Sprachenlernens, den viele bilinguale Kinder zu würdigen und schätzen lernen. Dieser Prozess, wenn auch manchmal herausfordernd und lustig, wie Thalia mit ihrer sprachlichen Verwechslung zeigt, generiert tieferes Lernen, entwickelt authentisches Engagement und betont die verschiedenen Bausteine von Verständnis, die für so viele Fähigkeiten im Leben gelten. Außerdem vermittelt die Schule den SchülerInnen eine Vielzahl asiatischer Kulturen, mit dem Schwerpunkt auf China. Wenn SchülerInnen nicht gerade am strengen akademischen Programm teilnehmen, können sie in Clubs von Film und Informatik bis hin zu Schulsport wie Badminton und Ringkampf mitmachen. Als Vorbereitung auf die Universität haben die SchülerInnen auch viele Gelegenheiten, Leistungspunkte für die Universität zu sammeln, Universitäten zu besuchen und sich um Stipendien zu bewerben.

Einige SchülerInnen nehmen sogar an einem Samstagsprogramm an der High School teil, das für weiteren Unterricht genutzt wird. Das Programm umfasst Sportunterricht und zusätzlichen Englisch-als-Zweitsprache-Unterricht und betreut wöchentlich etwa 150 Kinder.[95] Es bietet Kindern außerdem einen Ort, um Hausaufgaben oder Schulprojekte zu erledigen, da sie zu Hause manchmal nicht den Raum oder die Umgebung für ein produktives Arbeiten vorfinden. Dieser Ansatz hat sich als sehr effizient erwiesen, um die akademischen Leistungen der SchülerInnen und das allgemeine Engagement in der Schule zu fördern.

Langfristige Auswirkungen

Für die bilinguale Revolution im Allgemeinen ist die Geschichte der *High School for Dual Language and Asian Studies* aufschlussreich. Stellen Sie sich das Reich der Möglichkeiten vor, die sich durch zweisprachige High Schools ergeben würden, wenn die unglaublichen Errungenschaften der bestehenden Grundschul- und Middle School Programme, die vollständig bilinguale SchülerInnen helfen, fortgesetzt würden. Diesen High School Programmen ist keine Grenze gesetzt und die *High School for Dual Language and Asian Studies* ist nur der Anfang.

Es gibt keinen Grund, warum die bilinguale Revolution nach der Grundschule aufhören sollte. Indem wir weiterführende zweisprachige Bildungsprogramme unterstützen, bieten wir unseren Kindern die Chance, äußerst erfolgreiche mehrsprachige Personen zu werden, die darauf vorbereitet sind, mit den Werkzeugen, die sie zum Erfolg brauchen, in das akademische und berufliche Leben zu starten. Die Geschichte der *High School for Dual Language and Asian Studies* ist die Geschichte eines unübertroffenen Erfolgs, der in Schulen im ganzen Land und auf der ganzen Welt reproduziert werden kann. Die bilinguale Revolution hat die Macht, das Leben der Kinder durch die Jugend, das junge Erwachsenenalter und darüber hinaus zu berühren. Es liegt an uns, ihnen diese Möglichkeit zu bieten.

Kapitel 11

Der Plan zur Erschaffung Ihres eigenen zweisprachigen Programms

Das folgende Kapitel präsentiert einen Plan für Eltern, die an der Entwicklung eines zweisprachiges Programm an einer öffentlichen Schule interessiert sind. Der Leitgedanke dieses Plans und dieses Buchs ist, dass Eltern in ihren Communitys etwas bewegen können, indem sie zweisprachige Programme starten, egal wo sie sich befinden. Dank der Leistungen der Elterngruppen können diese Programme Schulen verbessern und Communitys auf ungeahnte Weise stärken. Die Informationen auf den folgenden Seiten werden Eltern helfen, sich zu organisieren, einen soliden Antrag zu formulieren und andere zu ermutigen, sich ihrer Initiative dabei anzuschließen.

Der Plan ist eine Empfehlung, die sowohl Eltern als auch PädagogInnen als Leitfaden nutzen können. Er beschreibt genau, wie man Informationsveranstaltungen ausrichtet, Gruppen von Freiwilligen organisiert, eine überzeugende Begründung für SchulleiterInnen und LehrerInnen vorbereitet, Strategien zur Mitgliedergewinnung in der Community entwickelt, potentielle Familien identifiziert, die Interesse daran haben ihr Kind für das zweisprachige Programm anzumelden, und effizient mit allen InteressenvertreterInnen zusammenarbeitet, um das Projekt in Gang zu bringen. Ein verkürzter Plan befindet sich im Anhang und kann von der offiziellen Website des Buchs heruntergeladen werden.[96] Die Empfehlungen und Strategien, die dieses Buch bietet, sind keineswegs vollständig, da es unmöglich ist, die vielen Unterschiede, die Schulbezirke und linguistische Communitys voneinander trennen, zu berücksichtigen. Darum wird Eltern nahegelegt, ihren eigenen Plan zu entwickeln, indem sie die notwendigen Anpassungen an die Bedürfnisse ihrer Community vornehmen. Der ursprüngliche Plan, der dieses Buch inspirierte, wurde vor fast zehn Jahren von Eltern für Eltern geschrieben, um ihren erfolgreichen Ansatz weiterzugeben in der Hoffnung, dass andere ihnen folgen und ihre eigenen zweisprachigen Programme an öffentlichen Schulen umsetzen würden.[97] Viele der Elterngruppen und Initiativen, die von dem ursprünglichen Plan inspiriert wurden, werden in den Portraits in diesem Buch vorgestellt.

Der Plan ist in drei Phasen unterteilt: die erste Phase zeigt Wege auf, wie man durch Öffentlichkeitsarbeit in der Community und das Organisieren von Ausschüssen einen Kern interessierter Familien (eine Familien-Basis) bilden kann. Die zweite Phase gibt Strategien vor, um eine solide Begründung für ein zweisprachiges Programm zu entwickeln und es einem potentiellen Schulstandort vorzustellen und die dritte Phase konzentriert sich auf die Umsetzung und Planung eines zweisprachigen Programms, damit es vom ersten Schultag an erfolgreich ist.

Phase 1: Auf die Community zugehen

Eine Basis interessierter Familien bilden

Eine Basis interessierter Familien zu bilden ist der erste Schritt im Entwicklungsprozess eines zweisprachigen Programms. Als ein von Eltern geführtes basisdemokratisches Vorhaben ist es von entscheidender Bedeutung, dass Sie eine starke Gruppe mit Familien gründen, die ernsthaft erwägen, ihre Kinder nicht nur für ein zweisprachiges Programm anzumelden, sondern auch die Initiative auf ihrem Weg durch all die Höhen und Tiefen, die ein neues Bildungsvorhaben mit sich bringt, unterstützen werden. Von nun an können Sie sich als UnternehmerInnen betrachten, mit einer Leidenschaft für Mehrsprachigkeit, einer Einsatzbereitschaft für öffentliche Bildung und dem Willen, sich mit Dutzenden, wenn nicht Hunderten von Personen ihrer Community zusammen zuschließen, um diese Basis zu bilden.

Wenn Sie für dieses Vorhaben bereits eine Zielsprache im Sinn haben, ist Ihr nächster Schritt, Eltern zu finden, die Ihr Interesse teilen. Sie können damit beginnen, eine Kerngruppe mit Eltern zu bilden, die Sie kennen und denen Sie vertrauen. Das sind Eltern, die an Ihrer Vision mitwirken, selbst wenn sie selber keine Kinder haben, die von der Initiative profitieren. Ein gutes Beispiel für die Effektivität einer „Kerngruppe" ist die in Kapital Zwei vorgestellte Initiative für das japanische zweisprachige Programm, die illustriert, wie wichtig die Einsatzbereitschaft und Expertise von Eltern ist.

Eltern, die diesem Plan folgen, erwarten im Allgemeinen ein brandneues zweisprachiges Programm, das von der Kita oder dem Kindergarten bis einschließlich der fünften Klasse läuft. Diese Zeitspanne wird, je nach den Ressourcen Ihrer jeweiligen Schule und der Organisation der Stufeneinteilung in Ihrem Schulbezirk, variieren. Einige Eltern haben längerfristige Ziele und planen die Fortsetzung ihrer Initiative bis einschließlich der Middle School oder sogar High School. Es ist in der Tat wichtig, das Gefühl zu haben, dass diese Programme das Potential haben, zu wachsen und sich auf natürliche Weise in die Middle School und High School erweitern, wie die zuvor beschriebenen spanischen, chinesischen und französischen zweisprachigen Programmen zeigen.

Wenn Sie dieses Vorhaben angehen, ohne bereits eine Zielsprache im Kopf zu haben, sondern an zweisprachiger Bildung im Allgemeinen interessiert sind, ist es besser, das sprachliche Erbe Ihrer Community zu recherchieren, um die Unterstützung abzuschätzen, die Sie erwarten können. Das Verständnis der kulturellen Nuancen, mit denen eine bestimmte Community Ihren Vorschlag beurteilt, wird entscheidend sein, und die Identifizierung von Partnern und anderen Bildungsunternehmern aus der Zielkultur wird dazu beitragen, Ihr Projekt zu erleichtern, indem sie es auf eine Weise präsentieren, die normalerweise von einer Community akzeptiert oder bevorzugt wird. Die japanische Initiative in Kapitel Zwei zum Beispiel basierte auf fünf Müttern, von denen zwei Japanerinnen waren, die als Kontaktpersonen zur japanischen Community fungierten. Ihr Verständnis der kulturellen Normen und Traditionen der Community, aus der sie Familien rekrutieren wollten, halfen ihnen wichtige strategische Entscheidungen zu treffen. Das galt besonders im Hinblick auf SchulverwalterInnen und andere Mitglieder der Initiative, die kein Japanisch sprachen und keine umfangreichen Kenntnisse der japanischen Kultur besaßen.

Die japanische Gruppe begriff, dass es wirklich notwendig ist, bikulturelles Verständnis zu besitzen, wenn man ein Programm präsentiert und eine Dienstleistung anbietet. Sie kommunizierten mit den interessierten Familien sowohl auf Japanisch als auch auf Englisch. Sie nahmen sich die Zeit, neu angekommenen japanischen Eltern das amerikanische Bildungssystem und seine Vorteile sowie wie auch die Ähnlichkeiten und Unterschiede zum japanischen Bildungssystem zu erklären. Während all ihrer Gespräche versuchten sie, alle Fragen auf offene und ehrliche Weise zu beantworten. Die Tatsache, dass die Gruppe sich mit allen beraten und ihre Standpunkte in die Diskussion einbringen konnte, sprach Bände über ihre Entschlossenheit, die kulturellen Hintergründe aller Mitglieder zu berücksichtigen und zu respektieren. In diesem speziellen Fall war die kulturelle Sensibilität der Schlüssel zum Erfolg der Rekrutierungs- und Umsetzungsphasen des Projekts.

Als Elternteil können Sie auch Ihre eigene Community ansprechen, indem Sie öffentlich – in sozialen Medien, in Community-Blogs, mit Schildern an öffentlichen Orten oder mittels Mundpropaganda –ankündigen, dass Sie nach Leuten suchen, die daran interessiert sind, bei der Gründung eines zweisprachigen Programms in einer bestimmten Sprache zu helfen. Es hat viele Vorteile, Ihre Initiative auf eine bestimmte linguistische Community auszurichten. Vielleicht gibt es bereits eine große Gruppe potentiell interessierter Eltern und ein Netzwerk in der Community aus Unternehmen, religiösen Zentren, Communityzentren und Kindern in Ihrem Schulbezirk, die Muttersprachler einer anderen Sprache sind. Dies war zum Beispiel bei den arabischen, polnischen und italienischen zweisprachigen Programmen der Fall, die in den vorherigen Kapiteln vorgestellt wurden.

Sobald Ihre Gruppe genügend Freiwillige gewonnen hat, können Sie mit der Gründung von Ausschüssen beginnen, um die unterschiedlichen Aufgaben aufzuteilen. Verschiedene Ausschüsse können gegründet werden, darunter zum Beispiel: ein Ausschuss für die Öffentlichkeitsarbeit, ein Ausschuss für den Schulstandort und ein Ausschuss zur Unterstützung des Lehrplans. Zusätzliche Ausschüsse können auch in unterschiedlichen Prozessphasen noch miteingebunden werden, je nach den dringenden Bedürfnissen der Initiative, zum Beispiel ein Ausschuss für das Anwerben von LehrerInnen, ein Ausschuss für Fundraising oder ein Ausschuss für Nachmittagsangebote, um nur einige zu nennen. Auch dies sind nur Anregungen und es liegt an Ihnen, das Modell an Ihre Gegebenheiten vor Ort und die Anzahl interessierter Menschen anzupassen.

Daten sammeln

Ihr Ausschuss für die Öffentlichkeitsarbeit sollte sich darauf konzentrieren, potentielle SchülerInnen zu ermitteln und Angaben über Familien zu sammeln. Dies wird Ihnen helfen, das Thema bekannt zu machen, sodass eine wesentliche Zahl von Leuten von Ihrer Initiative hört und sich entscheidet, ihre Kinder als potentielle KandidatInnen für das zweisprachige Programm anzumelden. Sie sollten versuchen, Angaben zu folgenden Punkten zu sammeln:

- die Anzahl der Familien, die am Programm interessiert sind,
- die Sprachen, die zu Hause gesprochen und von den Kinder verstanden werden,
- die Geburtsdaten der Kinder und ihre voraussichtlichen Einschulungstermine,
- die Schulbezirke oder Schulgebiete der Familien.

Dies sind die ersten wichtigen Schritte, um potentielle

SchülerInnen für das zweisprachige Programm zu identifizieren. Diese Datenerhebung wird Ihnen auch bei der Entscheidung helfen, ob das von Ihnen unterstützte zweisprachige Programm einseitig (Muttersprachler einer Sprache erhalten Unterricht in einer zusätzlichen Sprache) oder wechselseitig (mit Muttersprachlern beider Sprachen im Unterricht, oft im Verhältnis 1:1 geteilt) sein wird. Diese Entscheidung wird von der Anzahl der Muttersprachler, die sie aufnehmen, abhängen.

Es ist zwingend notwendig, genügend SchülerInnen zu ermitteln, damit die erste Klasse eingeführt werden kann. Um eine Richtzahl festzulegen, müssen Sie mehrere Dinge ermitteln. Zuerst müssen Sie Folgendes recherchieren:

- Die durchschnittliche Anzahl von Kindern, die in Ihrem Schulbezirk in einer Einstiegsklasse eingeschult werden, da die Anzahl von Ort zu Ort und sogar von Jahrgang zu Jahrgang unterschiedlich sein kann. Zum Beispiel können Kitas und Kindergärten unterschiedliche Gruppengrößen haben oder Grundschulen und weiterführende Schulen unterschiedliche Klassengrößen aufweisen.
- Außerdem sollten Sie die Regelungen ihres Schulbezirks bezüglich Nicht-Muttersprachlern der nationalen oder offiziellen Sprache überprüfen. Im Fall New York Citys[98] und New York States sieht das Gesetz vor, dass eine Schule ein zweisprachiges oder bilinguales Übergangsprogramm anbietet, wenn es in dem Schulbezirk mindestens zwanzig Kinder gibt, deren Muttersprache (oder die Sprache, die zu Hause gesprochen wird) nicht Englisch ist.[99] Sie werden dann als *English Language Learners* (ELLs) oder *English as New Language* (ENLs) eingestuft.

Falls Ihr Schulbezirk ähnlichen Regeln unterliegt, die Ihrer Initiative zusätzliche Unterstützung bieten können, sollten Ihre Recherche zudem Folgendes umfassen:

- Ermitteln Sie die Anzahl der Kinder je Schulbezirk, die als Nicht-Muttersprachler oder Englischlernende (oder Lernende einer anderen offiziellen Sprache) gelten. Diese Kinder müssen dieselbe Muttersprache sprechen, um in derselben zweisprachigen Klasse unterrichtet zu werden.
- Ermitteln Sie die Anzahl der Kinder je Schulbezirk, die als bilingual gelten (In diesem Fall Kinder, die bereits sowohl Englisch als auch die Zielsprache auf verschiedenen Niveaus beherrschen).
- Ermitteln Sie die Anzahl der Kinder je Schulbezirk, die als Muttersprachler der nationalen oder offiziellen Sprache (in diesem Fall Englisch) gelten und die keine Kenntnisse der Zielsprache haben, deren Familien aber eine zweisprachige Ausbildung in der von Ihnen festgelegten Zielsprache wünschen.

Diese Angaben werden Ihnen helfen aufzuklären, wie Ihr zweisprachiges Programm unterschiedliche Bedürfnisse decken wird. Dies könnte Ihnen auch helfen, zusätzliche Mittel von staatlichen Stellen oder wohltätigen Organisationen zu erhalten, insbesondere von solchen, die Englischlernende unterstützen. Diese Statistiken können auch ein schlagkräftiges Mittel sein, um eine Begründung zu erstellen, die SchulleiterInnen von der Notwendigkeit eines solchen Programms überzeugen wird.

Familien ermitteln

Häufig ist die Gruppe der Einzuschulenden am Anfang groß und am Einschulungstag klein. Für Ihre Initiative ist es ratsam, dass Sie mehr SchülerInnen als nötig anwerben, um ein bilinguales Programm an Ihrer Schule zu eröffnen. Da Schulen oft mit einer Mindestanzahl von SchülerInnen operieren, damit das Programm realisierbar ist – auch wenn manche SchulleiterInnen einen Verfügungsraum über diese Mindestzahl haben – zeigt dies Ihrem Schulleiter oder Ihrer Schulleiterin, Ihrer Schulaufsicht oder dem

Schulrat, dass es einen genügend großen Pool potentieller SchülerInnen für ein bilinguales Programm gibt. Dieser Ansatz wird auch den Verlust von Familien ausgleichen, die erst Interesse zeigen, aber dann aus dem Programm ausscheiden, in einen anderen Schulbezirk ziehen oder die Schule wechseln.

Es ist sehr wahrscheinlich, dass Sie Interesse und Daten für Kinder unterschiedlicher Geburtsjahre erhalten – selbst von Kindern, die noch nicht geboren sind – in diesem Fall müssen Sie eine Tabelle mit den Geburtsdaten anlegen und Ihre Strategie auf die Anzahl potentieller KandidatInnen pro Jahr ausrichten. Häufig bestimmen Schulkalender und Bewerbungsfristen das Timing und die Strategie, mit der Sie Ihre Initiative erfolgreich umsetzen können.

Es gibt mehrere Möglichkeiten, interessierte Familien zu finden, zu identifizieren und anzuwerben. Sie können dies durch eine Ankündigung, einen Brief, Flyer oder ein Poster erzielen, die Sie verteilen, wenn Sie an Treffen teilnehmen oder Präsentationen halten.[100] Es ist wichtig zu berücksichtigen, dass der Aufbau eines zweisprachigen Programms in Ihrem Schulbezirk ein langer Prozess ist. Sie sollten versuchen, Familien zu erfassen, deren Kinder jung genug sind, um potentielle Schüler des Programms zu sein, wenn es tatsächlich gestartet wird. In einigen Fällen sollte der Ermittlungsprozess schon ein oder zwei Jahre vor Programmbeginn erfolgen. Fälle, in denen die Gründereltern aus unterschiedlichen Gründen nicht in der Lage waren, ihre Kinder für das Programm anzumelden, obwohl sie ganze Arbeit geleistet haben, werden in vorangehenden Kapiteln erörtert und sind unglückliche Realität, besonders wenn die zeitliche Planung überstürzt ist.

Da die meisten bilingualen Programme an öffentlichen Schulen in den USA entweder in der Kita, wenn Kinder vier Jahre alt sind, oder im Kindergarten, wenn Kinder fünf Jahre alt sind, beginnen, bedeutet die Ermittlung von Kindern, sich an örtliche Vorschulen und Kindertagesstätten, private Schulen, Sprachschulen, kulturelle Zentren, religiöse Institutionen, Elterngruppen, *Head-Start*

Programme und städtische Stellen, die Familien unterstützen, und viele andere zu wenden.[101] Sie können auch Gespräche mit Eltern auf Spielplätzen vor Ort, in Geschäften, in Supermärkten und in Schulen beginnen, wo Eltern vielleicht auf der Suche nach Alternativen für die jüngeren Geschwister sind. Potentielle Familien zu ermitteln, deren Kinder bereits in der Schule sind, bedeutet auch, dass diese vielleicht schon Beziehungen zum Schulleiter oder der Schulleiterin oder dem Elternkoordinator oder der Elternkoordinatorin haben und wertvolle Einsicht in die Schulverwaltung bieten können.

Viele der ProgramminitiatorInnen, die ich für dieses Buch interviewt habe, haben große Kreativität gezeigt. Einige trugen Kleidung, Hüte oder Anstecker, die die Neugier anderer Eltern weckten. Sie erstellten Websites und benutzten Social Media, um Anmeldeformulare zu zentralisieren und Informationen und Updates zur Initiative zu verbreiten. Sie kontaktieren örtliche Zeitungen, Blogs in der Community und Blogs für Eltern, sodass Familien außerhalb ihres engsten Kreises von dem Projekt erfahren konnten. Sie informierten Besitzer örtlicher Geschäfte und hingen Schilder auf, besonders wenn diese Geschäfte als zentraler Ort für die SprecherInnen oder BefürworterInnen der Zielsprache oder Kulturgruppe erkennbar waren. Einige der InitiatorInnen des französischen zweisprachigen Programms zum Beispiel hingen Flyer auf Spielplätzen und in Supermärkten auf, von denen sie wussten, dass sie von Französischsprachigen besucht wurden. Sie besuchten auch Kirchen mit großen frankophonen Gemeinden und sprachen Leute auf der Straße oder in der U-Bahn an, wenn sie hörten, dass diese Französisch sprachen. Sie kontaktierten alle französischsprachigen Medien, die sie finden konnten und riefen in frankophonen Radiosendungen an. Sie erstellten eine zentralisierte E-Mail-Adresse und bearbeiteten Hunderte von Anfragen von Eltern. Sie widmeten etliche Stunden ihrer Zeit der Initiative, berieten andere Eltern zu Themen wie Schulanmeldeprozessen oder, unter anderem, dem Unterschied zwischen dem Start im Kindergarten und in der Kita. Die Arbeit dieser Eltern war bemerkenswert und sie verdienen unsere Anerkennung, da ihr

Handeln nicht nur ihren eigenen Interessen diente, sondern noch jahrelang weit über ihren Familien- und Freundeskreis hinausreichte. Diese InitiatorInnen eines zweisprachigen Programms waren wahre VorreiterInnen des Wandels.

Öffentlichkeitsarbeit in der Community

Eine sehr wichtige Aufgabe, die frühzeitig erledigt werden sollte, ist der Aufbau einer von der Community unterstützten Basis, die einflussreiche Persönlichkeiten, AmtsträgerInnen und unterstützende Organisationen umfassen könnte. Dazu gehört, Veranstaltungen der Community zu besuchen und die Öffentlichkeit über die Initiative für ein zweisprachiges Programm zu informieren. Wichtige lokale Akteure, die man kontaktieren und treffen sollte, können von Ort zu Ort variieren, aber die Unterstützung, die Sie von ihnen erfahren, sollte nicht unterschätzt werden. Es kann informativ und nützlich für Sie sein, einen Termin mit SchulbeamtInnen zu vereinbaren (einschließlich des *State Department of Education*, dem Superintendenten oder der Superintendentin des Distrikts, dem Büro für *Language Learners* usw). Diese BeamtInnen werden wahrscheinlich Fragen haben und es ist unbedingt erforderlich, dass Sie gut vorbereitet sind, darauf zu antworten. Eltern können sich vor einem Termin mit den SchulleiterInnen mit diesen BeamtInnen treffen, wenn sie Einsicht in das lokale Budget wünschen oder politische Unterstützung gewinnen wollen. Jedoch ist es wichtig, SchulleiterInnen in diesen Austausch mit einzubeziehen sowie ihr eigenes Verständnis von zweisprachiger Bildung zu bewerten. Das ist besonders wichtig, nachdem Sie genügend Daten gesammelt haben, um einen Schulleiter oder eine Schulleiterin von der Notwendigkeit für ein zweisprachiges Programm in ihrem oder seinem Bezirk zu überzeugen. Der nächste Abschnitt widmet sich den Begründungen, die sie überzeugen können.

Es könnte sehr nützlich für Sie sein, Informationen mit Elternvereinigungen, ElternkoordinatorInnen und LehrerInnen auszutauschen, da diese wertvolle Einsicht in das Klima einer Schule und ihre Offenheit für neue Ideen bieten können. Außerdem ist es wichtig, Bildungsräte der Community, Schulvorstände, Vorstände der Community und örtliche Mitglieder des Kommunalrats zu kontaktieren, da sie helfen können, Ihre Initiative über bürokratische Hürden hinwegzutragen oder Unterstützung bieten können, wenn Sie auf Hindernisse stoßen. Ihr Ausschuss für Öffentlichkeitsarbeit kann auch kleine Zusammentreffen zu Hause oder an öffentlichen Orten wie örtlichen Cafés, Restaurants oder Bäckereien organisieren, um ihre Ideen vorzustellen, das Interesse einzuschätzen oder potentielle Familien anzuwerben. Im Fall eines solchen Treffens können Sie einen oder alle der oben genannten InteressenvertreterInnen einladen, eine Rede zu halten oder Bemerkungen zu äußern.

Außerdem ist die Sprache, die Sie für Ihr zweisprachiges Programm ausgesucht haben, mit einem größeren Netz nationaler und internationaler UnterstützerInnen und Institutionen verbunden, die auch wichtige Ressourcen und Hilfe bieten können. Dieses Netzwerk beinhaltet Botschaften, Konsulate, HonorarkonsulInnen, Kulturzentren, die einer Sprache oder einem Land gewidmet sind, Stiftungen mit einem Fokus auf Bildung oder Entwicklung der Community Tourismusbüros, internationale oder US-amerikanische Handelskammern, die Unternehmen aus zwei oder mehr Ländern vertreten, sowie Heimat- oder Kulturvereine und -verbände. Dies sind wichtige Partner, mit denen Sie sich zusammenschließen sollten. Häufig werden diese Akteure Ihre Vision wertschätzen und Ihr Vorhaben voranbringen, da es das Potential hat, erfolgreiche Projekte hervorzubringen und neue Märkte zu eröffnen.

Unterstützung des Lehrplans

Ihr Ausschuss zur Unterstützung des Lehrplans kann an mehreren Stellen im Prozess Hilfe bieten. Zuerst kann er sich darauf konzentrieren, Informationen zu den vielen kognitiven, akademischen, persönlichen und beruflichen Vorteilen zweisprachiger Bildung zu sammeln und in Informationssitzungen mit Eltern der Community weiterzugeben. Außerdem kann der Ausschuss Besuche bestehender zweisprachiger Programme organisieren, um bewährte Verfahren zu ermitteln und sich ein eigenes Bild von der Verwaltung eines Programms zu machen. Austausche mit etablierten zweisprachigen Programmen sind eine ausgezeichnete Möglichkeit, Fragen zur Elternbeteiligung und Loyalität zum Programm, zur Nachhaltigkeit des Programms, zu Fundraisingaktionen und zum Bedarf an Ressourcen, LehrerInnen und administrativer Unterstützung zu stellen. Oft teilen SchulleiterInnen und LehrerInnen bestehender zweisprachiger Programme, ihre Erkenntnisse gerne mit ihren Kollegen, die die Möglichkeit prüfen, ein ähnliches Programm zu etablieren. Indem Sie von den Erfolgen und Fehlschlägen dieser Schulen lernen, werden Sie in der Lage sein, ein besseres Programm für Ihre eigene Initiative aufzubauen. Die Gruppe sollte darauf achten, dass jeder Besuch gut dokumentiert wird und dass die Beobachtungen und Informationen in den Ausschusssitzungen geteilt werden. Zuletzt sollten sich der Ausschuss mit Eltern treffen, die erfolgreich ein zweisprachiges Programm gegründet haben, und sie einladen, um von ihren Erfahrungen zu lernen.

Phase 2: Eine überzeugende Argumentation entwickeln und eine ausrichtende Schule finden

Am Ende ihrer gemeinsamen Arbeit müssen die diversen Ausschüsse bereit sein, ihre gesammelten Daten einer Schulleitung und einer Schulgemeinde vorzustellen. Bevor Sie mit Ihrer Idee auf einen Schulleiter oder eine Schulleiterin zugehen, ist es ratsam, eine schlagkräftige Argumentation zu entwickeln, die Ihnen dabei helfen wird ihn oder sie sowie auch andere beteiligte VerwalterInnen von der Wichtigkeit Ihres Vorschlags zu überzeugen. Es kann zum Beispiel sehr schwierig sein, ein französisches, japanisches oder russisches zweisprachiges Programm einer Schule vorzuschlagen, die bereits sehr erfolgreich ist und mehr Anmeldungen als notwendig hat. Eltern sollten daher eine Liste mit Argumenten entwickeln, die die Vorteile der Einführung eines solchen Programms in einer öffentlichen Schule aufzeigen, insbesondere wenn diese Schule derzeit unterdurchschnittlich abschneidet. Es kann nützlich sein, Ihre Argumente auf den eigenen Motiven des Schulleiters oder der Schulleiterin aufzubauen. Zum Beispiel könnte ein neuer Schulleiter oder eine neue Schulleiterin vielleicht nach Anerkennung suchen und ein zweisprachiges Programm wäre ein konkreter Weg, Spuren in der Schule und sogar in der Community zu hinterlassen. Ein erfolgreiches bilinguales Programm kann einer Schule viel positive Aufmerksamkeit einbringen, ihren Ruf fördern und neue Finanzierungsquellen erschließen. Weitere Familien, die das zweisprachige Programm anzieht, können auch eher bereit sein, Mittel zu beschaffen, um der Schule zum Erfolg zu verhelfen.

Es gibt viele überzeugende Argumente. Eine wesentliche Anzahl von Nicht-Muttersprachlern braucht zweisprachigen Unterricht, um Englisch zu lernen. Zweisprachige Programme geben allen Kindern in der Community das lebenslange Geschenk einer zweiten Sprache mit auf den Weg. Für Familien der zweiten oder dritten Generation von Einwanderern sichern zweisprachige Programme ihre Sprache und ihr kulturelles Erbe und ermöglichen es ihnen, diese mit allen Kindern zu teilen. Ein zweisprachiges Programm kommt auch der ganzen Schulgemeinde zugute, da jedes Jahr neue, hoch motivierte Familien zur Schule dazu kommen. Diese Eltern bringen die Bereitschaft mit, die Schule in vielerlei Hinsicht zu unterstützen, von Fundraisingaktionen bis zur Förderung schulweiter Aktivitäten. Zweisprachige Familien können die Schulgemeinde auch mit kulturell bereichernden Aspekten wie Kunst, Musik und Essen anderer Länder bekannt machen und ihre Beziehungen in der Community nutzen, um solide Nachmittagsprogramme, bessere Kantinen, erfüllende Schulausflüge und Studienreisen, Praktika und vieles mehr zu ermöglichen. Ein solides und gut vorbereitetes Argument kann manchmal der beste Weg sein, Köpfe zu überzeugen und Herzen zu berühren.

Zweisprachige Programme können einer neuen Schule oder einer nicht ausgelasteten Schule mit leeren Klassenzimmern eine neue Identität geben. Mehr qualitativ hochwertige Auswahl in einem Bezirk kann auch die Überlastung etablierter wettbewerbsfähiger Schulen mindern, indem sie mehr Familien der Mittelklasse an benachteiligte Schulen bringt und so der potentielle Vorteil sozioökonomischer Integration erforscht wird, den zweisprachige Programme auslösen können. Basisbewegungen können schnell Hunderte von Familien mobilisieren, um die schwindenden Schülerzahlen einer Schule zu bekämpfen sowie auch die Mittel bereitzustellen, um das Budget einer Schule zu erhöhen. In vielen Bezirken bedeutet jeder neue Schüler und jede neue Schülerin eine Erhöhung des Budgets. Manchmal geben Schulbezirke oder das *Department of Education* sogar Zuschüsse für die Planung, die Lehrplanentwicklung und berufliche Weiterbildung von LehrerInnen und MitarbeiterInnen. Zusätzliche finanzielle Mittel und logistische Hilfe kann die Schule auch von Partnern und Organisationen erhalten, die ein persönliches Interesse an der angebotenen Sprache oder der angesprochenen Zielgruppe haben (z.B. Botschaften, Konsulate, Unternehmen und Stiftungen).

Wenn Sie einen Gesprächstermin mit einem Schulleiter oder einer Schulleiterin bekommen, müssen Sie die Daten und das Projekt auf sehr professionell präsentieren. Erklären Sie, dass die Vorteile für die Kinder und die Community zentraler Bestandteil Ihrer Initiative sind. Legen Sie Dokumente vor, die die demographischen Daten von eingewanderten Familien nach Jahr und Schulbezirk auflisten. Erklären Sie die Modalitäten, wie man Zuschüsse für ein zweisprachiges Programm vom *Department of Education* und von Dritten erhalten. Nachdem Sie sich mit einem oder einer aufgeschlossenen SchulleiterIn getroffen haben, laden Sie andere Akteure ein, ihre Unterstützung zu zeigen, vor allem andere Eltern, LehrerInnen und Mitglieder der Community. Kontaktieren Sie dann ausländische RegierungsvertreterInnen, gewählte VertreterInnen und Geldgeber. Indem Sie diesen Schritten folgen, haben Sie eine sehr solide Begründung für Ihr Projekt geliefert und das Vertrauen einer Gemeinschaft von Eltern und PädagogInnen gewonnen. Zusammen können Sie nun ein erfolgreiches zweisprachiges Programm aufbauen.

Phase 3: Vom ersten Tag an ein erfolgreiches zweisprachiges Programm aufbauen

Sobald der Schulleiter oder die Schulleiterin ins Boot geholt ist, müssen Sie und Ihre Gruppe sich auf einige wichtige Dinge konzentrieren. In erster Linie müssen Sie sichergehen, dass Sie die nötige Anzahl von Familien haben und dass diese ihre Kinder für das Programm anmelden. Falls es noch Plätze gibt, ist es eine gute Idee, Schulführungen zu organisieren und bei Schulveranstaltungen Präsentationen zu halten, um mehr Familien anzuwerben. Sie sollten auch weiterhin für das Programm werben, indem sie fortlaufende Informationstreffen für Eltern organisieren und Eltern ermutigen, bestehende zweisprachige Schulen zu besuchen. Sie können auch etablierte Programme zu ihrer Community bringen, indem sie zweisprachige Lehrer einladen, ihre Erfahrungen mit den Gruppen interessierter Eltern und PädagogInnen zu teilen. Vergessen Sie nicht, dass Sie auch bewährte Praktiken etablierter zweisprachiger Programme weitergeben können, von denen Sie bei ihren Besuchen vor Ort und im Austausch mit anderen Schulen kennen erfahren haben.

Die Beschaffung von Materialien wie altersgerechte Bücher und Aktivitäten, die von den LehrerInnen in den ersten Monaten nach Beginn des Programms benötigt werden, ist ein fantastischer Weg, um Ihrer Schulleitung und Verwaltung zu helfen. Sie können LehrerInnen unterstützen, indem Sie Bücher ausfindig machen, die zum Lehrplan passen und Listen mit Artikeln erstellen, die von der Schule oder anderen Eltern und UnterstützerInnen bestellt werden können. Falls erforderlich, müssen Sie die Schulleitung beim Einstellungsprozess unterstützen, da sich die Suche nach kompetenten und qualifizierten bilingualen LehrerInnen und LehrassistentInnen oft als schwierig erweist. Möglicherweise werden Sie auch gebeten, während Bewerbungsgesprächen zu übersetzen und dolmetschen und Ihre Meinung zu den Sprachkenntnissen der KandidatInnen abzugeben. Sie sind nun ein aktives Mitglied des Teams und Ihr Enthusiasmus und Ihre Hilfsbereitschaft werden eine wichtige Rolle bei der Umsetzung und dem Erfolg des Programms spielen. Falls Sie ein Ausschuss für Fundraising eingerichtet haben, können sie mit der Organisation von Veranstaltungen und der Erstellung von Spendenaufrufen beginnen, die das zweisprachige Klassenzimmer, die Bibliothek und die Schule insgesamt unterstützen. Zusätzlich zur Beschaffung von Ressourcen können diese Mittel auch dazu verwendet werden, um Hilfe von zweisprachigen ExpertInnen oder BeraterInnen in Anspruch zu nehmen, um LehrerInnen und HilfslehrerInnen auszubilden, einen Lehrplan zu entwickeln und Unterrichtsmaterialien von nationalen oder internationalen Anbietern zu erwerben. Schließlich kann diese Gruppe auch beim Schreiben von Förderanträgen helfen, um zusätzliche Mittel von Bezirks-, Landes- und Bundesbehörden, Stiftungen und ausländischen Regierungen zu erhalten.

Eine gut formulierte und klare Vision, mit der sich viele Eltern identifizieren können, hilft, kulturelle Missverständnisse zu überwinden und lädt Familien und Communitys ein, Ihre Ziele zu verwirklichen. Wenn Sie mit der Leitung einer Schule arbeiten, ist es wichtig, sich im Klaren über die Vision sein, die der Schulleiter oder die Schulleiterin und der Schulvorstand umsetzen kann. Letztendlich ist der Schulleiter oder die Schulleiterin die Person, die von allen Beteiligten zur Verantwortung gezogen wird. Selbst wenn bestimmte Gruppen oder Personen nicht bereit sind, sofort mitzumachen, kann diese übergreifende Vision den Grundstein für weitere Folgemaßnahmen legen, egal ob es sich um Fundraising, den Aufbau von Beziehungen oder Partnerschaften in der Community handelt. Viele der Eltern, die in den vorangehenden Kapiteln befragt wurden, sahen ihre Initiative als ein junges Start-Up-Unternehmen, das Zeit und ständige Pflege erforderte.

Der Basisansatz, der in diesem Buch vorgeschlagen wird, wurde durch das viele Ausprobieren von Eltern und PädagogInnen entwickelt. Er hat Dutzenden von Initiativen in verschiedenen Städten und vielen sprachlichen Communitys gedient, von denen einige in den vorherigen Kapiteln vorgestellt werden. Er hat das Potential, noch vielen weiteren zu dienen, da er nun endlich in gedruckter Form erhältlich ist. Dieser Plan ist eine sich ständig weiter entwickelnde Sammlung von Erfahrungswerten, die laufend verbessert wird und naturgemäß von Schule zu Schule und von Community zu Community variiert —und die Nutzer zur Anpassung an ihren spezifischen Kontext auffordert. Dieser Plan wurde von Eltern für Eltern entwickelt. Er existiert aufgrund der festen Überzeugung der Gründereltern, dass eine erfolgreiche Strategie an andere Eltern weitergegeben werden sollte, sodass mehr Kinder das Geschenk bilingualer Bildung erfahren können. Falls dieser Plan eine Rolle bei Ihrer eigenen Initiative spielt, geben Sie Ihre eigene Version an andere weiter. Im Gegenzug können diese auch GründerInnen erfolgreicher Programme werden, die ihren Kindern zugutekommen und ihre Schulen verbessern werden. Dieser Plan kann die bilinguale Revolution anheizen.

Kapitel 12

Warum zweisprachige Bildung gut für Ihr Kind ist

Dieses Kapitel stellt eine Einführung für Eltern dar, die in Erwägung ziehen, ihre ersten Schritte in die Welt der zweisprachigen Bildung zu gehen. Es wird sowohl für einsprachige Eltern als auch für die Eltern hilfreich sein, die aufgrund ihres Erbes oder ihrer Bildung bereits eine andere Sprache sprechen, und dieses Geschenk an ihre Kinder weitergeben wollen. Die Informationen können später benutzt werden, um eine Begründung zu entwickeln, die LehrerInnen, SchulverwalterInnen und andere Eltern und Mitglieder der Community von der Notwendigkeit bilingualer Bildung an jeder Schule überzeugt. Darüber hinaus wird dieses Kapitel einen Überblick über die einzigartigen Eigenschaften des bilingualen Gehirns und der bilingualen Person bieten und erklären, wie Bilingualität helfen kann, die Fähigkeiten eines Kindes im Hinblick auf das Lernen, Konzentrieren, Kommunizieren und Verstehen der Welt, zu verbessern.

Viele der Vorteile der Bilingualität sind intuitiv. So können beispielsweise bilinguale Personen mit weitaus mehr Menschen auf der ganzen Welt kommunizieren und haben so Zugang zu weitaus mehr literarischen, akademischen und künstlerischen Werken sowie beruflichen und sozialen Netzwerken als einsprachige Personen. Außerdem lernen bilinguale Personen schneller andere Sprachen als ihre einsprachigen Altersgenossen, da Personen auf die Strategien, die sie beim Erlernen der ersten Fremdsprache benutzt haben, zurückgreifen können, um eine dritte oder vierte Sprache zu lernen. Schlussendlich fördert Bilingualität eine multikulturelle und aufgeschlossene Einstellung. Wie der weltberühmte Psycholinguist François Grosjean so eloquent erklärt, überwindet die Identität von Bilingualen nationale Grenzen.[102]

Was bedeutet es, bilingual zu sein?

In den 1950er Jahren schlugen die Linguisten Uriel Weinreich und William Francis Mackey vor, dass Bilingualität einfach den „regelmäßigen" Gebrauch von zwei oder mehr Sprachen beschreibt. Im Gegensatz dazu behauptet François Grosjean, dass die Fähigkeit, mehr als eine Sprache zu sprechen, nicht nur linguistischer Natur ist. Seiner Meinung nach stellt die Bilingualität eine neue und eigene Identität dar. Beide dieser Definitionen betonen unterschiedliche Aspekte bilingualer Personen und des bilingualen Gehirns. Zweisprachige Programme ermöglichen SchülerInnen in ihrem Alltag und in vielen unterschiedlichen Themenbereichen mehr als eine Sprache zu sprechen. Sie befähigen außerdem SprecherInnen fremder Herkunftssprachen sowie auch einsprachige Menschen, ihr bestehendes kulturelles und linguistisches Erbe zu bewahren oder neue Identitäten und Fähigkeiten zu entwickeln und somit ihre Community stolz zu machen.

Der Begriff *heritage language* wird seit etwa fünfzehn Jahren verwendet. Seine Ursprünge gehen zurück bis nach Quebec, Kanada, und er wurde später in die Lexika amerikanischer PädagogInnen übernommen, als sie realisierten, dass es ganze SchülerInnengruppen gibt, die nicht in der Lage waren, die Kenntnisse ihrer Muttersprache zu nutzen. Statt Kinder in *English as a Second Language* (ESL) Klassen einzuschulen, die häufig den Verlust der Muttersprache zur Folge haben, stellten PädagogInnen fest, dass sie auf die Sprachfähigkeiten, die die Kinder mitbrachten, aufbauen konnten. Infolgedessen entstanden Herkunftssprachen-Programme, um Lese- und Schreibfähigkeiten in beiden Sprachen zu entwickeln. Diese Absicht, akademische Sprachkenntnisse sowohl im Englischen als auch der Zielsprache zu entwickeln, ist eines der Hauptziele der bilingualen Revolution.

Vor kurzem erklärte François Grosjean bei einem öffentlichen Vortrag in New York über Bilingualität, Spracherwerb und Identität: „Die bilinguale Person ist ein menschlicher

Kommunikator, ein eigenständiger Sprecher und Zuhörer, der das Leben mit zwei oder mehr Sprachen bewältigt."[103] Wenn man diese Definition bedenkt, fragt man sich angesichts dieser abschreckend wirkenden Aufgabe, das Leben auf mehr als einer Sprache zu „bewältigen", vielleicht ob sich die Anstrengungen des bilingual Seins lohnen. Mit anderen Worten: Ist Bilingualität ein Gewinn oder eine Last für den Schüler oder die Schülerin im Klassenzimmer und später im Alltag? Welche Unterschiede mag es zwischen bilingualen und einsprachigen Personen geben, sowohl in Bezug auf ihre kognitiven Fähigkeiten als auch darauf, wie sie sich in der Gesellschaft bewegen? Wie wichtig ist es wirklich, bilingual zu sein?

Bilinguale Personen haben mindestens drei Räume, in die sie „gehören" können. Diese können als Aspekte von Tri-Nationalismus gesehen werden. Ich selbst zum Beispiel fühle mich Französisch, wenn ich Französisch verwende, Amerikanisch, wenn ich Englisch verwende und Franco-Amerikanisch, wenn ich mit anderen bilingualen Personen spreche und so einen Mix beider Sprachen verwende. Bilingualität öffnet die Tür zu einer großen Bandbreite an Kulturen und Communitys, die einem als einsprachige Person verschlossen geblieben wären. Statt nur ein sprachliches „zu Hause" zu haben, haben bilinguale Personen viele. Wie erwartet ist ein mehrsprachiges Leben ausgesprochen reich, vielfältig und voller Möglichkeiten. Da geographische Grenzen sich in diesem Zeitalter der Globalisierung immer weiter auflösen, wird die Verbreitung von Ideen und Kulturen auf der ganzen Welt weniger schwierig. Die komplexe Identität bilingualer Personen ist heute relevanter denn je und wird auch in Zukunft eine zunehmend wichtige Rolle spielen.

Die Motivation bilingualer Kinder aufrechterhalten

Die Motivation und der Wunsch, eine andere Sprache zu sprechen, kann durch viele unterschiedliche Faktoren beeinflusst werden. Einige entspringen dem Familienumfeld. Es gibt in der Tat

Familien, die dank stimulierenden, kindgerechten Spracherfahrungen im eigenen zu Hause, mühelos Bilingualität erzielen. Jedoch ist dies nicht immer der Fall. Zum Beispiel kommt es häufig vor, dass bilinguale Eltern zu viel Druck auf ihre Kinder ausüben, ihre eigene Muttersprache zu lernen und manchmal sogar dazu zwingen, diese im familiären Rahmen zu sprechen. Kinder teilen diesen Wunsch vielleicht nicht und somit bringt dieser Ansatz oft keine erfolgreichen Ergebnisse, weder für die Eltern noch für das Kind. Damit die Immersion zu Hause klappt, sollten Kinder von positiver Bestätigung umgeben sein, sodass ihnen das Lernen der Sprache und das Verbessern ihrer Fähigkeiten Freude bereitet.

Ein weiterer wichtiger Faktor ist der Einfluss der Community und die Frage nach dem Status der Sprache. Falls das Kind wahrnimmt, dass die Sprache, die zu Hause gesprochen wird, einen niedrigeren Status als die vorherrschende Sprache hat, möchte es vielleicht nicht mit ihr assoziiert werden und komplett auf das Kommunizieren und Gespräche in dieser Sprache verzichten.[104] Auch Aspekte individueller Persönlichkeiten, die mit der Motivation und dem Engagement eines Kindes in Bezug auf Spracherfahrungen zusammenhängen, spielen eine Rolle. Einige Kinder wollen die Sprache ihrer Eltern irgendwann nicht mehr sprechen. Dies kann unter anderem mit kindlichen oder jugendlichen rebellischen Phasen einhergehen oder eine Folge von Gruppenzwang und dem Wunsch nach Anpassung sein. In solchen Situationen ist es am besten, einen alternativen Weg zu finden, das Kind zu motivieren, der seine persönliche Identität berücksichtigt. Es ist zwingend erforderlich, einen kindgerechten Ansatz zu wählen, indem man zuhört, sich einlässt und näher auf die Gründe eingeht, warum ein Kind eine bestimmte Sprache (nicht) weiter lernen möchte. So kann das Kind Verantwortung für sein Lernen übernehmen und ein neues, eigenes Interesse an der Sprache entwickeln.

Die bilinguale Persönlichkeit

Neben den vielen kognitiven Vorteilen, die das Sprechen mehrerer Sprachen hat, profitieren bilinguale Menschen häufig von einer erhöhten emotionalen Intelligenz. ForscherInnen wie der Psychologe und Autor Daniel Goleman beschreiben dieses Phänomen als eine erhöhte Selbstwahrnehmung und Wahrnehmung anderer – eine besondere Fähigkeit von bilingualen Menschen, die Perspektive anderer Personen durch den kulturellen Rahmen einer Sprache besser zu verstehen und die Fähigkeit, Empathie zu fühlen, die in der Sprache verwurzelt ist, aber kulturell erlebt wird.[105] Emotionen sind ein wesentlicher und einzigartiger Bestandteil jeder Sprache, was erklärt, warum bilinguale Menschen geschickter im Umgang mit und im Erkennen einer großen Bandbreite von Gefühlen in verschiedenen Kulturen sind. In der gleichen Weise ist die Fähigkeit, ein Ereignis oder eine Idee aus verschiedenen linguistischen und kulturellen Perspektiven zu betrachten, enorm hilfreich bei der Entwicklung zwischenmenschlicher Beziehungen und im Umgang mit Menschen unterschiedlicher Herkunft, sowohl innerhalb einer Gesellschaft als auch auf der ganzen Welt. Bilingualität ist ein Investition mit unglaublichem Gewinn. SprecherInnen zweier oder mehrerer Sprachen können problemlos zu Rate gezogen werden, wenn es darum geht, einen neuen Ansatz zu entwickeln, eine neue Idee auszuprobieren oder einen anderen Standpunkt als den eigenen zu verstehen. Diese Werkzeuge helfen bilingualen Menschen, die komplexe globalisierte Welt mit Leichtigkeit zu meistern und auf einem differenzierteren Niveau des Verständnisses zu arbeiten.

Zu diesen ganzen Vorteilen sollten wir ein Gefühl gesteigerter Kreativität – oder, um es wissenschaftlicher auszudrücken, *divergent thinking* – hinzufügen, der bei bilingualen Kindern beobachtet wurde. Die Arbeit des Autors und internationalen Bildungsexperten Sir Kenneth Robinson zu Kreativität bietet wertvolle Einsichten in das *divergent thinking*, indem beispielsweise Testpersonen befragt werden, wie viele unterschiedliche Verwendungsmöglichkeiten ihnen für eine Büroklammer einfallen.[106] In dieser Aufgabe wird *divergent thinking* auf drei Arten gemessen: Erstens Flexibilität, das heißt wie viele Antworten TeilnehmerInnen einfallen, zweitens Originalität, das heißt wie viele originelle Antworten sie geben, und drittens der Detailreichtum, das heißt wie detailliert TeilnehmerInnen jede ihre Ideen ausarbeiten können. Viele Studien haben verglichen, wie viele Antworten Einsprachige im Vergleich zu bilingualen oder mehrsprachigen Menschen geben können. Der Konsens ist eindeutig: Bilinguale und mehrsprachige Menschen sind besonders gut im kreativen Denken und Lösen von Problemen. Ihnen fallen durchweg mehr originelle Nutzen in dem Büroklammerszenario ein.[107] Dies ist einfach erklärt, da Bilingualität ein Ausdruck von Bedeutungsgebung ist, dem Prozess den wir nutzen, um Ereignisse in unserem Leben zu interpretieren, Beziehungen zu verstehen und uns selber wahrzunehmen. Da bilinguale Menschen besonders geschickt im Umgang mit mehreren Ausdrücken ähnlicher Gefühle, Objekte oder Erfahrungen sind, ist es einfach für sie diese Fähigkeit zu nutzen, um quer zu denken. Bilinguale Menschen haben bereits viele Querverbindungen geknüpft, was ihr großer Vorteil ist.

Der bilinguale Vorteil

Bilingual zu sein hat unzählige praktische Vorteile. In den letzten Jahren haben wichtige Studien untersucht, wie bilinguale Programme Bildungsergebnisse verbessern, indem analysiert wurde, wie bilinguale SchülerInnen lernen. ForscherInnen betonen, dass bilinguale Schüler ein größeres metalinguistisches Bewusstsein haben.[108] Anders ausgedrückt sind sie sich des systemischen Aspekts von Sprache bewusster und verarbeiten Informationen auf dem kognitiven Niveau mit Leichtigkeit. Aufgrund dieser kognitiven Vorteile zeigen bilinguale Schüler eine erhöhte Konzentration, eine längere Gedächtnisspanne und eine Begabung, Probleme überdurchschnittlicher Schwierigkeit zu lösen.[109]

Die Forschung lässt auch erkennen, dass die Rate der Schulabbrecher in zweisprachigen Programmen niedriger ist als in einsprachigen.[110] Thomas und Collier haben über achtzehn Jahre eine Längsschnittstudie in dreiundzwanzig Schulbezirken in fünfzehn Staaten durchgeführt, in der sie SchülerInnen in zweisprachigen Programmen mit SchülerInnen in bilingualen Übergangsprogrammen oder einsprachigen Klassen verglichen. Sie stellten fest, dass das zweisprachige Modell die Leistungslücke zwischen Englischlernenden und englischen Muttersprachlern, sowohl an Grundschulen als auch an weiterführenden Schulen, schloss. Die Programme veränderten auch die Schulerfahrung, indem sie eine integrative Community förderten, die Vielfältigkeit schätze und begrüßte. Die ForscherInnen kamen zu dem Schluss, dass zweisprachiges Lernen die einzige Methode des Zweitsprachenerwerbs ist, die es ermöglicht, die Leistungslücke zwischen Englischlernenden und Englischsprechenden in Grundschulen und weiterführenden Schulen zu schließen. Außerdem schnitten bilinguale SchülerInnen bei standardisierten Tests besser ab als ihre einsprachigen Gleichaltrigen, ein handfester Beweis für den Erfolg zweisprachiger Programme.[111] Für diese ForscherInnen war klar, dass gut strukturierter und durchgeführter zweisprachiger Unterricht über alle Fächer des Lehrplans SchülerInnen die Möglichkeit bietet, tiefgehende akademische Kenntnisse in beiden Sprachen zu entwickeln.[112]

Darüber hinaus kann Bilingualität in jungen Jahren viele Möglichkeiten mit sich bringen, im Ausland zu studieren oder zu arbeiten. Firmen, die bilinguale Menschen beschäftigen, profitieren erheblich durch die Übersetzungs- und Dolmetscherdienstleistungen und ermöglichen die Kommunikation mit einem größeren Kundenkreis. Neben den offensichtlichen Vorteilen kultureller und linguistischer Kompetenzen werden bilinguale BewerberInnen in der Arbeitswelt häufig vorgezogen, da sie die Fähigkeit besitzen sich schnell an neue Umgebungen anzupassen. Dieser Vorteil kann in der Folge zu höheren Gehältern und besserem Zugang zum globalen Arbeitsmarkt führen.

In ihrer bahnbrechenden Arbeit bewies Ellen Bialystok, Forschungsprofessorin und Vorsitzende des Bereichs *Lifespan*

Cognitive Development an der York University, dass Bilingualität als Erfahrung einen tiefgründigen und klaren Einfluss auf die Struktur und Organisation des Gehirns hat. Sie fand heraus, dass bilinguale Menschen dank der kontinuierlichen Neuverdrahtung ihres exekutiven Kontrollsystems — ein Netzwerk von Prozessen im Gehirn, die Informationen sammeln, für die Auswertung strukturieren und eine Bestandsaufnahme unserer Umgebung machen, um in Antwort darauf unser Verhalten anzupassen — von lebenslangen Vorteilen bei der Problemlösung profitieren. Da bilinguale Menschen ständig Informationen auf zwei Sprachen verarbeiten müssen, wird ihr exekutives Kontrollsystem auf intensivere Art und Weise beansprucht. Ihre Bemühungen, Probleme oder Verwechslungen für sowohl verbale als auch nonverbale Aufgaben in zwei Sprachsystemen zu lösen, organisiert dieses Netzwerk neu. Letztendlich ist dieses reorganisierte Netzwerk effizienter als sein einsprachiges Äquivalent. Bialystok hat auch gezeigt, dass Bilingualität eine besondere Quelle kognitiver Reserve ist, eine Idee, die sich auf die Art und Weise bezieht, wie unser Gehirn in der Lage ist, seine Leistung durch den Gebrauch zerebraler Verbindungen zu verbessern. Diese Studien betonen die mächtige Fähigkeit unserer Alltagserfahrungen, den bilingualen Verstand grundlegend zu verändern.

Die Forschung in den Neurowissenschaften hebt auch hervor, dass das Erlernen von zwei Sprachen bereits im Kindesalter nicht nur im Hinblick auf die kognitive Entwicklung und sozialen Chancen von Vorteil ist, sondern sich auch im Alter auszahlt. Jüngste Forschungen eines Teams unter der Leitung von Ana Ines Ansaldo, Direktorin des *Brain Plasticity, Communication and Ageing Laboratory* und Professorin an der University of Montreal, zeigen, dass ältere bilinguale Menschen im Gegensatz zu älteren Einsprachigen Problemlösungen mit größerem Erfolg durchführten, ohne bestimmte Bereiche des Gehirns zu nutzen, die besonders anfällig für das Altern sind. In gewisser Weise verdrahtet lebenslange Bilingualität das Gehirn so, dass sie als eine Versicherung gegen altersbedingtes Nachlassen der Hirnleistung gesehen werden kann.[113]

Die Familie und Bilingualität

Um dieses Niveau an Bilingualität zu erreichen, ist die Unterstützung der Familie wesentlich, da die Sprache ihre Wurzeln in Traditionen und Kultur hat. Eine Verbundenheit mit der Kultur hinter der Sprache aufzubauen, erfordert viel Motivation von SprachanfängerInnen. Desto mehr die Sprache in kulturellen Erfahrungen verwurzelt werden kann, zum Beispiel durch den Austausch mit Muttersprachlern oder der Verbindung von Traditionen und Vokabeln, desto tiefer ist das Verständnis der Sprache. Viele Kinder in zweisprachigen Programmen besuchen auch am Wochenende Programme zur kulturellen Bereicherung, da ihre Familien nach zusätzlichen Angeboten suchen, die einen Schwerpunkt auf die Literatur, Kultur und Geschichte ihres Herkunftslandes legen, um ein Gefühl der Zugehörigkeit und des Stolzes als Mitglied dieser Gruppe zu fördern.

Eltern befürchten oft, dass ihre Kinder durch das Sprechen von zwei Sprachen in jungen Jahren verwirrt werden und dass dies ihre Lernfähigkeit mit zunehmendem Alter negativ beeinflussen wird. Tatsächlich ist das, was Menschen häufig als Beweis für die Verwirrung ansehen, dass Kinder, insbesondere junge, die beiden Sprachen häufig im Gebrauch vermischen, etwas, das ExpertInnen *code switching* nennen. Ein Kind, das mit Mandarin und Englisch aufwächst, könnte zum Beispiel einen Satz auf Mandarin beginnen, dann ein oder zwei Wörter auf Englisch einwerfen, bevor es auf Mandarin weiterspricht. Die Frage ist, ob das wirklich als Verwirrung gilt. Um diese Frage zu beantworten, untersuchte eine Gruppe von LinguistInnen in Montreal vor ungefähr zwanzig Jahren Fälle, in denen Kinder die falsche Sprache zu benutzen schienen, das sogenannte *code switching*.[114] Diese ForscherInnen fanden heraus, dass Kinder, die zwischen Sprachen wechseln, nicht nur nicht verwirrt sind, sondern dass *code switching* eigentlich eine sehr schlaue Strategie ist, die bilinguale Kinder anwenden. Diese jungen Menschen verwenden einfach alle linguistischen Ressourcen, die ihnen zur Verfügung stehen. Außerdem ist es wichtig, daran zu denken, dass auch einsprachige Kinder im Laufe ihrer unterschiedlichen Stadien der Sprachentwicklung Wörter und Bedeutungen in ihrer Muttersprache verwechseln. Mit diesem Wissen ist *code switching* nicht länger ein Grund zur Beunruhigung. Das *code switching* Verfahren kann von bilingualen Menschen sogar zu ihrem Vorteil genutzt werden, da es für sie selbstverständlich wird, ihre Sprache der Umgebung anzupassen.

Im Prozess des Spracherwerbs ist es für Kinder natürlich, ihre Sprache nach den Personen auszurichten, die sie am häufigsten sprechen hören – insbesondere ihre Eltern. Dies kann ein Problem sein, wenn Eltern sich entscheiden, mit ihren Kindern in einer Sprache zu sprechen, die sie nicht fließend sprechen oder in der sie sich nicht wohl fühlen. In den USA entscheiden sich einige Eltern, deren Muttersprache nicht Englisch ist, mit ihren Kindern Englisch zu sprechen, da sie aufgrund ihres Akzents oder ihrer Herkunft Schwierigkeiten und Diskriminierung erfahren haben. Diese Eltern wollen sicherstellen, dass ihre Kinder fließend und akzentfrei Englisch sprechen, um sie vor den Schwierigkeiten zu schützen, die sie selbst erfuhren. Letzten Endes ist es für Eltern konstruktiver, mit ihren Kindern ihre Muttersprache zu sprechen, statt gebrochenes oder grammatikalisch falsches Englisch. Die Sprachbasis jedes Kindes muss ein starkes Fundament −ob auf Englisch oder in einer anderen Sprache −haben, das sich durch die elterliche und familiäre Kommunikationen in sehr jungen Jahren ergibt. So können LehrerInnen, wenn das Kind die Schule beginnt, auf dieser Grundlage aufbauen, um Lese- und Schreibfähigkeiten in einer zweiten, dritten oder vierten Sprache zu entwickeln.[115]

Das Kind und Bilingualität

Wenn wir als Erwachsene zwei Sprachen begegnen, ob in Wort oder Schrift, ordnen wir diese als solche ein, zum Beispiel als Englisch und Spanisch oder Französisch und Deutsch. Aus der Sicht eines bilingualen Kindes jedoch umfassen beide Sprachen sein komplettes linguistisches Repertoire. Mit der Zeit werden sie geschult und lernen, wie man Wörter aus einer bestimmten Sprache auswählen kann, um sich an die kommunikative Umgebung anzupassen, in der man sich befindet. Soziolinguistin Ofelia García nennt diesen klugen Gebrauch von Sprachen *translanguaging*. In zweisprachigen Klassen entwickeln Kinder ein persönliches Sprachsystem mit unterschiedlichen Merkmalen, die gesellschaftlich zwei unterschiedlichen Sprachen zugeordnet werden. García betont, dass es extrem wichtig ist, den Sprachgebrauch nicht auf eine Sprache zu beschränken. Wenn wir Kinder davon abhalten, ihre Muttersprache und häuslichen Erfahrungen mit in den Unterricht zu bringen, erfinden sie ihre eigene Pidginsprache (eine Mischung vereinfachter Sprachen) oder finden eine andere Möglichkeit, wie sie in Gruppen gemeinsam kommunizieren können.[116]

Häufig erschaffen LehrerInnen – meistens für sich selbst und nicht für die Kinder – getrennte Räume für die Sprachen, um ihre eigenen Unterrichtsmethoden besser organisieren zu können. Zum Beispiel gibt es viele Geschichten von imaginären Linien in zweisprachigen Klassenräumen. Doch wenn wir zu strikt mit der Sprachtrennung sind, kommt diese dem Kind überhaupt nicht zugute und bremst den natürlichen Sprachfortschritt. Darum ist es von wesentlicher Bedeutung, bei der Entwicklung erfolgreicher bilingualer Programme und Lehrpläne sorgfältig zu sein.

Ein wesentliches Merkmal zweisprachiger Programme ist, Kindergartenkindern und Erstklässlern in der Sprache ihres Elternhauses vorzulesen, unabhängig davon, ob diese Englisch oder die Zielsprache ist. Die Tatsache, dass Kinder in mehr als einer Sprache lesen können, eröffnet Lernmöglichkeiten, ohne Einschränkungen durch Übersetzungen und nicht authentische Texte. Im Jahr 2006 führte der Stanford University Professor Claude Goldenberg fünf experimentelle Studien durch und bestätigte, dass das Lernen in der Sprache des Elternhauses die Leseleistungen in einer zweiten Sprache fördert.

Da bilinguale Kinder ihre Sprachen in unterschiedlichen Situationen, Bereichen und Kontexten benutzen, können sie einen kleinen Wortschatz besitzen, besonders wenn man die Sprachen einzeln betrachtet. Wenn das gesamte Familien-, Haus- und Spielvokabular der einen Sprache und das gesamte Schul- und Hochschulvokabular der anderen entstammt, ist es nicht verwunderlich, wenn Kinder ein begrenztes Vokabular in jeder Sprache haben. Die Forschung zeigt jedoch, dass bilinguale Kinder ein hohes Niveau haben, wenn man die beiden Wortschätze zusammen betrachtet. François Grosjean nennt dieses Phänomen das „Ergänzungsprinzip" oder die Idee, dass bilinguale Menschen unterschiedliche Sprachen in unterschiedlichen Situationen, mit unterschiedlichen Menschen, in unterschiedlichen Kontexten, um unterschiedliche Dinge zu tun, benutzen. Natürlich kann es bei den Sprachen zu Überschneidungen in einem oder mehreren Bereichen kommen, zum Beispiel sehr gebräuchliche Phrasen wie Begrüßungen, Small Talk und Sätze, die man beim Einkaufen benutzt. Andere Lebensbereiche werden häufig nur in einer Sprache abgedeckt, wie zum Beispiel Rechts- und Wirtschaftsbegriffe, Fachjargon und ortsspezifische Wörter. Diese sprachliche Welt wächst mit der Zeit, da Kinder umfassenderes Vokabular entwickeln und lernen, in vielseitigeren Situationen und Kontexten bilingual zu agieren.

Nichts ist perfekt

Während dieses Kapitel sich hauptsächlich mit den Vorteilen der Bilingualität beschäftigte, wäre es verkehrt, nicht einige der möglichen Nachteile im Leben bilingualer Personen zu erwähnen. Viele bilinguale Menschen berichten zum Beispiel von Schwierigkeiten, wenn sie in ihrer schwächeren Sprache kommunizieren, besonders in Situationen, in denen sie es nicht gewohnt sind, diese Sprache zu verwenden. Andere haben Schwierigkeiten zu übersetzen und leiden unter einem mangelnden Wortschatz in einer bestimmten Sprache. Es gibt auch Fälle, in denen es für bilinguale Menschen schwierig sein kann, in den einzelnen Communitys, mit denen sie agieren, so akzeptiert zu werden wie sie sind, das heißt als Mitglied zweier oder mehr

Kulturen, die zwei oder mehr Sprachen sprechen. Dennoch gibt die überwältigende Mehrheit bilingualer Personen an, dass ihre Fähigkeit, mehr als eine Sprache zu sprechen, eine durchweg positive Erfahrung ist. Man kann also mit Recht behaupten, dass die Vorteile der Bilingualität diese kleinen Herausforderungen bei weitem überwiegen.

Das Potential der Bilingualität

Wenn man den Reichtum des sprachlichen Erbes dieses Landes und die Anzahl linguistischer Communitys betrachtet, die von zweisprachigen Programmen profitieren könnten, ist es unmöglich zu verkennen, welch enormes Potential die Umsetzung zweisprachiger Programme in den USA für sozialen Wandel und kollektiven Fortschritt birgt. Einfach ausgedrückt: Es werden nicht genügend zweisprachige Programme angeboten, besonders wenn man die Vorteile bilingualer Bildung und das wachsende Interesse an Bilingualität im ganzen Land anerkennt. Noch viele weitere Kinder können und sollten von den Vorteilen der Bilingualität profitieren, sodass sie ein erfolgreiches, erfülltes und bereichertes Leben führen können.

Kapitel 13

Bilinguale Bildung in den USA: Das sollten Sie zu Beginn wissen

D ie Gespräche über bilinguale Bildung in den USA drehten sich oft um Einwanderungsfragen. Historisch gesehen wurden bilinguale Programme in den USA weitgehend als Mittel betrachtet, EinwanderInnen beim englischen Spracherwerb mittels eines Übergangsmodells zu helfen. BefürworterInnen dieser Programme konzentrieren sich nicht auf die Vorteile des Beherrschens zweier Sprachen an sich. Tatsächlich legen diese speziellen Formen bilingualer Programme selten Wert auf den Erhalt einer Herkunftssprache, ohne dabei die vielen Vorteile zu erkennen, die das Lernen in der Muttersprache und auf Englisch im akademischen Umfeld bringt. Glücklicherweise beginnen sich die Einstellungen und Praktiken, trotz dieser inzwischen eingefahrenen Sichtweise der amerikanischen bilingualen Bildung, zu ändern.

Zweisprachige Programme für alle und alle für zweisprachige Programme

English as a Second Language (ESL) Programme in den USA haben sich traditionell und verständlicherweise auf Kinder konzentriert, deren häusliche Sprache nicht Englisch ist. Jedoch haben sich die Ziele dieses Programmes mit dem Übergang vom durch ESL dominierten Modell des englischen Spracherwerbs zu einem zweisprachigen Modell weiterentwickelt. Mittlerweile gibt es eine wachsende Anzahl zweisprachiger Programme, die erschaffen wurden, um nicht nur Englischlernenden zu dienen, sondern auch SchülerInnen, deren Muttersprache Englisch ist. Dies kann durch die eindeutigen Beweise erklärt werden, dass eine mehrsprachige Ausbildung der Kinder ihnen einen Wettbewerbsvorteil in der globalen Wirtschaft verschafft und nicht nur ihre

Fremdsprachenfähigkeiten verbessert, sondern auch ihr
Leseverständnis im Englischen und sogar ihre mathematischen
Kompetenzen. Diese Programme konzentrieren sich auf die
Vorteile der Bilingualität für alle beteiligten SchülerInnen, egal
welche Sprachkenntnisse sie mitbringen.

Zweisprachige Programme in den USA gibt es in einer Vielzahl
von Sprachen. Während Englisch immer eine der beiden
Unterrichtssprachen ist, gibt es Programme mit vielen
unterschiedlichen Zielsprachen: von Spanisch, Mandarin,
Koreanisch, Französisch, Japanisch, Deutsch, Russisch,
Portugiesisch, Arabisch und Italienisch über Kantonesisch, Hmong,
Bengali, Urdu, Creole und Cup'ik bis zu Ojibwe, um nur einige zu
nennen. Es gibt sogar zweisprachige Programme in amerikanischer
Gebärdensprache.[117] Jede der angebotenen Sprachen reflektiert den
Kern der jeweiligen Community, welcher ethnische Verflechtungen,
kommerzielle Interessen oder einfach den Wunsch, ihren Kindern
einen Wettbewerbsvorteil zu verschaffen, miteinschließen kann. Mit
der Erschaffung dieser Programme kann jede Community die USA
als Ganzes akademisch und wirtschaftlich wettbewerbsfähiger
machen.

Bilinguale Bildung in den USA ist facettenreich. Da es kein
Bundesgesetz zu Bildungsinhalten gibt, kontrolliert jeder
Schulbezirk Entscheidungen über seine eigene Pädagogik, während
die Standards, die auf die Lehrplanentwicklung Einfluss nehmen,
auf staatlicher Ebene bestimmt werden. Die daraus resultierende
Anzahl und breite Vielfalt bilingualer Programme kann manche
Eltern und PädagogInnen, die ein ähnliches Programm in ihren
Communitys einführen wollen, verwirren. Beim Gespräch über
diese Programme ist es wichtig, klare Definitionen für häufig
verwendete Begriffe zu formulieren. Nachfolgend sind die
Definitionen, die das US-amerikanische Büro für *English Language
Acquisition* des *Department of Education* zur Verfügung stellt:

- Wechselseitige zweisprachige Programme (auch bekannt
  als wechselseitige Immersionsprogramme):

Englischlernende, die die Partnersprache fließend sprechen und englischsprechende Gleichaltrige werden integriert, um Unterricht sowohl auf Englisch als auch in der Partnersprache zu erhalten.

- Einseitige zweisprachige Programme: Schüler, die überwiegend aus einer sprachlichen Gruppe stammen, erhalten Unterricht auf Englisch und in der Partnersprache. Einseitige zweisprachige Programme können hauptsächlich Englischlernenden (auch bekannt als bilinguale Entwicklungs- oder Erhaltungsprogramme), hauptsächlich Englischsprechenden (auch bekannt als einseitige oder Weltsprachen-Immersionsprogramme) oder hauptsächlich SchülerInnen dienen, die einen familiären Hintergrund oder einen kulturelle Bezug zur Partnersprache haben (auch bekannt als Herkunfts- oder Muttersprachprogramme).[118]

Es gibt auch viele subtile Unterschiede, die jedes bilinguale Programm prägen, wie die Fächer, die unterrichtet werden, oder die Dauer des Programms. Mit solch einer Bandbreite an Programmen und Sprachen finden Sie sicherlich das Modell, das am besten für Ihre Community funktioniert und Ihrer lokalen Gemeinschaft am besten zugutekommt.

Einwanderung und der Aufstieg der zweisprachigen Bildung: eine historische Betrachtung

Die Geschichte bilingualer Bildung in den USA stieg und fiel mit den unterschiedlichen Einwanderungswellen zu verschiedenen Zeiten. Von den frühen europäischen Ankömmlingen um die Wende des 17. Jahrhunderts, über die Puerto-Ricaner in den 1940ern bis hin zur massiven Abwanderung der Kubaner in den frühen 1960ern war es historisch gesehen nicht das vorrangige Ziel amerikanischer Einwandererfamilien, ihre Muttersprache zu erhalten, sondern Zugang zum Englischen zu finden, sodass sie sich selbst finanziell unterhalten konnten. Zur Zeit dieser Einwanderungswellen entwickelten sich Herkunfts- oder Muttersprachschulen neben und ergänzend zum öffentlichen Schulsystem. Nachmittags- und Wochenendprogramme dienten als Mittel, ein bestimmtes Niveau sprachlichen und kulturellen Erbes aufrecht zu erhalten. Der Hauptfokus schulischer Programme blieb jedoch auf der Beherrschung der englischen Sprache. Eingewanderte Eltern benutzten diese Programme, um sich in ihrer neuen Umgebung zurechtzufinden und ihren eigenen Erfolg sowie den ihrer Kinder sicherzustellen.

Der Einwanderungskontext wiederum führte zu Gesetzes- und Gerichtsentscheidungen, die einen erheblichen Einfluss auf bilinguale Bildung haben sollten. Im Jahr 1965 erfuhren Einwanderungsgesetze in den USA aufgrund des weitreichenden demographischen Wandels große Reformen. Die Anzahl chinesischer und ostasiatischer EinwanderInnen, eine Gruppe, die bei ihrer Ankunft in den USA kein Englisch sprach, stieg rapide an. Die wachsende spanischsprechende Bevölkerung in den USA erkannte auch den Bedarf an bilingualen Programmen, um ihre Schüler zu versorgen.

In New York organisierten sich puerto-ricanische Eltern rund um ASPIRA (eine Interessenvertretung, die sich für die Stärkung der puerto-ricanischen und lateinamerikanischen Community einsetzt) und *United Bronx Parents*, um für die Rechte von Englischlernenden zu kämpfen. Wesentlicher Bestandteil ihrer Bewegung war die Vorstellung, dass der sprachliche und kulturelle Hintergrund der Kinder eine wichtige Komponente effektiver Pädagogik darstellt und dass sowohl bilinguale als auch kulturelle Bildung an öffentlichen Schulen eingeführt werden sollte. Im Jahr 1972 reichte ASPIRA eine Zivilrechtsklage ein, die forderte, dass New York City vorübergehenden Unterricht auf Spanisch für lateinamerikanische SchülerInnen mit Schwierigkeiten anbietet. Infolgedessen unterschrieb ASPIRA im Jahr 1974 eine Konsensvereinbarung mit dem *Board of Education* in New York City, die als richtungsweisender Rechtsstreit in der Geschichte bilingualer

Bildung in den USA gilt, und festlegte, dass New York Citys nicht englischsprechende puerto-ricanische und lateinamerikanische SchülerInnen einen einklagbaren Anspruch auf bilingualen Unterricht haben.[119]

Ebenfalls 1974 brachte eine Gruppe chinesisch-amerikanischer SchülerInnen in San Francisco einen Bürgerrechtsfall vor Gericht, der auf der Aussage beruhte, dass ihnen die Chancengleichheit in der Bildung verweigert wurde, auf die sie laut Artikel 6 des *Civil Rights Act* von 1964, der Diskriminierung aufgrund nationaler Herkunft verbietet, Anspruch haben.

Der Supreme Court entschied in diesem Fall, heute bekannt als *Lau gegen Nichols*, zugunsten der SchülerInnen und bekräftigte, dass diese SchülerInnen eine Gleichstellung in der öffentlichen Schulbildung erhalten sollten. Dieser bahnbrechende Fall ist zu einer Rechtsgrundlage für Englischlernende und ihre Familien geworden, auf welcher englischlernende SchülerInnen und ihre Familien bilinguale Programme in ihrer Muttersprache in den USA fordern, wie in einigen der vorangehenden Portraits in diesem Buch beschrieben wird. *Lau gegen Nichols* spiegelt die mittlerweile weit verbreitete Auffassug wieder, dass die Sprache einer Person eng mit ihrer nationalen Herkunft verbunden ist und dass sprachbasierte Diskriminierung de facto ein Stellvertreter für herkunftsbasierte Diskriminierung ist.[120]

Einige Jahre nach *Lau gegen Nichols* und dem Ende des Vietnamkriegs erfasste eine neue Einwanderungswelle die USA, infolge des *Southeast Asian Immigration Act* von 1979. Besonders der Golf von Mexico wurde zur Heimat Tausender vietnamesisch sprechender Menschen, während Menschen aus dem nördlichen Vietnam, Laos und Kambodscha, die Hmong sprechen, sich in Minnesota niederließen.[121] Minnesota hat heute aufgrund dieser massiven Migration die größte Hmongsprechende Bevölkerungsgruppe in den USA und die größte Anzahl von bilingualen Programmen auf Hmong.[122] Flüchtlinge, die aus unterschiedlichen Kriegsgebieten in die USA gekommen sind, haben auch dazu beigetragen, mehrere amerikanische Communitys wiederzubeleben, besonders Bosnier in Utica, New York, Somalier in Lewiston, Maine, und Syrer in Detroit, Michigan.

Das bilinguale Tabu in den USA überwinden

Im Grunde genommen liegt das einsprachige Problem der USA an der geographischen Lage des Landes. Im Gegensatz zum Rest der Welt, wo es für die Bevölkerung normal ist, Grenzen mit mehreren linguistischen Communitys zu teilen, sind die Möglichkeiten für sprachlichen Austausch in den USA aufgrund ihrer geographischen Weite begrenzt. Daher sind die USA eher dazu fähig, in sich geschlossen zu sein. Hinzu kommt, dass die USA in Bezug auf wirtschaftliche Möglichkeiten und den Lebensstandard ein sehr wohlhabendes und gut positioniertes Land sind und viele US-AmerikanerInnen so nicht das Bedürfnis haben, eine zweite Sprache zu erlernen, um ihre persönliche oder berufliche Situation zu verbessern.

Trotz der einsprachigen Mentalität der AmerikanerInnen sind sich ExpertInnen einig, dass das Fremdsprachendefizit in den USA ihre globale Wettbewerbsfähigkeit einschränkt.[123] Fremdsprachenprogramme werden leider selten vor der High School eingeführt, trotz der Tatsache, dass es viel einfacher für junge Kinder in der Grundschule ist, schnell neue Sprachen zu lernen. Der Inbegriff der amerikanischen Sprachkrise kam nach 9/11, als enthüllt wurde, dass die vom amerikanischen Geheimdienst abgefangenen Nachrichten auf Arabisch nicht rechtzeitig übersetzt wurden, da es an ÜbersetzerInnen mangelte. Das US-amerikanische *Department of State* begann daraufhin Sommer-Immersionsprogramme für „wichtige Sprachen" wie Arabisch, Chinesisch, Russisch, Japanisch und Koreanisch zu finanzieren.[124] Allerdings richteten sich diese Programme an Studierende, die längst über das beste Alter für Spracherwerb hinaus sind, und hatten somit nicht den Erfolg, den sie hätten haben können. Kürzere Sprachprogramme, wie zum Beispiel

Sommercamps, erfreuen sich insgesamt steigender Beliebtheit, produzieren aber meist durchwachsene Ergebnisse.

In den 1990er und frühen 2000er Jahren gerieten bilinguale Programme wegen ihrer angeblichen mangelnden Effektivität beim Englischunterricht für Einwanderer in die Kritik und Wahlkampagnen führten zum erfolgreichen Verbot von bilingualen Übergangsprogrammen in Kalifornien, Massachusetts und Arizona.[125] Dies hatte eine wachsende Stigmatisierung lateinamerikanischer, asiatischer, pazifischer, afrikanischer und westindischer Menschen sowie Native Americans und anderer sprachlicher Minderheiten zur Folge. Es stärkte zudem die *English only* Bewegung, die in ihren Bemühungen, einsprachige Gesetzgebungen durchzusetzen, leider bis heute viele Mitglieder des Kongresses beeinflusst.[126] Trotz dieser Widrigkeiten waren Schulen in der Lage, Schlupflöcher zu finden, und begannen „zweisprachige" Modelle einzuführen. Somit versteckten sie geschickt den Begriff „bilingual", der eine politisierte negative Bedeutung angenommen hatte.

Zweisprachige Programme beginnen jetzt zu gedeihen. Unter anderem haben Georgia, Delaware und North Carolina ihre Investitionen in zweisprachige Immersionsprogramme ausgeweitet; Minnesota hat sein Budget und seine Bildungspolitik zugunsten junger zweisprachiger SchülerInnen geändert; New York und Oregon ändern ihre strategischen Ansätze für langfristige akademische Resultate bei bilingualen Kindern; Gesetzgeber in Kalifornien und Massachusetts haben vorgeschlagen, ihre jeweiligen Verbote für bilinguale Bildung aufzuheben und die Liste ist noch länger. Die Tatsache, dass bilinguale Bildung wieder zu einem politischen Thema wird, dieses Mal mit überwältigender Unterstützung, beweist den Erfolg dieser Programme.

Im Jahr 2000 forderte der damalige *Secretary of Education* Richard Riley, dass die Anzahl zweisprachiger Programme in den USA von geschätzten 260 im Jahr 2000 auf geplante 1000 im Jahr 2005 anwachsen sollte, was laut den Daten vom *Center for Applied*

Linguistics über einseitige und wechselseitige Immersionsprogramme eindeutig erreicht worden ist.[127] Derzeitige unbestätigte Schätzungen kommen sogar auf bis zu 2000 zweisprachige Programme in den USA.[128] Dieses Wachstum weist auf den Erfolg zweisprachiger Bildung hin, trotz des „bilingualen Tabus".

Ein staatlich geführter Weg in eine bilinguale Zukunft

Utah weist mit rund 140 Schulen, die im Jahr 2017 34 000 Schüler betreuten, die dritthöchste Anzahl zweisprachiger Programme in den USA auf. Es ist gewissermaßen eine Besonderheit, dass bilinguale Programme in Utah, einem Staat der geographisch gesehen von wichtigen wirtschaftlichen Zentren isoliert ist, trotz eines Mangels an vielfältigen linguistischen Communitys gediehen. Fremdsprachenimmersion in Utah wurde dank der Vision starker politischer Akteure, die einen Bedarf für Fremdsprachenkenntnisse im Wirtschaftsbereich, in der Regierung und in der Bildung erkannten, konzipiert, verfochten und eingeführt. 2008 verabschiedete der Senat von Utah die *International Education Initiative* und stellte Mittel für Schulen in Utah bereit, um zweisprachige Immersionsprogramme auf Chinesisch, Französisch und Spanisch einzuführen. Später wurden Deutsch und Portugiesisch zum Lehrplanangebot hinzugefügt und Arabisch und Russisch sind für die nahe Zukunft in Planung.[129]

Die zweisprachige Immersionsinitiative in Utah verwendet ein partielles Immersionsmodell, bei dem Schüler die Hälfte ihres Unterrichts in der Zielsprache und die andere Hälfte auf Englisch erhalten, mit zwei Lehrern pro Klasse. Die meisten der Programme in Utah beginnen in der ersten Klasse und einige ausgewählte beginnen sogar im Kindergarten. In der High School wird erwartet, dass teilnehmende Schüler *Advanced Placement* Klassen besuchen und die *AP World Languages and Cultures* Prüfung in der neunten Klasse ablegen. In den Klassen neun bis zwölf wird den Schülern schließlich in Zusammenarbeit mit sechs großen Universitäten in

Utah durch Blended Learning-Methoden Lehrveranstaltungen auf Universitätsniveau angeboten. Das Lernen einer dritten Sprache in der High School wird ebenfalls unterstützt. Dieses gesamte Kontinuum an Programmen ist ein wichtiger Schritt im Entwicklungsprozess der bilingualen Bildung.

Der negative Effekt eines vorzeitigen Endes

Im ganzen Land neigen bilinguale Programme an öffentlichen Schulen dazu, am Ende der Grundschule aufzuhören und nur sehr wenige gehen in der Middle School weiter. Selbst wenn Programme über die Grundschulzeit hinausgehen, neigt die Mehrzahl dazu, mehr Stunden in der Zielsprache anzubieten, wenn die Kinder jünger sind und mehr Unterricht auf Englisch hinzuzufügen, wenn sie zur Middle School oder High School übergehen. Das ist wirklich schade, denn selbst, wenn zweisprachige Programme ausgezeichnete Möglichkeiten für den Spracherwerb im Grundschulalter bieten, mindert dieser Mangel an Konstanz den Wert der Fähigkeiten, die die Kinder in jungen Jahren erwerben, da sie einen großen Wissensverlust riskieren. Hierbei ist anzumerken, dass ich intensiv mit der *Boerum Hill School for International Studies*, einer öffentlichen Middle und High School in Brooklyn, zusammengearbeitet habe, um dieses Problem zu lösen, indem wir ein *International Baccalaureate* Programm in Kombination mit einem zweisprachigen Programm auf Französisch und Englisch von den Klassen sechs bis zwölf konzipiert haben. Unser Ziel ist, dass die SchülerInnen die Schule mit einem bilingualen IB Diplom verlassen, um sie auf Karrieren an den besten Universitäten rund um die Welt vorzubereiten. Kooperative Bemühungen wie diese sind wichtig, um die Bilingualität, die junge Kinder erreichen, aufrecht zu erhalten und sich um das wertvolle Geschenk der Sprache zu kümmern.

Da die Globalisierung unsere Welt näher als je zuvor zusammenbringt, müssen wir über unsere Wettbewerbsfähigkeit auf internationalem Niveau nachdenken. Die Kenntnis mehrerer

Sprachen und Kulturen kann AmerikanerInnen einen Vorteil verschaffen, da mehr und mehr Jahrgänge von High School- und UniversitätsabsolventInnen in der Lage sind, als besser gerüstete Arbeitskräfte den globalen Arbeitsmarkt zu betreten. Bilinguale Bildung hat sich immer wieder als unglaublich erfolgreich erwiesen, doch der Bereich wird in den USA durch mangelnde Mobilisierung auf nationaler Ebene, angeheizt durch widerlegte Mythen und Tabus, blockiert. Die bilinguale Revolution wird heute mehr denn je gebraucht, um die herausragende Position der bilingualen Bildung für die Nachwelt zu etablieren.

Fazit

Die Zukunft der Bildung liegt in zwei Sprachen

In den letzten fünfzehn Jahren haben linguistische Communitys in verschiedenen Städten quer durch die USA eine Vielzahl an zweisprachigen Programmen erschaffen und unterstützt, die Unterricht in Dutzenden von Sprachen anbieten und von denen einige in den vorherigen Kapiteln hervorgehoben wurden. Die Geschichten in diesem Buch veranschaulichen die Leidenschaft und den Enthusiasmus, den alle diejenigen teilen, die an der Einführung dieser Programme beteiligt sind und beweisen, dass es in der Tat möglich ist, ein zweisprachiges Programm von Grund auf zu entwickeln. Indem ich die Geschichten der bilingualen Revolution in New York und den Plan, den Eltern und PädagogInnen auf dem Weg dorthin benutzten, weitergebe, hoffe ich, dass dieses Buch ein Leitfaden für Eltern und PädagogInnen werden kann, die ähnliche Programme für ihre Schule in Betracht ziehen. Die Geschichten der japanischen, italienischen, deutschen, russischen, arabischen, polnischen, spanischen, chinesischen und französischen Zwei-Sprachen-Initiativen in New York City haben sich alle unterschiedlich entfaltet, doch alle erteilen ähnliche Ratschläge: Die Vision einiger weniger hat die Macht, eine ganze Bewegung wachzurütteln, um bilinguale Bildung in neue Communitys und an öffentliche Schulen im ganzen Land und auf der ganzen Welt zu bringen. Diese Programme sind mehr als nur Sprachprogramme, sie entwickeln kulturelles Bewusstsein an Schulen, indem sie interkulturelle Austausche hervorrufen. Sie stärken und unterstützen Herkunftssprachen in unseren Communitys. Sie fördern die Werte linguistischer und kultureller Vielfältigkeit in jeder Gesellschaft im 21. Jahrhundert und darüber hinaus.

Wenn wir an die „globale Welt" denken, in der wir heute leben, können wir nicht mehr an der Vorstellung festhalten, dass es genügt, nur Englisch zu sprechen. Kurz gesagt, die USA geraten ins

Hintertreffen und versäumen eine wichtige Entwicklung. Menschen auf der ganzen Welt lernen Englisch und werden selbst mehrsprachig. Es ist zwingend erforderlich, dass wir in den USA in mehr als einer Sprache lesen, schreiben und kommunizieren können. Wenn wir uns nicht aus unserer eigenen Selbstzufriedenheit begeben können, werden wir und unsere Kinder den Reichtum persönlicher, sozialer, beruflicher und akademischer Vorteile der Bilingualität versäumen. Wie der ehemalige *World Language and Dual Language Immersion Specialist* für das *State Office of Education* in Utah, Gregg Roberts, einmal sagte: „Einsprachigkeit ist der Analphabetismus des 21. Jahrhunderts."

Die meisten nicht-englischsprachigen Menschen, die in die USA kommen, verlieren ihre Muttersprache innerhalb von zwei Generationen. Enkel und Großeltern verlieren die Fähigkeit, miteinander zu kommunizieren. Es ist sogar möglich, dass Kinder und Eltern die Fähigkeit verlieren, auf sinnvolle Weise miteinander zu kommunizieren. Viele der Familien, die in diesem Buch portraitiert werden, waren nicht bereit, angesichts dieser Krise tatenlos zuzusehen. Diese Eltern glaubten an die generationsübergreifenden Vorteile der Bewahrung ihres Erbes und öffneten so eine Schatztruhe an Literatur, Kultur und Geschichte und förderten ein Gefühl der Zugehörigkeit, des Stolzes und der Identität. Diese Eltern verstanden, dass zweisprachige Programme zu einer lebendigen, reichen und vielfältigen Gesellschaft beitragen können. Sie verstanden vor allem, dass es bei Bilingualität um Familien geht. Es geht darum, auf eine wirkungsvolle Art zu erhalten, wer wir sind, was über den Spracherwerb selbst hinausgeht.

In unserer heutigen Gesellschaft hat Englisch die Macht, andere Sprachen auszulöschen – Sprachen, die unglaublich wertvoll sind und reiche Kulturen, Geschichten und Wissen mit sich bringen. Mit dieser sprachlichen Vorherrschaft gehen die Kräfte der Amerikanisierung und Anpassung einher, die beide häufig bis auf die Spitze getrieben werden. Obwohl der Fremdsprachenerwerb ein globales Anliegen ist, beginnt die bilinguale Revolution vor Ort in

Nachbarschaften, Schulen und Communitys. Viele Kinder begreifen das unglaubliche Gewicht, das Englisch in unserer einsprachigen Umgebung hat, ohne dass man es ihnen erklären muss. Die Folge ist, dass ihre Muttersprache häufig in einem neuen und negativen Licht erscheint. Statt diesem Druck nachzugeben, müssen wir ihnen, ihren Eltern, ihren Schulen und ihren Communitys beibringen, dass es am besten ist, bilingual zu sein. Je mehr wir innerhalb unserer eigenen und anderer Communitys kommunizieren können, desto stärker wird das Gefüge unserer Gesellschaft sein.

Wie wir in diesem Buch gesehen haben, ist es nicht immer einfach, ein zweisprachiges Programm von Grund auf zu entwickeln. Doch wenn Eltern dem Strategieplan folgen und Schulbehörden klarere Richtlinien und Fördermechanismen entwickeln, können Basisinitiativen dieser Art effektiver funktionieren und ihr Erfolg wird wahrscheinlicher. Die Schwierigkeiten, die Ausdauer und die Beharrlichkeit, die bei diesen Zwei-Sprachen-Initiativen zum Ausdruck kommen, sind ein Kennzeichen dafür, dass unser gesamtes Bildungssystem in den USA in ein gänzlich anderes verwandelt werden muss, als was es heute ist. Schulen sollten der wachsenden Nachfrage nach zweisprachiger Bildung begegnen, indem sie diese voll und ganz unterstützen.

In den in diesem Buch behandelten Fällen waren es die Eltern, die unermüdlich gearbeitet haben, um erfolgreich zweisprachige Programme in ihre Schulen zu integrieren. Es waren Eltern, die ihren Vorhaben enorm viel Zeit, Mühe und Engagement widmeten. Es waren Eltern, die diese neuen Programme an ihren örtlichen Schulen recherchierten, planten und einführten. Es waren Eltern, die gut geölte Maschinen bauten und bemerkenswerte Strategien entwickelten, um Schulen ausfindig zu machen, anzuvisieren und Familien anzuwerben. Selbst wenn die Grundlage geschaffen war und sich die zweisprachigen Programme nicht zeitnah materialisierten, machten die Eltern weiter. Trotz der Hindernisse, Rückschläge und dem endlos scheinenden Papierkrieg, gaben diese

Eltern, zusammen mit SchulverwalterInnen und LehrerInnen, nicht auf. Diese Gruppe hat ihre Communitys und sogar ihr Land große Schritte nach vorne gebracht.

Wie bei jeder Revolution, müssen mehrere große Herausforderungen bewältigt werden, bevor sie in größerem Maßstab nachgeahmt werden können. Im Zentrum dieser Herausforderungen stehen die Finanzierung und Budgets der Schulen. Fast alle Schulen, die Eltern in diesem Buch kontaktierten, diskutierten ihren Bedarf an zusätzlichen finanziellen Ressourcen, um solche Programme unterzubringen. Zugang zu Lehrmaterial in der Zielsprache ist ein weiteres, immer wieder auftauchendes, Problem, vor dem zweisprachige PädagogInnen stehen. Die Knappheit und Kosten wichtiger Lehrmaterialien stellen für die Schulen erhebliche Hindernisse dar, besonders für solche, denen es an entsprechenden Mitteln fehlt. Um diese Herausforderungen zu bewältigen, ist die Kooperation zwischen Schulverwaltung, Stiftungen und örtlichen Organisationen in der Community, die finanzielle Mittel bereitstellen können, äußerst wichtig. Ein Großteil des Erfolgs zweisprachiger Bildung liegt an der unermüdlichen Unterstützung dieser ertragreichen Partnerschaften.

Eine ebenso schwierige Herausforderung ergibt sich aus der Schwierigkeit, qualifiziertes bilinguales Lehrpersonal zu rekrutieren und einzustellen. Die Gesetzte bezüglich der nötigen Voraussetzungen, um an öffentlichen Schulen in den USA zu unterrichten, unterscheiden sich von Staat zu Staat. Dies schränkt das Feld von BewerberInnen deutlich ein. Nationale Zertifizierungen, statt staatlicher, würden wesentlich dabei helfen, diese Verwaltungshürde zu beseitigen. Erschwerend kommt hinzu, dass nur eine begrenzte Anzahl bilingualer LehrerInnen US-BürgerInnen oder Green Card BesitzerInnen sind. Auch wenn die Schulen den LehrerInnen, die sie gerade anwerben, eine Anzahl unterschiedlicher Visa anbieten können, sind diese nur befristet. Einige Staaten erlauben diese Vorgehensweise nur, wenn keine amerikanische staatlich zertifizierte Lehrkraft für dieselbe Stelle qualifiziert ist. Das schränkt die Optionen der Schulen deutlich ein, besonders wenn sie Muttersprachler der Zielsprache einstellen möchten, um eine immersivere Umgebung zu schaffen. Dieses Problem verschärft sich in Schulen fernab der großen Ballungszentren. Glücklicherweise gibt es eine langfristige Lösung für dieses Problem. Da derzeitige SchülerInnen zweisprachiger Programme letztlich selbst zur Universität gehen und LehrerInnen werden, haben sie das Potential, fähige, qualifizierte und zertifizierte bilinguale PädagogInnen zu werden. Diese potentiellen zukünftigen Jahrgänge kompetenter bilingualer LehrerInnen können alles verändern. Sobald Bilingualität zur Regel statt zur Ausnahme wird, wird es weniger schwierig, qualifizierte BewerberInnen zu finden. Wenn sie erst einmal Zeit haben, zu wachsen, werden zweisprachige Programme zu nachhaltigen Programmen.

Es gibt einige eindeutige und ermutigende Anzeichen, dass AmerikanerInnen beginnen, ihren Horizont zu erweitern, über die Grenzen ihres eigenen Landes hinaus zu denken und den Reichtum und die Vielfalt zu erkennen, die heutzutage Teil ihrer Kultur sind. Es wird für AmerikanerInnen immer gebräuchlicher zu Hause eine andere Sprache als Englisch zu sprechen, teils dank der Einwanderung. Mehr als eine Sprache fließend zu sprechen wird langsam zur Norm, besonders in städtischen Zentren. Gleichzeitig sehen wir einen Anstieg des Interesses an der Bilingualität, da Eltern von den Vorteilen erfahren, die früher Fremdsprachenerwerb ihren Kindern bieten kann. Die kognitiven, akademischen, sozialen, persönlichen und beruflichen Vorteile der Bilingualität sind unbestreitbar. Bilingualität und Multilingualität werden jetzt als Bereicherung gesehen, nicht nur aufgrund ihrer kulturellen Vorzüge, sondern auch wegen ihrer Fähigkeit, globale BürgerInnen zu formen. Es steht außer Frage: Jedes Kind in den USA und rund um die Welt sollte Zugang zu bilingualer Bildung haben.

„Die Bilinguale Revolution" wurde auf einer Grundlage aufgebaut, die von Eltern erschaffen wurde. Jetzt liegt die Macht in Ihren Händen. Der Strategieplan und die Geschichten in diesem Buch sind für Sie. Lernen Sie von ihren Erfolgen und ihren

Niederlagen. Nutzen Sie diese, um ihre Community zu inspirieren und sich zu engagieren. Seien Sie sich bei alledem sicher, dass Sie den Rückhalt einer globalen Bewegung haben, die an die Kraft der Bilingualität glaubt. Mit aufrichtigem Optimismus und Hoffnung gebe ich die Fackel der bilingualen Revolution an Sie weiter. Die Zukunft der Bildung mag in zwei Sprachen liegen, aber es liegt an uns, diese Zukunft zu erschaffen.

Anhang

Anhang 1

Der Plan (gekürzt)

Dies ist ein zusammengefasster Plan für Eltern, die an der Gründung eines zweisprachigen Programms an einer öffentlichen Schule interessiert sind. Eltern können in ihren Communitys etwas bewegen, indem sie zweisprachige Programme starten, egal wo sie sich befinden.

Der Plan ist in drei Phasen unterteilt:

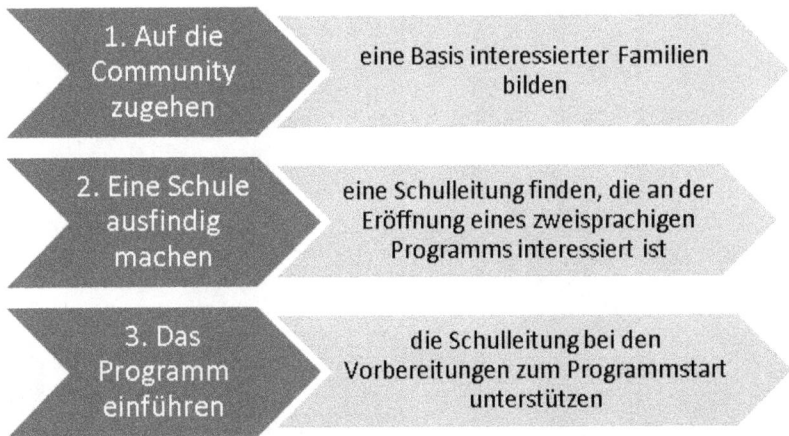

1. Auf die Community zugehen	eine Basis interessierter Familien bilden
2. Eine Schule ausfindig machen	eine Schulleitung finden, die an der Eröffnung eines zweisprachigen Programms interessiert ist
3. Das Programm einführen	die Schulleitung bei den Vorbereitungen zum Programmstart unterstützen

Phase 1 – Auf die Community zugehen: eine Basis interessierter Familien bilden

Um erfolgreich zu sein, müssen Sie sich mit Dutzenden, wenn nicht Hunderten von Personen ihrer Community zusammen zuschließen, um eine Basis interessierter Familien zu bilden. Sie können damit beginnen, eine Kerngruppe mit Eltern zu bilden, die Sie kennen und denen Sie vertrauen. Das sind Eltern, die an der Umsetzung Ihrer Vision mitwirken, selbst wenn sie keine eigenen Kinder haben, die von der Initiative profitieren.

Wenn sie dieses Vorhaben beginnen, ohne bereits eine Zielsprache im Blick zu haben, sondern an zweisprachiger Bildung im Allgemeinen interessiert sind, ist es besser, das linguistische Erbe Ihrer Community zu recherchieren, um die Unterstützung abzuschätzen, die Sie erwarten können. Das Verständnis der kulturellen Nuancen, mit denen eine bestimmte Community Ihren Vorschlag beurteilt, wird entscheidend sein und die Identifizierung von Partnern und anderen Bildungsunternehmern aus der Zielkultur wird dazu beitragen, Ihr Projekt zu erleichtern, indem sie es auf eine Weise präsentieren, die in der Regel von einer Community akzeptiert oder bevorzugt wird.

Dies sind einige Beispiele, wie sie interessierte Familien finden und kontaktieren können:

- Machen Sie eine öffentliche Ankündigung in sozialen Medien, in Community- und Elternblogs, Briefen, Flyern, Postern oder mittels Mundpropaganda, dass Sie nach Leuten suchen, die daran interessiert sind, Ihnen bei der Gründung eines zweisprachigen Programms in einer bestimmten Sprache zu helfen.
- Suchen Sie nach existierenden Netzwerken in der Community aus Unternehmen, religiösen Zentren, Communityzentren und Kindern in Ihrem Schulbezirk, die Muttersprachler einer anderen Sprache sind.
- Verteilen Sie einen Brief oder Flyer, wenn Sie an Treffen teilnehmen oder Präsentationen halten.
- Kontaktieren Sie örtliche Vorschulen und Kindertagesstätten, *Head-Start*-Programme, private Schulen, Sprachschulen, kulturelle Zentren, religiöse Einrichtungen, Elternvereine und Stadtverwaltungen, die Familien unterstützen.
- Sprechen Sie Eltern auf Spielplätzen vor Ort, in Geschäften, in Supermärkten und in Schulen an, wo Eltern vielleicht auf der Suche nach Alternativen für die jüngeren Geschwister sind.
- Tragen Sie Kleidung, Hüte oder Anstecker, die die Neugier anderer Eltern wecken.

Sobald Ihre Gruppe genügend Freiwillige zusammen hat, können Sie mit der Gründung von Ausschüssen beginnen, um die unterschiedlichen Aufgaben aufzuteilen. Verschiedene Ausschüsse können gegründet werden, darunter: ein Ausschuss für die Öffentlichkeitsarbeit, ein Ausschuss für den Schulstandort und ein Ausschuss zur Unterstützung des Lehrplans. Zusätzliche Ausschüsse können auch in unterschiedlichen Prozessphasen noch miteingebunden werden, je nach den dringenden Bedürfnissen der Initiative, zum Beispiel ein Ausschuss für das Anwerben von LehrerInnen, ein Ausschuss für Fundraising oder ein Ausschuss für

Nachmittagsangebote, um einige zu nennen.

Daten sammeln

Ihr Ausschuss für Öffentlichkeitsarbeit sollte sich darauf konzentrieren, Angaben über Familien zu folgenden Punkten zu sammeln:

- die Anzahl der Familien, die potentiell am Programm interessiert sind,
- die Sprachen, die zu Hause gesprochen werden und von den Kinder verstanden werden,
- die Geburtsdaten der Kinder und ihre voraussichtlichen Einschulungstermine,
- die Schulbezirke oder Schulgebiete der Familien.

Diese Datenerhebung wird Ihnen auch bei der Entscheidung helfen, ob Ihr zweisprachiges Programm, das Sie unterstützen werden, einseitig oder wechselseitig werden soll:

- Einseitig: mit nur einer Gruppe von Kindern, die dieselbe Sprache sprechen und Unterricht auf einer anderen Sprache erhalten.
- Wechselseitig: mit zwei Gruppen von Kindern, aufgeteilt in eine Gruppe, deren Muttersprache die Zielsprache des Programms ist und einer, deren Muttersprache die offizielle oder nationale Sprache ist, in diesem Fall Englisch.

Diese Entscheidung wird von der Anzahl der Muttersprachler, die sie aufnehmen, abhängen. Um eine angestrebte Zahl von SchülerInnen festzulegen, müssen Sie die durchschnittliche Anzahl von Kindern, die in Ihrem Schulbezirk in einer Einstiegsklasse eingeschult werden, und die Regelungen ihres Schulbezirks bezüglich Nicht-Muttersprachlern der nationalen oder offiziellen Sprache, überprüfen.

Demnach sollte Ihre Recherche folgendes umfassen:

- Ermitteln Sie die Anzahl der Kinder je Schulbezirk, die als Nicht-Muttersprachler oder Englischlernende gelten.
- Ermitteln Sie die Anzahl der Kindern je Schulbezirk, die als bilingual gelten.
- Ermitteln Sie die Anzahl der Kindern je Schulbezirk, die als Muttersprachler der nationalen oder offiziellen Sprache (in diesem Fall Englisch) gelten und die keine Kenntnisse der Zielsprache haben, deren Familien aber eine zweisprachige Ausbildung in der von Ihnen festgelegten Zielsprache wünschen.

Diese Angaben werden Ihnen helfen aufzuklären, wie Ihr zweisprachiges Programm unterschiedliche Bedürfnisse decken wird. Dies könnte Ihnen auch helfen, zusätzliche Mittel von staatlichen Stellen oder wohltätigen Organisationen zu erhalten, insbesondere von solchen, die Englischlernende unterstützen.

Häufig ist die Gruppe der Einzuschulenden am Anfang groß und am Einschulungstag klein. Es ist ratsam, dass Sie mehr SchülerInnen als nötig anwerben, um ein bilinguales Programm an Ihrer Schule zu eröffnen.

Machen Sie 30 interessierte Familien ausfindig, deren Kinder eingeschult werden	Sammeln Sie Daten zu Familien in der Community, die die Zielsprache sprechen
30 Familien (für ein einseitiges Programm)	Geburtsjahrgänge der Kinder
15 Familien, die die Zielsprache sprechen (für ein wechselseitiges Programm)	Schulbezirke
15 andere Familien (für ein wechselseitiges Programm)	gesprochene und verstandene Sprache(n)

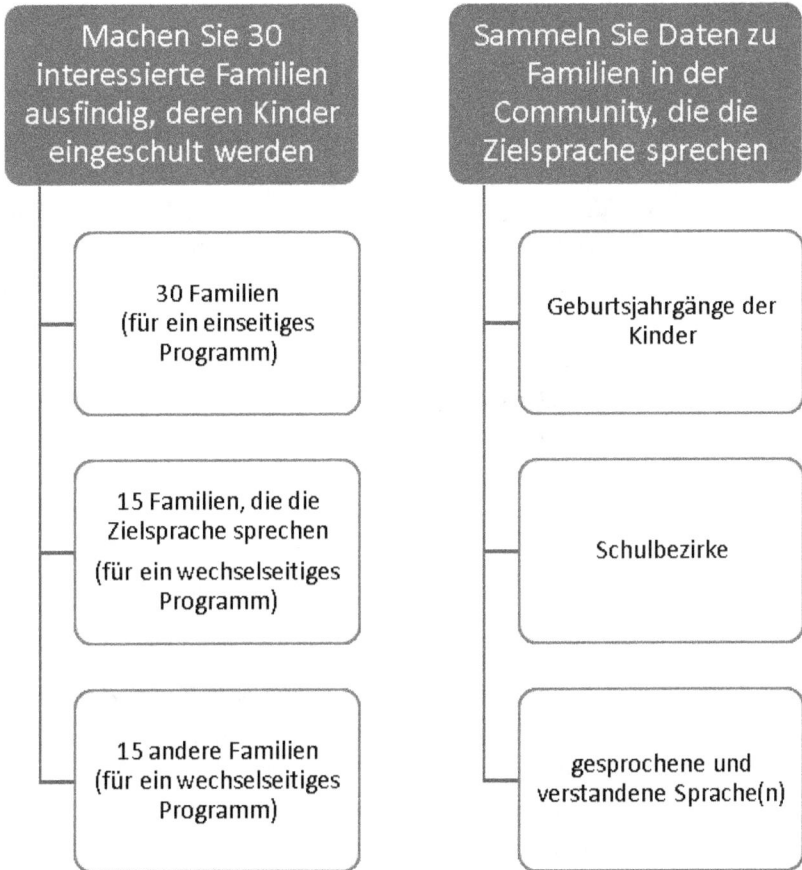

Öffentlichkeitsarbeit in der Community

Eine sehr wichtige Aufgabe, die frühzeitig erledigt werden sollte, ist der Aufbau einer UnterstützerInnenbasis in der Community, wie zum Beispiel einflussreiche Persönlichkeiten, AmtsträgerInnen und unterstützende Organisationen.

Dies beinhaltet Folgendes:

- Besuchen sie Veranstaltungen der Community und informieren Sie die Öffentlichkeit über die Initiative für ein zweisprachiges Programm.
- Vereinbaren Sie einen Termin mit SchulverwalterInnen (*State Department of Education*, Superintendenten oder Superintendentin des Distrikts, *Office of Language Learners*, usw.), um Ihre Daten zu zeigen und Fragen zu beantworten.
- Beziehen Sie SchulleiterInnen in diese Treffen mit ein, um zu beurteilen, wie sie zweisprachige Bildung bewerten.
- Tauschen Sie Informationen mit Elternvereinigungen, ElternkoordinatorInnen und LehrerInnen aus.
- Kontaktieren Sie Bildungsräte der Community, Schulvorstände, Vorstände der Community und örtliche Mitglieder des Kommunalrats.
- Organisieren Sie kleine Zusammentreffen in Cafés, Restaurants, Bäckereien, zu Hause oder an zentralen Orten, um Ihre Ideen vorzustellen, das Interesse einzuschätzen oder potentielle Familien anzuwerben. Im Falle eines solchen Treffens können Sie einen oder alle der oben genannten InteressenvertreterInnen einladen, eine Rede zu halten oder Bemerkungen zu äußern.
- Kontaktieren Sie Botschaften, Konsulate, HonorarkonsulInnen, Kulturzentren, die einer Sprache oder einem Land gewidmet sind, Stiftungen mit einem Fokus auf Bildung oder Entwicklung der Community, Tourismusbüros, internationale Handelskammern, die Unternehmen aus zwei oder mehr Ländern vertreten, sowie Heimat- oder Kulturvereine und -verbände.

Der Ausschuss zur Unterstützung des Lehrplans

Ihr Ausschuss zur Unterstützung des Lehrplans kann an mehreren Stellen im Prozess Hilfe bieten. Es kann:

- Informationen zu den Vorteilen zweisprachiger Bildung sammeln und bei Informationstreffen mit Eltern aus der Community weitergeben.
- Besuche bestehender zweisprachiger Programme organisieren, um bewährte Methoden zu ermitteln und sich ein eigenes Bild von der Verwaltung eines Programms zu machen.
- Austausch mit bereits etablierten zweisprachigen Programmen pflegen, um Fragen zur Elternbeteiligung und Loyalität, Nachhaltigkeit, zu Fundraisingaktionen und zum Bedarf an Ressourcen, LehrerInnen und administrativer Unterstützung zu stellen.
- Eltern, die erfolgreich ein zweisprachiges Programm erschaffen haben, treffen und einladen, um von ihren Erfahrungen zu lernen.

Phase 2 – Eine überzeugende Argumentation entwickeln und eine ausrichtende Schule finden

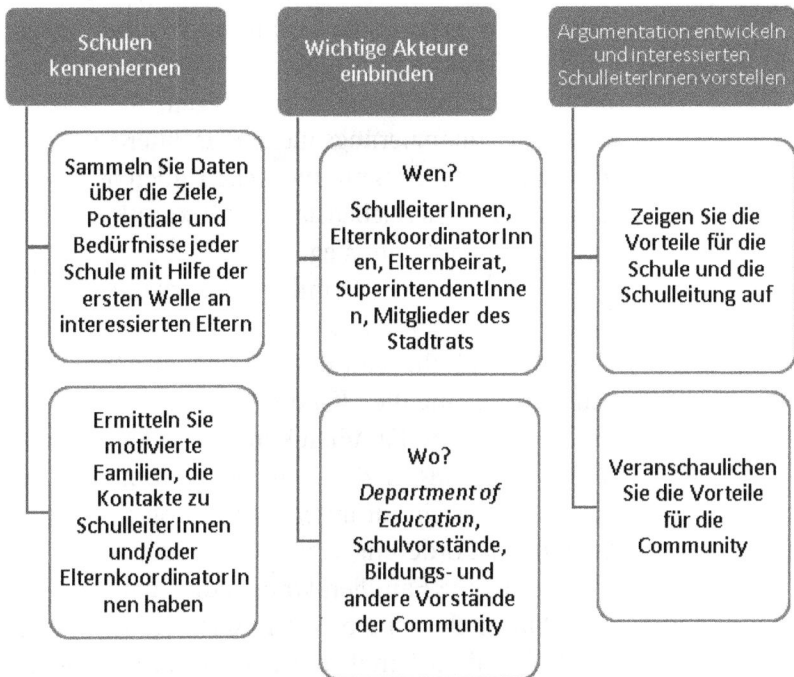

Schulen kennenlernen	Wichtige Akteure einbinden	Argumentation entwickeln und interessierten SchulleiterInnen vorstellen
Sammeln Sie Daten über die Ziele, Potentiale und Bedürfnisse jeder Schule mit Hilfe der ersten Welle an interessierten Eltern	Wen? SchulleiterInnen, ElternkoordinatorInnen, Elternbeirat, SuperintendentInnen, Mitglieder des Stadtrats	Zeigen Sie die Vorteile für die Schule und die Schulleitung auf
Ermitteln Sie motivierte Familien, die Kontakte zu SchulleiterInnen und/oder ElternkoordinatorInnen haben	Wo? *Department of Education,* Schulvorstände, Bildungs- und andere Vorstände der Community	Veranschaulichen Sie die Vorteile für die Community

Am Ende ihrer gemeinsamen Arbeit müssen die diversen Ausschüsse bereit sein, ihre Daten einer Schulleitung und dann einer Schulgemeinde vorzustellen. Bevor Sie mit Ihrer Idee auf einen Schulleiter oder eine Schulleiterin zugehen, ist es ratsam, eine lokale Strategie und eine schlagkräftige Argumentation zu entwickeln, die Ihnen helfen wird die Schulleitung sowie andere passende VerwalterInnen von der Wichtigkeit Ihres Vorschlags zu überzeugen.

Argumente für ein zweisprachiges Programm sind zum Beispiel:

- Ein neuer Schulleiter oder eine neue Schulleiterin sucht vielleicht nach Anerkennung und ein zweisprachiges Programm wäre ein konkreter Weg, Spuren in der Schule und sogar in der Community zu hinterlassen.
- Ein erfolgreiches Programm kann einer Schule viel positive Aufmerksamkeit einbringen, ihren Ruf fördern und neue Finanzierungsquellen erschließen.
- Zweisprachige Programme geben allen Kindern in der Community das lebenslange Geschenk einer zweiten Sprache mit auf den Weg.
- Für eingewanderte Familien der zweiten oder dritten Generation sichern zweisprachige Programme ihre Sprache und ihr kulturelles Erbe und ermöglichen es ihnen, diese mit allen Kindern zu teilen.
- Hoch motivierte Familien kommen jedes Jahr zur Schule dazu und bringen die Bereitschaft mit, die Schule in vielerlei Hinsicht zu unterstützen, von Spendenaktionen bis hin zur Förderung schulweiter Aktivitäten.
- Zweisprachige Familien können die Schulgemeinde auch mit kulturellen Elementen wie Kunst, Musik und Gastronomie bekannt machen und ihre Kontakte in der Community nutzen, um solide Nachmittagsprogramme, bessere Kantinen, Schulausflüge und Studienreisen, Praktika und vieles mehr zu ermöglichen.
- Zweisprachige Programme können einer neuen Schule oder einer nicht ausgelasteten Schule mit leeren Klassenzimmern eine neue Identität geben.
- Mehr qualitativ hochwertige Auswahl im Schulbezirk kann auch die Überlastung bereits etablierter wettbewerbsfähiger Schulen mindern, indem sie mehr Familien der Mittelklasse an benachteiligte Schulen bringt und so der potentielle Vorteil sozioökonomischer Integration erforscht wird, den zweisprachige Programme auslösen können.
- Manchmal geben Schulbezirke oder das *Department of*

Education Zuschüsse für die Planung, die Lehrplanentwicklung und berufliche Weiterbildung von LehrerInnen und MitarbeiterInnen.

- Die Schule kann auch zusätzliche finanzielle oder logistische Hilfe von Partnern und Organisationen erhalten, die ein persönliches Interesse an der angebotenen Sprache oder der angesprochenen Zielgruppe haben, (z.B. Botschaften, Konsulate, Unternehmen und Stiftungen).

Wenn Sie einen Gesprächstermin mit einem Schulleiter oder einer Schulleiterin bekommen, müssen Sie die Daten und das Projekt sehr professionelle präsentieren. Erklären Sie, dass die Vorteile für die Kinder und die Community zentraler Bestandteil Ihrer Initiative sind. Legen Sie Dokumente vor, die die demographischen Daten der eingewanderten Familien nach Jahr und Schulbezirk auflisten. Erklären Sie die Modalitäten, wie man Mittel für zweisprachige Bildung vom *Department of Education* oder von Dritten erhalten kann. Nachdem Sie sich mit einem oder einer aufgeschlossenen SchulleiterIn getroffen haben, laden Sie andere Akteure ein, mitzumachen und ihre Unterstützung zu zeigen, vor allem andere Eltern, LehrerInnen und Mitglieder der Community. Kontaktieren Sie dann ausländische RegierungsvertreterInnen, gewählte VertreterInnen und Geldgeber. Indem Sie diesen Schritten folgen, haben Sie eine sehr solide Begründung für Ihr Projekt geliefert und das Vertrauen einer Gemeinschaft von Eltern und PädagogInnen gewonnen. Zusammen können Sie nun ein erfolgreiches zweisprachiges Programm aufbauen.

Phase 3 – Vom ersten Tag an ein erfolgreiches zweisprachiges Programm aufbauen

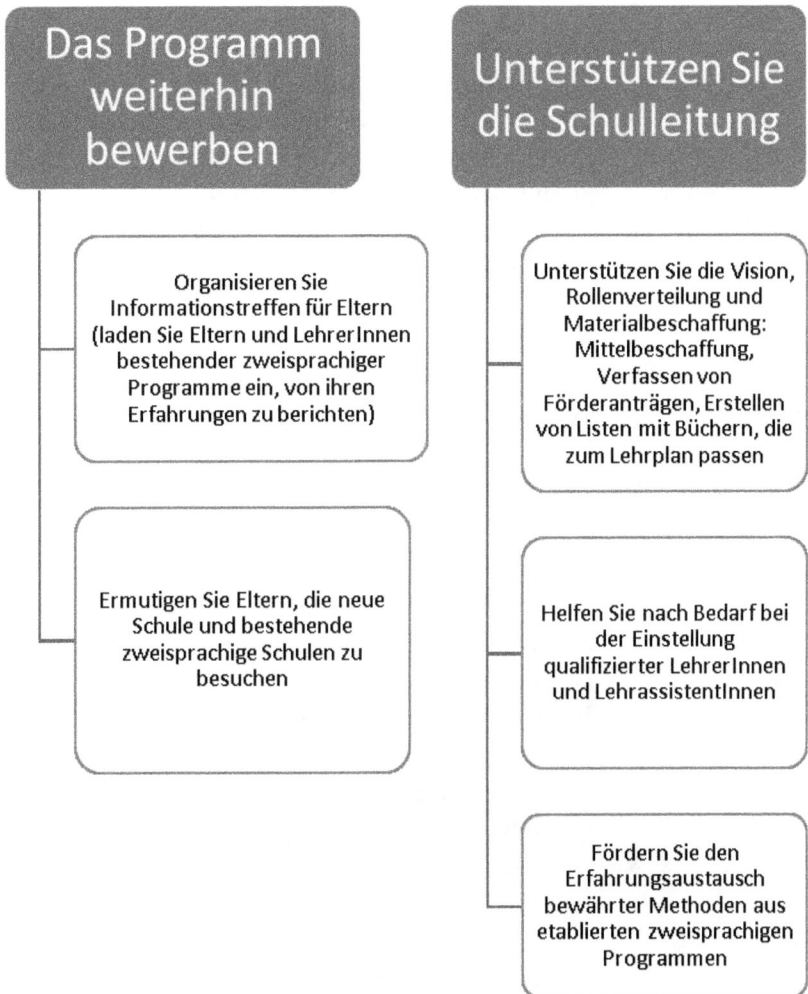

Das Programm weiterhin bewerben

Organisieren Sie Informationstreffen für Eltern (laden Sie Eltern und LehrerInnen bestehender zweisprachiger Programme ein, von ihren Erfahrungen zu berichten)

Ermutigen Sie Eltern, die neue Schule und bestehende zweisprachige Schulen zu besuchen

Unterstützen Sie die Schulleitung

Unterstützen Sie die Vision, Rollenverteilung und Materialbeschaffung: Mittelbeschaffung, Verfassen von Förderanträgen, Erstellen von Listen mit Büchern, die zum Lehrplan passen

Helfen Sie nach Bedarf bei der Einstellung qualifizierter LehrerInnen und LehrassistentInnen

Fördern Sie den Erfahrungsaustausch bewährter Methoden aus etablierten zweisprachigen Programmen

Sobald der Schulleiter oder die Schulleiterin mit im Boot ist, müssen Sie und Ihre Gruppe sich auf mehrere andere Aspekte konzentrieren:

- In erster Linie müssen Sie sichergehen, dass Sie die nötige Anzahl von Familien haben und dass diese ihre Kinder für das Programm anmelden.
- Organisieren Sie Schulführungen und halten Sie auf Schulveranstaltungen Präsentationen, um mehr Kinder anzuwerben, falls es noch Plätze gibt.
- Bewerben Sie weiterhin das Programm.
- Organisieren Sie fortlaufende Informationstreffen für Eltern.
- Laden Sie Eltern und LehrerInnen bestehender zweisprachiger Programme ein, von ihren Erfahrungen zu berichten.

Außerdem können Sie die Schulleitung auf mehrere Arten unterstützen:

- Beschaffen Sie das Material, das die LehrerInnen in den ersten paar Monaten nach dem Beginn des Programms benötigen.
- Berichten Sie von bewährten Methoden etablierter zweisprachige Programme, die Sie bei Ihren Besuchen vor Ort und im Austausch mit anderen Schulen gesammelt haben.
- Machen Sie Bücher ausfindig, die zum Lehrplan passen und erstellen Sie Listen mit Büchern, die von der Schule oder anderen Eltern und UnterstützerInnen bestellt werden können.
- Vielleicht müssen Sie dem Schulleiter oder der Schulleiterin bei dem Bewerbungsprozess unterstützen, da sich die Suche nach kompetenten und qualifizierten bilingualen LehrerInnen und LehrassistentInnen oft als schwierig erweist.
- Möglicherweise werden Sie auch gebeten, während

Bewerbungsgesprächen zu übersetzen und dolmetschen und Ihre Meinung zu den Sprachkenntnissen der KandidatInnen abzugeben.

Der Ausschuss für Fundraising kann ebenfalls mit einer Reihe von Aufgaben beginnen, wie zum Beispiel:

- Veranstaltungen zu organisieren und Spendenaufrufe zu erstellen, die das zweisprachige Klassenzimmer, die Bibliothek und die Schule insgesamt unterstützen.
- Die Hilfe von zweisprachigen ExpertInnen oder BeraterInnen in Anspruch zu nehmen, um LehrerInnen und HilfslehrerInnen auszubilden, einen Lehrplan zu entwickeln und Unterrichtsmaterial von nationalen oder internationalen Anbietern zu erwerben.
- Förderanträge schreiben, um zusätzliche Mittel von Bezirks-, Landes- und Bundesbehörden, Stiftungen und ausländischen Regierungen zu erhalten.

Anhang 2

Ressourcen

www.thebilingualrevolution.info

- Werden Sie Mitglied der Community, engagieren Sie sich und unterstützen Sie uns
- Erhalten Sie Zugang zu Videos, Erfahrungsberichten, Leseempfehlungen
- Melden Sie sich für den Newsletter der bilingualen Revolution an
- Laden Sie Ressourcen wie gebrauchsfertige oder personalisierbare Präsentationen und Broschüren herunter
- Finden Sie bereits bestehende Programme
- Finden Sie MitstreiterInnen in Ihrer Nähe und gründen Sie eine neue Gruppe
- Bestellen Sie Poster und Materialien
- Melden Sie sich für Web-Seminare an
- Erhalten Sie Zugang zu ExpertInnen
- Sponsern Sie eine Übersetzung dieses Buches
- Kaufen Sie über Sammelbestellungen Bücher für Messen, Veranstaltungen und Konferenzen

Anmerkungen

Anmerkungen zur Einleitung

1 Elizabeth A. Harris: „New York City Education Department to Add or Expand 40 Dual-Language Programs", New York Times, 14.11.2015.

2 Für mehr Informationen zu Verordnungen und bilinguale Bildungspolitik je Bundesstaat besuchen Sie die Website von *New America*.

3 *U.S. Department of Education*, Dual-Language Education Programs: Current State Policies and Practices

Anmerkungen zu Kapitel 1

4 Die folgenden Präzedenzfälle hatten einen erheblichen Einfluss auf die bilinguale Bildung in den USA und darauf, Kindern mit begrenzten Englischkenntnissen das Recht auf Unterricht in ihrer Muttersprache sowie auf Englisch einzuräumen: *Meyer gegen Nebraska, Lau gegen Nichols, Serna gegen Portales, Aspira gegen NY Board of Education, Keyes gegen School District Nr. 1 in Denver, Colorado, Flores gegen Arizona, Castaneda gegen Pickard*. Lesen Sie auch *The Bilingual Education Act* und *No Child Left Behind*, die die bilinguale Bildung ebenfalls beeinflusst haben.

5 Für mehr Informationen zu diesem Thema lesen Sie Christine Hélot & Jürgen Erfurt: „L'éducation bilingue en France: politiques linguistiques, modèles et pratiques"

6 Helen Ó Murchú: „The Irish language in education in the Republic of Ireland"

7 Canadian Parents for French: „The State of French-Second-Language Education in Canada 2012: Academically Challenged Students and FSL Programs"

8 Interview mit Robin Sundick, Schulleiterin der P.S. 84, vom 10.07.2015.

9 Um mehr über dieses Thema zu erfahren, lesen Sie Thomas und Collier: „The Astounding Effectiveness of Dual-Language Education for All"

10 Interview mit Heather Foster-Mann, Schulleiterin der P.S.133, Auszüge aus einem Bericht der französischen Botschaft zu französischen zweisprachigen Programmen in den USA.

11 Interview mit Marie Bouteillon, ehemalige Lehrerin an der P.S. 58 und Beraterin für zweisprachige Programme und Lehrplangestaltung, vom 19.05.2016.

12 Zum Beispiel eine 501(c) Organisation in den USA, eine steuerbefreite gemeinnützige Organisation, die unbegrenzte Beiträge von Einzelpersonen, Unternehmen und Verbänden annehmen kann. Die gebräuchlichste Form steuerbefreiter gemeinnütziger Organisationen fällt in die Kategorie 501(c)(3) im *US Internal Revenue Code*, wobei eine gemeinnützige Organisation von der bundesstaatlichen Einkommenssteuer befreit ist, wenn ihre Aktivitäten die folgenden Zwecke haben: karitativ, religiös, bildend, wissenschaftlich, literarisch, Prüfungen für die öffentliche Sicherheit, Förderung von Amateursportwettbewerbe oder Verhinderung von Kinder- oder Tierquälerei.

13 Interview mit Gretchen Baudenbacher, Elternteil und PTA-Präsidentin an der P.S. 110, vom 01.03.2016.

Anmerkungen zu Kapitel 2

14 Interview mit Yuli Fisher vom 26.01.2016

15 *Verdugo Woodlands Elementary* und *Dunsmore Elementary School* im Glendale Unified School District

16 Interview mit Ava Taylor, *Program Specialist* im Glendale Unified School District, vom 22.01.2016.

17 Interview mit Jeffrey Miller, *Director of Education and Family Programs* der *Japan Society*, vom 19.01.2016.

18 Interview mit Yumi Miki, Elternteil und Mitgründerin der JDLP Initiative, vom 19.01.2016.

19 Interview mit Hee Jin Kann, Elternteil und Mitgründerin der JDLP, vom 02.02.2016.

20 Interview mit Yuli Fisher vom 26.01.2016

21 Interview mit Yuli Fisher vom 26.01.2016

22 Interview mit Monica Muller, Elternteil an der P.S. 147 und Mitgründerin der JDLP, vom 23.02.2016.

23 501(c)3, siehe Diskussion und Definition in Kapitel 3
24 Interview mit Mika Yokobori, Elternteil an der P.S. 147, vom 15.01.2016.

Anmerkungen zu Kapitel 3

25 Interview mit Marcello Lucchetta vom 25.01.2016
26 Interview mit Marcello Lucchetta vom 25.01.2016
27 Interview mit Jack Spatola, Schulleiter der P.S. 172, vom 09.03.2016
28 Interview mit Joseph Rizzi, Programmdirektor der Federation of Italian-American Organizations, vom 13.11.2016
29 Interview mit Louise Alfano, Schulleiterin der P.S. 112, 13.11.2016
30 Ausschnitt aus Rachel Silberstein: „New York's First Italian Dual-Language Preschool Coming to Bensonhurst", Bensonhurst Bean

Anmerkungen zu Kapitel 4

31 Interview mit Gabi Hegan, Gründerin von *CityKinder*, vom 19.02.2016.
32 Interview mit Sylvia Wellhöfer vom 29.01.2016.
33 Ebd.

Anmerkungen zu Kapitel 5

34 *Out of many, one* (Motto der USA)
35 American Community Survey 2015
36 Interview mit Tatyana Kleyn, Professorin für Bilinguale Bildung am City College of New York, vom 11.03.2016.
37 I.S. steht für Intermediate School, die auf die Stufen sechs bis acht ausgerichtet ist.
38 Interview mit Maria Kot, ehemaliges Elternteil an der P.S. 200, vom 04.03.2016
39 Ebd.
40 Interview mit Julia Stoyanovich und Olga Ilyashenko vom

25.02.2016

Anmerkungen zu Kapitel 6

41 *French Morning* und *France-Amérique*

42 Für mehr Informationen zu dieser Geschichte siehe Jane Ross und Fabrice Jaumont: „Building bilingual communities: New York's French bilingual revolution".

43 Amy Zimmer: „How schools' French dual-language programs are changing NYC neighborhoods", DNA Info, 26.05.2016

44 Interview mit Virgil de Voldère, Elternteil an der P.S. 84, vom 10.04.2013.

45 Interview mit Talcott Camp, Elternteil an der P.S. 84, vom 10.06.2016.

46 Die *Société des Professeurs de Français et Francophones d'Amériques*, gegründet 1904, unterstützt LehrerInnen und ForscherInnen, die an der französischen Sprache und frankophonen Kulturen interessiert sind.

47 FACE, gegründet 1955, ist eine gemeinnützige Organisation nach 501(c)3, die sich der Pflege französisch-amerikanischer Beziehungen durch innovative internationale Projekte in den Bereichen Kunst, Bildung und Kulturaustausch widmet. Mit Sitz in den Kulturellen Diensten der Französischen Botschaft in New York und unter Aufsicht eines Kuratoriums, bedient FACE ein breites Netzwerk von Förderern durch ihre filmbasierten Programme und unterstützt verschiedene Initiativen durch ihre Partnerschaft mit den Kulturellen Diensten der französischen Botschaft.

48 Kirk Semple: „A big advocate of French in New York's schools: France", New York Times, 30.01.2014.

49 *Internationals Network for Public Schools* ist eine gemeinnützige Organisation, die internationale High Schools und Akademien unterstützt und neu angekommene EinwanderInnen betreut, die in New York, Kalifornien, Kentucky, Maryland, Virginia und Washington, DC. Englisch lernen. *Internationals Network* unterhält auch Partnerschaften mit anderen Schulen und Distrikten im ganzen Land.

Anmerkungen zu Kapitel 7

50 Donna Nevel: „The Slow Death of Khalil Gibran International Academy", Chalkbeat.

51 Ebd.

52 Andrea Elliott: „Muslim educator's dream branded a threat in the U.S.", New York Times

53 Am 26.08.2016 von der Schulwebsite abgerufen

54 Randa Kayyali: „The people perceived as a threat to security: Arab Americans since September 11".

55 Interview mit Zeena Zakharia vom 23.06.2016

56 Ebd.

57 Interview mit Carine Allaf, Director of Programs der *Qatar Foundation International*, vom 02.02.2016.

58 Interview mit Mimi Met, unabhängige Beraterin, vom 08.03.2016.

59 „Our Mission", am 10.08.2016 auf der Website der Organisation abgerufen

60 Ebd.

61 Am 05.08.2016 auf der „I Speak Arabic" Website abgerufen

62 Karen Zeigler und Steven Camarota: „One in five U.S. Residents speaks foreign language at home".

63 Interview mit Carol Heeraman, Schulleiterin der P.S./I.S. 30, vom 08.03.2016

Anmerkungen zu Kapitel 8

64 American Community Survey, 2015.

65 William Galush: „For more than bread: Community and identity in American Polonia, 1880-1940".

66 Christopher Gongolski und Michael Cesarczyk: „Two languages, one home", Greenpoint News.

67 Interview mit Julia Kotowski, Elternteil an der P.S. 34, 16.06.2016

68 Interview mit Elizabeth Czastkiewicz, Erzieherin an der P.S. 34, vom 16.06.2016.

69 Interview mit Carmen Asselta, Schulleiterin an der P.S. 34, vom 16.06.2016.

70 Interview mit Elizabeth Czastkiewicz, Erzieherin an der P.S. 34, vom 16.06.2016.

71 Interview mit Alicja Winnicki, Superintendentin des Distrikts 14, vom 06.06.2016

72 Interview mit Julia Kotowski, Elternteil an der P.S. 34, vom 16.06.2016

73 Interview mit Carmen Asselta, Schulleiterin der P.S. 34, vom 16.06.2016

74 Interview mit Alicja Winnicki, Superintendentin des Distrikts 14, vom 06.06.2016

75 Ebd.

Anmerkungen zu Kapitel 9

76 Interview mit Ofelia García, Professorin an der *CUNY Graduate School*, vom 14.06.2016.

77 Interview mit Carmen Dinos vom 19.05.2015

78 Ebd.

79 Milady Baez, *NYC Deputy Schools Chancellor*, Eröffnungsrede zum Treffen des russischen zweisprachigen Programms an der Columbia University in New York, 12.05.2016.

80 Ebd.

81 NYC Department of Education, Kanzlerin Fariña benennt 15 Schulen als Modell zweisprachiger Programme

82 Am 20.08.2016 von der Schulwebsite abgerufen.

83 Carla Zanoni: „Principal Miriam Pedraja teaches uptown children two languages at a time", Chalkbeat.

84 Interview mit Maria Jaya, gründendes Elternteil und Co-Direktorin der *Cypress Hills Community School*, vom 19.09.2016.

85 Für mehr Informationen zur Schule siehe Laura Ascenzi-Moreni und Nelson Flores: „A Case Study of Bilingual Policy and Practices at the Cypress Hills Community School"

86 U.S. News Report High School Rankings: High School for Dual Language and Asian Studies. Am 23.08.2016 von der US News Website abgerufen.

87 „Mission", am 23.08.2016 von der Schulwebsite abgerufen.

88 Ausschnitt aus Castellón, M., Cheuk, T., Greene, R., Mercado-García, D., Santos, M., Skarin, R. und Zerkel, L.: „Schools to Learn from: How Six High Schools Graduate English Language Learners College and Career Ready".

Anmerkungen zu Kapitel 10

89 Interview mit Ron Woo, Professor am Bank Street College und Berater am *NYU Metropolitan Center for Research on Equity and the Transformation of Schools,* vom 16.06.2015.

90 Das *China Institute in America* ist eine gemeinnützige Bildungs- und Kulturinstitution in New York City, die 1926 von einer Gruppe angesehener amerikanischer und chinesischer Pädagogen gegründet wurde, einschließlich John Dewey, Hu Shih, Paul Monroe und Dr. Kuo Ping-wen. Sie ist die älteste bikulturelle Organisation in Amerika, die sich ausschließlich mit China beschäftigt.

91 1956 von John D. Rockefeller III gegründet, ist *Asia Society* die führende Bildungsorganisation, die sich der Förderung gegenseitigen Verständnisses und der Stärkung von Partnerschaften zwischen Menschen, Führungskräften und Institutionen Asiens und der USA in einem globalen Kontext widmet.

92 Interview mit Li Yan, Schulleiterin der *High School for Dual Language and Asian Studies,* vom 14.09.2016.

93 Interview mit Ron Woo, Professor am Bank Street College und Berater am *NYU Metropolitan Center for Research on Equity and the Transformation of Schools,* vom 16.06.2015

94 Interview mit Thalia Baeza aus Patrick Wall: „City to add dozens of dual-language programs as they grow in popularity", Chalkbeat.

95 Ausschnitt aus Castellón, M., Cheuk, T., Greene, R., Mercado-García, D., Santos, M., Skarin, R. und Zerkel, L.: „Schools to Learn from: How Six High Schools Graduate English Language Learners College and Career Ready".

96 Für mehr Informationen, Updates, Ressourcen und Beispielen zu diesem Thema besuchen Sie die offizielle Website von „Die Bilinguale Revolution".

Anmerkungen zu Kapitel 11

97 Mein Dank gilt den Eltern der Downtown French DLP Initiative, den Eltern und LehrerInnen der P.S. 84 in Manhattan und der P.S. 58 in Brooklyn, den Mitgliedern der *Education en Français à New York*, den GründerInnen von *La Petite Ecole* und dem Bildungsbüro der französischen Botschaft. Dank gilt weiterhin den Eltern der japanischen, deutschen, italienischen, französischen und russischen DLP Initiativen, die in den nächsten Kapiteln vorgestellt werden, die ihre Version des Strategieplans geteilt haben oder halfen, die ursprüngliche Version zu verbessern.

98 Die im Text genannten Zahlen entsprechen denen in New York City, wo Schulen üblicherweise ein Maximum von 18 Kindern pro Klasse im Vorkindergarten, etwa 24 Kinder pro Klasse im Kindergarten und über 30 Kinder pro Klasse in der weiterführenden Schule aufnehmen.

99 Abschnitt 154 Leistungen für SchülerInnen mit begrenzten Englischkenntnissen. Unterabschnitt 154-1 Leistungen für Schüler mit begrenzten Englischkenntnissen für Programme die vor dem Schuljahr 2015-2016 durchgeführt wurden.

100 Mehrere Beispiele werden auf der offiziellen Website von „Die Bilinguale Revolution" genannt.

101 *Head Start* ist ein Programm des *United States Department of Health and Human Services*, das Kindern und Familien mit geringem Einkommen umfassende Dienstleistungen zu frühkindlicher Bildung, Gesundheit, Ernährungsweise und Elternbeteiligung anbietet.

Anmerkungen zu Kapitel 12

102 Für mehr Informationen zu diesem Thema lesen Sie François Grosjean: „Bilingual: Life and Reality".

103 Sie können dieses Interview online anschauen: „Life as Bilingual: A Conversation with François Grosjean by Fabrice Jaumont".

104 Für mehr Informationen zu diesem Thema lesen Sie François Grosjean: „Bilingual: Life and Reality".

105 Für mehr Informationen zu diesem Thema lesen Sie Daniel Goleman: „The Brain and Emotional Intelligence: New Insights"

106 Lesen Sie zu diesem Thema Kenneth Robinson: „Creative schools: The grassroots revolution that's transforming education".

107 Zu diesem Thema werden mehrere Studien im Literaturverzeichnis dieses Buchs aufgeführt, besonders Leikin (2012), Lauchlan, Parisi und Fadda (2013) und Ricciardelli (1992).

108 Das Konzept des metalinguistischen Bewusstseins bezieht sich auf die Fähigkeit, eine Sprache als einen Prozess sowie ein menschengemachtes Objekt zu versachlichen. Es hilft, um die Ausführung und die Übertragung linguistischen Wissens in verschiedene Sprachen zu erklären (z.B. *code switching* sowie Übersetzung bei bilingualen Menschen).

109 Um mehr zu diesem Thema zu lesen: Wayne Thomas, Virgina Collier, Colin Baker, Margarita Espino Calderón und Liliana Minaya-Rowe – um nur einige zu nennen – haben die Effektivität zweisprachgier Bildung sehr gut demonstriert. Ihre Studien sind im Literaturverzeichnis dieses Buches aufgeführt.

110 Näheres zu diesem Thema lesen Sie in Wayne Thomas und Virginia Collier: „ The Astounding Effectiveness of Dual-Language Education for All".

111 Das *American Council on the Teaching of Foreign Languages* stellt eine Liste mit Studien zu den Vorteilen des Fremdsprachenerwerbs zur Verfügung.

112 Mehr zu diesem Thema lesen Sie in Wayne Thomas und Virginia Collier: „The Astounding Effectiveness of Dual-Language Education for All".

113 Zu diesem Thema sind mehrere Studien von Ana Ines Ansaldo und Landa Ghazi-Saidi im Literaturverzeichnis dieses Buches aufgeführt.

114 Siehe zum Beispiel die Studien von Nicoladis und Genesee (1998), Cameau, Genessee und Lapaquette (2003), die im Literaturverzeichnis aufgeführt sind.

115 Siehe zum Beispiel Greene (1998), Thomas und Collier (2004) oder Willig (1985).

116 Für mehr Informationen zu diesem Thema lesen Sie Ofelia García: „Bilingual Education in the 21st Century: A Global

Perspective".

Anmerkungen zu Kapitel 13

117 Besuchen Sie die Website des *Center für Applied Linguistics* für mehr Informationen.

118 *U.S. Department of Education, Office of English Language Acquisition*: „Dual-Language Education Programs: Current State Policies and Practices."

119 1974 wurde im ASPIRA Consent Decree zwischen dem New York City Board of Education und ASPIRA New York festgelegt, dass englischlernende SchülerInnen Zugang zu bilingualer Bildung haben sollten. Englischlernende müssen gleichberechtigten Zugang zu allen Schulprogrammen und Angeboten wie Nicht-Englischlernende haben, einschließlich Programmen, die für den Schulabschluss notwendig sind. Für mehr Informationen zu diesem Thema lesen Sie De Jesús und Pérez: „From Community Control to Consent Decree: Puerto Ricans organizing for education and language rights in the 1960s and 1970s New York City". Lesen Sie auch Reyes, Luis: „The Aspira Consent Decree. A Thirtieth-Anniversairy Retrospective of Bilingual Education in New York City." Harvard Educational Review Fall 2006 Issue

120 United States Supreme Court Case No. 72-6520

121 Für mehr Informationen zu diesem Thema lesen Sie Cathleen Jo Faruque: „Migration of the Hmong to the Midwestern United States".

122 Minnesota gehört ebenfalls zu den Staaten, die die Förderung von Vielfalt und die Unterstützung von Nicht-Muttersprachlern als Gewinn ansehen. Infolgedessen hat der Staat bilinguale Programme für SchülerInnen aktiv ausgebaut und LehrerInnen bilingualer Klassen entsprechende Ressourcen zur Verfügung gestellt.

123 Lesen Sie zu diesem Thema Kathleen Stein-Smith: „The U.S. Foreign Language Deficit. Strategies for Maintaining a Competitive Edge in a Globalized World"

124 „The FBI did not dedicate sufficient resources to the

surveillance and translation need of counterterrorism agents. It lacked sufficient translators proficient in Arabic and other key languages, resulting in a significant backlog of untranslated intercepts." Ausschnitt von Seite 77 des *9/11 Commission Report – National Commission on Terrorist Attack upon the United States, vom* 22.07.2004.

125 Näheres zu diesem Thema lesen Sie in James Crawford: „Bilingual Education: History, Politics, Theory and Practice" Trenton, NJ: Crane Publishing Company.

126 Für mehr Informationen zu diesem Thema besuchen Sie die Website von *ACLU American Civil Liberties Union* „English Only".

127 Für mehr Informationen zu diesem Thema besuchen Sie die durchsuchbaren Datenbanken und Verzeichnisse von CAL zu Fremdsprachenprogrammen in Schulen, Herkunftssprachprogrammen und wechselseitigen Immersionsprogrammen in den USA.

128 David McKay Wilson: „Dual-Language Programs on the Rise. 'Enrichment' model puts content learning front and center for ELL students"

129 Utah Senate. International Education initiatives – Critical Languages (Senatsgesetz 41)

Literaturverzeichnis

Verweise und Arbeiten, die im Vorwort „Bilinguale Bildung: eine Kehrtwende mit Eltern und Communitys" von Ofelia García angeführt wurden:

Castellanos, D. L. (1983). The Best of two worlds: Bilingual-bicultural education in the U.S. Trenton, New Jersey: New Jersey State Dept. of Education.

Crawford, J. (2004). Educating English learners: Language diversity in the classroom, Fifth Edition (5th edition). Los Angeles, CA: Bilingual Education Services, Inc.

Crawford, J. (2004). Educating English learners. Language diversity in the classroom, 5th ed. (formerly Bilingual education: History, politics, theory and practice). Los Angeles, CA: Bilingual Educational Services.

Del Valle, S. (1998). Bilingual Education for Puerto Ricans in New York City: From Hope to Compromise. Harvard Educational Review, 68(2), 193–217.

Del Valle, S. (2003). Language rights and the law in the United States. Clevedon, UK: Multilingual Matters.

Epstein, N. (1977). Language, Ethnicity and the Schools: Policy alternatives for bilingual-bicultural education. Washington, D.C.: Institute for Educational Leadership.

Flores, N. (2016). A tale of two visions: Hegemonic whiteness and bilingual education. Educational Policy, 30, 13–38.

Flores, N. & García, O. (forthcoming). A critical review of bilingual education in the United States: From Basements and pride to boutiques and profit. Annual Review of Applied Linguistics.

García, O. (2011). Bilingual education in the 21st century: A Global perspective. Malden, MA: John Wiley & Sons.

García, O., & Fishman, J.A. (Hrsg.). (2001). The Multilingual Apple. Languages in New York City (2. Ausgabe). Berlin, Germany: Mouton de Gruyter.

García, O., & Li Wei. (2014). Translanguaging: Language, bilingualism and education. London, United Kingdom: Palgrave Macmillan Pivot.

Lindholm-Leary, K. J. (2001). Dual-language education. Clevedon, UK: Multilingual Matters.

Menken, K., & Solorza, C. (2014). No Child Left Bilingual Accountability and the Elimination of Bilingual Education Programs in New York City Schools. Educational Policy, 28(1), 96–125.

Otheguy, R., García, O., & Reid, W. (2015). Clarifying translanguaging and deconstructing named languages: A perspective from linguistics. Applied Linguistics Review, 6(3), 281–307. http://doi.org/10.1515/applirev-2015-0014

Valdés, G. (1997). Dual-language immersion programs: A cautionary note concerning the education of language-minority students. Harvard Educational Review, 67, 391-429.

Verweise und Arbeiten, die in „Die Bilinguale Revolution: Die Zukunft der Bildung liegt in zwei Sprachen" von Fabrice Jaumont angeführt wurden:

American Council on the Teaching of Foreign Languages. What the Research Shows. Studies supporting language acquisition. Abgerufen am 11.07.2017.

American Civil Liberties Union. ACLU Backgrounder on English Only Policies in Congress. Retrieved on August 21, 2017.

Ansaldo, A.I., & Ghazi Saidi, L. (2014) Aphasia therapy in the age of globalization: Cross-linguistic therapy effects in bilingual aphasia. *Behavioural Neurology*. Ausgabe 2014 (März)

Ansaldo, A.I. Ghazi-Saidi, L & Adrover-Roig, D. (2015) Interference Control in Elderly Bilinguals: Appearances can be misleading. *Journal of Clinical and Experimental Neuropsychology*. Volume 37, Ausgabe 5. Februar 2015. (S. 455-470)

Ascenzi-Moreno, L. and Flores, N. A case study of bilingual policy and practices at the Cypress Hills Community School. In O. García, B. Otcu & Z. Zakharia (Eds.), *Bilingual Community Education and Multilingualism: Beyond Heritage Languages in a Global City* (S. 219-231). Bristol, UK: Multilingual Matters.

Aspira v. Board of Education of City of New York. 394 F. Supp. 1161 (1975).

August, D. and Hakuta, K. (Hrsg.) (1997) *Improving Schooling for Language-Minority Children.* Washington, DC: National Academy Press.

Ball, J. (2010, Februar). *Educational equity for children from diverse language backgrounds: Mother tongue-based bilingual or multilingual education in the early years.* Presentation to UNESCO International Symposium: Translation and Cultural Mediation, Paris, Frankreich.

Baker, C. (2014). *A parents' and teachers' guide to bilingualism.* Bristol, UK: Multilingual Matters.

Baker, C. (2001). *Foundations of bilingual education and bilingualism* (3. Ausgabe). Clevedon, UK: Multilingual Matters.

Barac, R., Bialystok, E., Castro, D. C., & Sanchez, M. (2014). The cognitive development of young dual-language learners: A critical review. *Early Childhood Research Quarterly, 29*(4), 699–714.

Barrière, I., & Monéreau-Merry, M.M. (2012). Trilingualism of the Haitian Diaspora in NYC: Current and Future Challenges. In O. García, B. Otcu & Z. Zakharia (Hrsg.), Bilingual Community Education and Multilingualism: Beyond Heritage Languages in a Global City (S. 247-258). Bristol, UK: Multilingual Matters.

Barrière, I. (2010). The vitality of Yiddish among Hasidic infants and toddlers in a low SES preschool in Brooklyn. In W. Moskovich (Hrsg.), Yiddish - A Jewish National Language at 100 (S. 170 – 196). Jerusalem-Kyiv: Hebrew University of Jerusalem.

Brisk, M., & Proctor, P. (2012). Challenges *and supports for English language learners in bilingual programs.* Paper presented at the Understanding Language Conference, Stanford University, Stanford, CA.

Brisk, M. E. (1998) *Bilingual Education: From Compensatory to Quality Schooling.* Mahwah, NJ: Lawrence Erlbaum Associates.

Calderón, M. E., & Minaya-Rowe, L. (2003). *Designing and implementing two-way bilingual programs.* Thousand Oaks, CA: Corwin Press.

Canadian Parents for French. (2012). *The State of French-Second-Language Education in Canada 2012: Academically Challenged Students and FSL Programs.*

Cameau, L., Genesee, F., and Lapaquette, L. (2003). The modelling hypothesis and child bilingual code-mixing. *International Journal of Bilingualism,* 7.2:113-128

Castellón, M., Cheuk, T., Greene, R., Mercado-García, D., Santos, M., Skarin, R. & Zerkel, L. (2015). *Schools to Learn from: How Six High Schools Graduate English Language Learners College and Career Ready.* Prepared for Carnegie Corporation of New York. Stanford Graduate School of Education. *Castaneda v. Pickard.* 648 F.2d 989 (1981).

Center for Applied Linguistics. Two-Way Immersion Outreach Project. Center for Applied Linguistics. Databases and directories.

Christian, D. (1996). Two-way immersion education: Students learning through two languages. *The Modern Language Journal, 80*(1), 66–76.

Christian, D. (2011). Dual-language education. In E. Hinkel (Hrsg.), *Handbook of research in second language teaching and learning, volume II* (S. 3–20). New York, NY: Routledge.

Cloud, N., Genesee, F., & Hamayan, E. (2000). *Dual-Language Instruction: A Handbook for Enriched Education.* Boston, MA: Heinle & Heinle, Thomson Learning, Inc.

Combs, M., Evans, C., Fletcher, T., Parra, E., & Jiménez, A. (2005). Bilingualism for the children: Implementing a dual-language program in an English-only state. *Educational Policy, 19*(5), 701–728.

Crawford, J. (2004). *Educating English learners. Language diversity in the classroom* (Fünfte Ausgabe). Los Angeles, CA: Bilingual Educational Services, Inc.

Crawford, J. (1999). *Bilingual Education: History, Politics, Theory and Practice.* Trenton, NJ: Crane Publishing Company.

Cummins, J., & Swain, M. (1986). *Bilingualism in education: Aspects of theory, research and practice.* London: Longman

De Jesús, A. & Pérez, M. (2009). From Community Control to Consent Decree: Puerto Ricans organizing for education and language rights in 1960s and 1970s New York City. *CENTRO Journal* 7 Ausgabe xx1 Nummer 2 Herbst 2009

de Jong, E. (2004). L2 proficiency development in a two-way and a developmental bilingual program. *NABE Journal of Research and Practice, 2*(1), 77–108.

de Jong, E. J. (2014). Program design and two-way immersion programs. *Journal of Immersion and Content-Based Language Education, 2*(2), 241–256.

de Jong, E. J., & Bearse, C. I. (2014). Dual-language programs as a strand within a secondary school: Dilemmas of school organization and the TWI mission. *International Journal of Bilingual Education and Bilingualism, 17*(1), 15–31.

de Jong, E. J., & Howard, E. (2009). Integration in two-way immersion education: Equalising linguistic benefits for all students. *International Journal of Bilingual Education and Bilingualism, 12*(1), 81–99.

Dorner, L. (2010). Contested communities in a debate over dual-language education: The import of "public" values on public policies. *Educational Policy, 25*(4), 577–613.

Elliott, A. Muslim educator's dream branded a threat in the U.S. *New York Times.* 28.04.2008.

Espinosa, L. (2013). *Early education for dual-language learners: Promoting school readiness and early school success.* Washington, DC: Migration Policy Institute.

Faruque, Cathleen Jo. *Migration of the Hmong to the Midwestern United States.* Lanham, NY: University Press of America, Inc., 2002.

Fishman. J. (Hrsg.) (1999). *Handbook of language and ethnic identity.* Oxford, UK: Oxford University Press.

Fishman, J. (1976). *Bilingual education: An international sociological perspective.* Rowley, MA: Newbury House.

Flores v. Arizona. 160 F. Supp. 2d 1043 (D. Ariz. 2000).

Flores, N., & Rosa, J. (2015). Undoing appropriateness: Raciolinguistic ideologies and language diversity in education. *Harvard Educational Review, 85,* 149–171.

Flores, N., & Baetens Beardsmore, H. (2015). Programs and structures in bilingual and multilingual education. In W. Wright, S. Boun, & O.García (Hrsg.), *Handbook of bilingual and multilingual education* (pp. 205–222). Oxford, UK: Wiley-Blackwell.

Flores, N. (2014). Creating republican machines: Language governmentality in the United States. *Linguistics and Education, 25*(1), 1–11.

Flores, N. (2013). Silencing the subaltern: Nation-state/colonial governmentality and bilingual education in the United States. *Critical Inquiry in Language Studies*, 10(4), 263–287.

Fortune. T.& Tedick, D. (Hrsg.) (2008). *Pathways to multilingualism: Evolving perspectives on immersion education.* Clevedon, England: Multilingual Matters.

Freeman, R. D. (1998). *Bilingual education and social change.* Clevedon, UK: Multilingual Matters.

Galush, William J. (2006). *For More Than Bread: Community and Identity in American Polonia, 1880–1940.* East European Monographs. New York: Columbia University Press

García, E. E. (2005). *Teaching and learning in two languages: bilingualism & schooling in the United States* (Multicultural Education)

García, O. (2009). *Bilingual education in the 21ˢᵗ century: A global perspective.* Oxford, UK: Wiley-Blackwell.

García, O., and Kleifgen, J.A. (2010) *Educating Emergent Bilinguals: Policies, Programs, and Practices for English Language Learners.* New York: Teachers College Press.

García O., Zakharia Z., and Otcu, B., (Hrsg.) (2002). *Bilingual community education and multilingualism. beyond heritage languages in a global city,* (Bristol, UK: Multilingual Matters)

García, O., Johnson, S.I., Seltzer, K. (2016). *The translanguaging classroom: leveraging student bilingualism for learning.* Philadelphia, Pennsylvania: Caslon.

Genesee, F., Lindholm-Leary, K., Saunders, W., & Christian, D. (Hrsg.) (2006). Educating English language learners: A synthesis of research evidence. New York: Cambridge University Press.

Ghazi Saidi L., Perlbarg V., Marrelec G., Pélégrini-Issac M., Benali H. & Ansaldo AI. (2013) Functional connectivity changes in second language vocabulary learning. Brain Language, Januar; 124 (1):56-65.

Ghazi-Saidi, L. & Ansaldo, A. I. (2015) Can a Second Language Help You in More Ways Than One? Commentary article. AIMS Neuroscience, 2(1):52-5

Ghazi Saidi, L., Dash, T. & Ansaldo, A. I. (In Press), How Native-Like Can You Possibly Get: fMRI Evidence in a pair of Linguistically close Languages, Special Issue: Language beyond words: the neuroscience of accent, Frontiers in Neuroscience, 9.

Goldenberg, C. (2006). Improving Achievement for English Learners: Conclusions from Two Research Reviews. Education Week. 25.07.2006.

Goleman, D. (2011). *The Brain and Emotional Intelligence: New Insights.* Florence, MA. More than Sound.

Gómez, D. S. (2013). *Bridging the opportunity gap through dual-language education.* Unveröffentlichtes Manuskript, California State University, Stanislaus.

Gómez, L., Freeman, D., & Freeman, Y. (2005). Dual-language education: A promising 50-50 model. *Bilingual Research Journal,* *29*(1), 145–164.

Gongolski, C. & Cesarczyk, M. Two languages, one home. *Greenpoint News.* 16.09. 2015.

Greene, J. (1998) A Meta-Analysis of the Effectiveness of Bilingual Education.

Grosjean, F. (2010) *Bilingual: Life and reality.* Cambridge, MA. Harvard University Press.

Grosjean, F. (1982). *Life with two languages: An introduction to bilingualism.* Cambridge, MA. Harvard University Press.

Hakuta, K. (1986). Mirror of language: The debate on bilingualism. NY: Basic Books.

Harris, E. "New York City Education Department to Add or Expand 40 Dual-Language Programs." *New York Times.* 14.01.2015.

Hélot, C. & Erfurt, E. (2016) *L'éducation bilingue en France : politiques linguistiques, modèles et pratiques.* Rennes, Presses Universitaires de Rennes.

Howard, E. R., & Christian, D. (2002). *Two-way immersion 101: Designing and implementing a two-way immersion education program at the elementary level.* Santa Cruz, CA: Center for Research on Education, Diversity, and Excellence, University of California-Santa Cruz.

Howard, E. R., Sugarman, J., Christian, D., Lindholm-Leary, K., & Rogers, D. (2007). *Guiding Principles for Dual-Language Education.* Second Edition Center for Applied Linguistics.

Howard, E., Sugarman, J., & Coburn, C. (2006). *Adapting the Sheltered Instruction Observation Protocol (SIOP) for two-way immersion education: An introduction to the TWIOP.* Washington DC: Center for Applied Linguistics.

Jaumont, F.; Ross, J.; Schulz, J.; Ducrey, L.; Dunn, J. (2017) "Sustainability of French Heritage Language Education in the United States" in Peter P. Trifonas and Thermistoklis Aravossitas (Hrsg.) *International Handbook on Research and Practice in Heritage Language Education.* New York, NY: Springer.

Jaumont, F., Le Devedec, B. & Ross J. (2016). "Institutionalization of French Heritage Language Education in U.S. School Systems: The French Heritage Language Program" in Olga Kagan, Maria Carreira, Claire Chik (Hrsg.). *Handbook on Heritage Language Education: From Innovation to Program Building.* Oxford, UK: Routledge.

Jaumont, F., Cogard, K. (2016). *Trends and Supports on French Immersion and Bilingual Education in 2015.* A Report of the Cultural Services of the French Embassy to the United States.

Jaumont, F. *Life as Bilingual: A Conversation with François Grosjean.* (2015).

Jaumont, F. & Ross, J. (2014). "French Heritage Language Communities in the United States" in Terrence Wiley, Joy Peyton, Donna Christian, Sarah Catherine Moore, Na Liu. (Hrsg.) *Handbook of Heritage and Community Languages in the United States: Research, Educational Practice, and Policy.* Oxford, UK: Routledge

Jaumont, F. & Ross, J. (2012). Building Bilingual Communities: New York's French Bilingual Revolution" in Ofelia García, Zeena Zakharia, and Bahar Otcu, (Hrsg.) *Bilingual Community Education and Multilingualism. Beyond Heritage Languages in a Global City* (pp.232-246). Bristol, UK: Multilingual Matters.

Jaumont, F. & Ross, J. (2013). French Heritage Language Vitality in the United States."*Heritage Language Journal.* Band 9. Nummer 3.

Jaumont, F. (2012). The French Bilingual Revolution. *Language Magazine.* The Journal of Communication & Education. 01.06.2012.

Joint National Committee for Languages - National Council for Languages and International Studies.

Kagan, O., Carreira, M., Chik, C. (Hrsg.) (2016). *Handbook on*

Heritage Language Education: From Innovation to Program Building. (Oxford, UK: Routledge, in press).

Kay, K. (2010). 21st century skills: Why they matter, what they are, and how we get there. In J. Bellanca & R. Brandt (Hrsg.), *21st century skills: Rethinking how students learn* (S. xiii– xxxi). Bloomington, IN: Solution Tree Press.

Kayyali, R. The people perceived as a threat to security: Arab Americans since September 11. *Migration Policy.* 01.07.2006.

Kelleher, A. (2010). Who is a heritage language learner? *Heritage Briefs.* Washington, DC: Center for Applied Linguistics.

Keyes v. School Dist. No. 1, Denver, Colorado. 413 U.S. 189 (1973)

Kleyn, T., & Vayshenker, B. Russian Bilingual Education across Public, Private and Community Spheres. In O. García, B. Otcu & Z. Zakharia (Hrsg.), Bilingual Community Education and Multilingualism: Beyond Heritage Languages in a Global City (S. 259-271). Bristol, UK: Multilingual Matters.

Kleyn, T., & Reyes, S. (2011). Nobody said it would be easy: Ethnolinguistic group challenges to bilingual and multicultural education in New York City. *International Journal of Bilingual Education and Bilingualism,* 14(2), 207-224

Kleyn, T. (2008). Speaking in colors: A window into uncomfortable conversations about race and ethnicity in U.S. bilingual classrooms. GiST: The Colombian Journal of Bilingual Education, 2: 13-23.

Lau v. Nichols, 414 U.S. 563 (1974).

Lauchlan, F; Parisi, M.; Fadda, R. (2013). Bilingualism in Sardinia and Scotland: Exploring the cognitive benefits of speaking a 'minority' language International Journal of Bilingualism February 2013 17: 43-56, erstmals am 16.04.2012 veröffentlicht.

Leikin, M. (2012) The effect of bilingualism on creativity: Developmental and educational perspectives. International Journal of Bilingualism August 2013 17: 431-447, erstmals am 28.03.2012 veröffentlicht.

Liebtag, E., & Haugen, C. (2015, April 29). *Shortage of dual-language teachers: Filling the gap.*

Lindholm-Leary, K.J. (1990). Bilingual Immersion Education: Criteria for Program Development. Bilingual Education: Issues and

Strategies, Padilla, A.M, Fairchild, H.H, & Valadez, C.M. (Eds.).

Lindholm-Leary, K. J. (2001). Dual-language education. Clevedon, UK: Multilingual Matters.

Lindholm-Leary, K.J. (2000). Biliteracy for a Global Society: An Idea Book on Dual-Language Education. Washington, DC: The George Washington University.

Lindholm-Leary, K. J. (2003). Dual-language achievement, proficiency, and attitudes among current high school graduates of two-way programs. *NABE Journal, 26*, 20–25.

Lindholm-Leary, K. (2012). Success and challenges in dual-language education. *Theory Into Practice, Special Issue: Rethinking Language Teaching and Learning in Multilingual Classrooms, 51*(4), 256–262.

Lindholm-Leary, K., & Genesee, F. (2014). Student outcomes in one-way, two-way, and indigenous language immersion education. *Journal of Immersion and Content-Based Language Education, 2*(2), 165–180.

Lopez Estrada, V., Gómez, L., & Ruiz-Escalante, J. (2009). Let's make dual-language the norm. *Educational Leadership, 66*(7), 54–58.

McKay Wilson, D. (2011). Dual-language programs on the rise. "Enrichment" model puts content learning front and center for ELL students. *Harvard Education Letter*. Band 27, Nummer 2 März/April 2011

Marian, V., Shook, A., & Schroeder, S. R. (2013). Bilingual two-way immersion programs benefit academic achievement. *Bilingual Research Journal, 36*, 167–186.

McCabe, A., et al. (2013). Multilingual children: Beyond myths and toward best practices. *Social Policy Report, 27*(4).

Menken, K., & García, O. (Hrsg.). (2010). *Negotiating language policies in schools: Educators as policymakers*. New York, NY: Routledge.

Menken, K., & Solorza, C. (2014). No child left bilingual: Accountability and the elimination of bilingual education programs in New York City schools. *Educational Policy, 28*(1), 96– 125.

Meyer v. Nebraska. 262 U.S. 390 (1923).

Millard, M. (2015). *State funding mechanisms for English language learners.* Denver, CO: Education Commission of the States.

Mitchell, C. (10.06.2015). New York expanding dual-language to help its English learners. *Education Week, 34*(34), 7.

Montague, N. S. (2005). Essential beginnings for dual-language programs. *The TABE Journal, 8,* 18–25.

Montone, C. L., & Loeb, M. I. (2000). *Implementing two-way immersion programs in secondary schools.* Santa Cruz, CA: Center for Research on Education, Diversity & Excellence.

National Commission on Terrorist Attack upon the United States. 22.07.2004. Government Printing Office.

National Standards Collaborative Board. (2015). *World-Readiness Standards for Learning Languages* (4. Ausgabe) Alexandria, VA: Author.

National Standards in Foreign Language Education Project. (2006). *Standards for foreign language learning in the 21st century.* Lawrence, KS: Allen Press, Inc

Nevel, D. The Slow Death of Khalil Gibran International Academy. *Chalkbeat.* 20.04. 2011

New Visions for Public Schools. Center for School Success. (2001). Best Practices Series. Dual-Language Instruction.

New York City Department of Education (2015). Chancellor Fariña names 15 schools Model Dual-Language Programs. Pressemitteilung. 03.12.2015.

New York City Department of Education, Office of School Quality, Division of Teaching and Learning. (2015). Quality review report – High School for Dual Language and Asian Studies.

New York State Department of Education. (2014). Part 154 services for pupils with limited English proficiency. Subpart 154-1services for pupils with limited English proficiency for programs operated prior to the 2015-2016 school year.

Nicoladis, E, and Genesee, F. (1998). Parental discourse and code-mixing in bilingual children. *International Journal of Bilingualism* 2.1:422 -432.

Ó'Murchú, H. (2001) *The Irish language in education in the Republic of Ireland.* European Research Centre on Multilingualism and Language Learning.

Otcu, B. (2010). *Language Maintenance and cultural identity formation*. Saarbrucken: VDM Verlag Dr. Muller.

Otcu, B. (2010). Heritage language maintenance and cultural identity formation: The case of a Turkish Saturday school in New York City. *Heritage Language Journal, 7*(2) Herbst 2010.

Paciotto, C., & Delany-Barmann, G. (2011). Planning micro-level language education reform in new diaspora sites: Two-way immersion education in the rural Midwest. *Language Policy, 10*(3), 221–243.

Palmer, D. (2007). A dual immersion strand programme in California: Carrying out the promise of dual-language education in an English-dominant context. *International Journal of Bilingual Education and Bilingualism, 10*(6), 752–768.

Palmer, D. (2010). Race, power, and equity in a multiethnic urban elementary school with a dual-language "strand" program. *Anthropology & Education Quarterly, 41*(1), 94–114.

Parkes, J., & Ruth, T. (mit Angberg-Espinoza, A., & de Jong, E.). (2009). *Urgent research questions and issues in dual-language education*. Albuquerque, NM: Dual-Language Education of New Mexico.

Parkes, J., & Ruth, T. (2011). How satisfied are parents of students in dual-language education programs? 'Me parece maravillosa la gran oportunidad que le están dando a estos niños.' *International Journal of Bilingual Education and Bilingualism, 14*(6), 701–718.

Phillips, J. K., & Abbott, M. (2011). *A decade of foreign language standards: Impact, influence, and future directions*. Alexandria, VA: American Council on the Teaching of Foreign Languages.

Porras, D. A., Ee, J., & Gandara, P. C. (2014). Employer preferences: Do bilingual applicants and employees experience an advantage? In R. M. Callahan & P. C. Gándara (Hrsg.), *The bilingual advantage: Language, literacy, and the labor market* (S. 234–257). Clevedon, UK: Multilingual Matters.

Porter, R. P. *Forked Tongue: The Politics of Bilingual Education*. New Brunswick, NJ: Transaction Publishers, 1996.

Ramirez, J. D., Yuen, S. D., Ramey, D. R., & Pasta, D. J. (1991). *Executive Summary. Final Report: Longitudinal Study of Structured English Immersion Strategy, Early-Exit and Late-Exit*

Transitional Bilingual Education Programs for Language Minority Children. San Mateo, CA: Aguirre International.

Reyes, L. *The Aspira Consent Decree. A Thirtieth-Anniversary Retrospective of Bilingual Education in New York City.* Harvard Educational Review Fall 2006 Issue

Rhodes, N. C., & Pufahl, I. (2010). *Foreign language teaching in US Schools: Results of a national survey.* Washington, DC: Center for Applied Linguistics.

Ricciardelli, L. A. (1992), Creativity and Bilingualism. The Journal of Creative Behavior, 26: 242–254

Robinson, K. (2015). Creative schools: The grassroots revolution that's transforming education. New York, NY: Viking.

Rosenback, R. (2014). Bringing Up a Bilingual Child. Croydon, U.K. Filament Publishing.

Rossell, C. H. and K. Baker. "The Educational Effectiveness of Bilingual Education." *Research in the Teaching of English* 30, Nr. 1 (Februar 1996): 7-74.

Sandhofer, C., & Uchikoshi, Y. (2013). Cognitive consequences of dual-language learning: Cognitive function, language and literacy, science and mathematics, and social-emotional development. In F. Ong & J. McLean (Hrsg.), *California's best practices for young dual-language learners: Research overview papers* (S. 51–89). Sacramento, CA: California Department of Education.

Sandy-Sanchez, D. (2008). Secondary dual-language guiding principles: A review of the process. *Soleado, 8.*

Santos, M., Darling-Hammond, L., & Cheuk, T. (2012). *Teacher development appropriate to support ELLs.* Stanford, CA: Understanding Language.

Saunders, W., & O'Brien, G. (2006). Oral language. In F. Genesee, K. Lindholm-Leary, W. Saunders, & D. Christian (Hrsg.), *Educating English language learners: A synthesis of research evidence* (S. 14–63). New York, NY: Cambridge University Press.

Scanlan, M., & Palmer, D. (2009). Race, power, and (in) equity within two-way immersion settings. *The Urban Review, 41*(5), 391–415.

Semple, K. A Big Advocate of French in New York's Schools: France. *New York Times.* 30.01. 2014.

Serna v. Portales Municipal Schools. 351 F. Supp. 1279 (1972)

Silberstein, R. New York's first Italian dual-language preschool coming to Bensonhurst. 30.01.2015. *Bensonhurst Bean.*

Soltero, S. W. (2016). *Dual-language education: Program design and implementation.* Portsmouth, NH: Heinemann.

Stein-Smith, K. (2016). The U.S. Foreign Language Deficit. Strategies for Maintaining a Competitive Edge in a Globalized World. New York, NY: Palgrave-Macmillan.

Stein-Smith, K. (2013). The U.S. Foreign Language Deficit and Our Economic and National Security: A Bibliographic Essay on the U.S. Language Paradox. Edwin Mellen Press, NY.

Tedick, D. J., & Bjorklund, S. (Hrsg.). (2014). Language immersion education: A research agenda for 2015 and beyond. *Journal of Immersion and Content-Based Language Education, 2, 2.*

The National Center for Research on Cultural Diversity and Second Language Learning (1996). *Learning Together: Two-Way Bilingual Immersion Programs.* Video. Produziert von Jon Silver.

Thomas, W. P., & Collier, V. P. The Astounding Effectiveness of Dual-Language Education for All. *NABE Journal of Research and Practice,* 2:1. Winter 2004.

Thomas, W. P., & Collier, V. P. (1997/1998). Two languages are better than one. Educational Leadership, 55(4), 23–26.

Thomas, W. P., & Collier, V. P. (1999). Accelerated schooling for English-language learners. Educational Leadership, 56(7), 46–49.

Thomas, W. P., & Collier, V. P. (2002). A national study of school effectiveness for language minority students' long-term academic achievement. Santa Cruz, CA: Center for Research on Education, Diversity, and Excellence, University of California-Santa Cruz.

Thomas, W. P., & Collier, V. P. (1998). *Language Minority Student Achievement and Program Effectiveness: Research Summary of Ongoing Study.* George Mason University.

Tochon, F. V. (2009). The key to global understanding: World Languages Education—Why schools need to adapt. *Review of Educational Research, 79*(2), 650–681.

Torres-Guzmán, M., Kleyn, T., Morales-Rodríguez, S., & Han,

A. (2005). Self-designated dual-language programs: Is there a gap between labeling and implementation? *Bilingual Research Journal*, *29*(2), 453–474.

U.S. Department of Education, Office of English Language Acquisition (2015). Dual-Language Education Programs: Current State Policies and Practices, Washington, D.C.

U.S. Department of Education, Office for Civil Rights, and U.S. Department of Justice, Civil Rights Division. (2015). *Dear colleague letter, English learner students and limited English proficient parents.* Washington, DC.

U.S. News Report High School Rankings: High School for Dual Language and Asian Studies.

Utah Senate (2008). International Education Initiatives – Critical Languages (Senate Bill 41)

Wall, P. City to add dozens of dual-language programs as they grow in popularity. *Chalkbeat*. 04.04.2016

Warhol, L., & Mayer, A. (2012). Misinterpreting school reform: The dissolution of a dual-immersion bilingual program in an urban New England elementary school. *Bilingual Research Journal*, *35*(2), 145–163.

Wiley, T., Peyton, J., Christian, D., Moore, S.C., Liu. N. (Hrsg.). (2014). Handbook of Heritage and Community Languages in the United States: Research, Educational Practice, and Policy. (Oxford, UK: Routledge).

Willig, A. (1985). A meta-analysis of selected studies on the effectiveness of bilingual education. Review of Educational Research, 55, 269-317.

Wright, W. (2015). *Foundations for Teaching English Language Learners: Research, Theory, Policy, and Practice.* Philadelphia, PA: Caslon.

Yang Su, E. (2012). *Dual-language lessons growing in popularity.* Emeryville, CA: California Watch.

Zakharia, Z. (2016) Language, conflict, and migration: Situating Arabic bilingual community education in the United States. *International Journal of the Sociology of Language*. 2016; 237: 139–160.

Zakharia, Z. & Menchaca Bishop, L. (2013). Towards positive peace through bilingual community education: Language efforts of

Arabic-speaking communities in New York. In Ofelia García, Zeena Zakharia & Bahar Otcu (Hrsg.), *Bilingual community education and multilingualism: Beyond heritage languages in a global city*, 169–189. Bristol: Multilingual Matters.

Zanoni, C. Principal Miriam Pedraja teaches Uptown children two languages at a time. *DNAInfo*. 16.04.2012.

Zeigler, K & Camarota, S. One in Five U.S. Residents Speaks Foreign Language at Home. Oktober 2015. Center for Immigration Studies.

Zimmer, A. How Schools' French Dual-Language Programs Are Changing NYC Neighborhoods. *DNAInfo*. 26.05.2015.

Index

501(c)(3), 204

Afrika, 87

Alfred and Jane Ross Foundation, 93

Alphabetisierung, 25, 115, 130

American, 220, 226

American-Arab Anti-Discrimination Committee, 95

Amistad, 120, 121

Arab-American Family Support Center, 95

Arabic, 213, 229, 230

Arabisch, 12, 19, 27, 95, 96, 97, 98, 99, 100, 101, 102, 168, 174, 241

Arizona, 14, 17, 173, 203, 219

ASPIRA, 170, 212

Bambara, 88

Bay Ridge, 55

Bedford-Stuyvesant, 88

benefits, 219, 223

Bengali, 27, 125, 131, 168

Bensonhurst, 57, 60, 63, 205, 228

Bereicherung, 23, 181

Bikulturalität, 25

Bildung, 3, 5, 6, 7, 3, 4, 5, 11, 12, 13, 14, 15, 16, 17, 18, 20, 21, 22, 23, 24, 25, 26, 27, 28, 29, 30, 31, 32, 35, 38, 41, 43, 44, 47, 48, 53, 55, 58, 59, 61, 62, 71, 77, 79, 80, 81, 86, 87, 88, 90, 91, 92, 93, 94, 95, 98, 99, 111, 115, 116, 117, 118, 119, 121, 122, 124, 126, 128, 129, 130, 136, 137, 144, 145, 146, 151, 153, 165, 167, 168, 169, 170, 171, 173, 174, 175, 177, 179, 180, 181, 182, 187, 192, 193, 196, 203, 205, 206, 210, 211, 212, 215, 216, 239, 241

bilingual children, 225

Bilingual Education Act, 16, 203

Bilingual Revolution, 222

bilinguale Kinder, 131, 161, 163

bilinguale Revolution, 9, 21, 26, 42, 87, 94, 103, 113, 115, 124, 125, 132, 151, 176, 178

bilingualism, 215, 217, 220, 221, 223

Bilingualität, 4, 11, 13, 18, 19, 20, 23, 24, 25, 29, 30, 36, 49, 58, 63, 99, 115, 124, 153, 154, 155, 156, 157, 158, 160, 161, 162, 164, 165, 168, 175, 178, 181, 182

Boerum Hill, 88, 90, 175

Boerum Hill School for International Studies, 90, 175

Bronx, 87, 92, 117, 170

Brooklyn, 3, 4, 26, 43, 46, 47, 51, 57, 58, 61, 63, 67, 70, 72, 74, 77, 81, 82, 84, 85, 87, 88, 90, 92, 95, 99, 100, 105, 120, 122, 123, 175, 210, 217

Bücher, 11, 40, 41, 56, 108, 198

Bürgerrechte, 15

Bushwick, 50

California, 221, 226, 227, 228, 229

Canada, 203, 217

Carroll Gardens, 85

Chinesisch, 12, 19, 78, 101, 127, 129, 130, 131, 172, 174, 241

Civil Rights, 229

Clinton Hill, 88

Colorado, 203, 223

communities, 219, 230

Communities, 5, 4, 11, 12, 13, 15, 16, 18, 19, 20, 21, 22, 23, 24, 25, 26, 28, 35, 40, 53, 55, 56, 61, 64, 80, 84, 85, 86, 98, 112, 113, 116, 135, 150, 151, 155, 164, 165, 168, 172, 174, 177, 179, 180, 185, 215, 222

community, 220, 229

Community, 5, 15, 20, 21, 25, 33, 34, 35, 36, 41, 43, 44, 46, 48, 55, 57, 58, 60, 62, 63, 64, 67, 68, 69, 73, 77, 80, 82, 84, 85, 86, 87, 91, 94, 95, 98, 99, 100, 101, 102, 103, 105, 106, 109, 110, 111, 112, 116, 118, 120, 121, 122, 123, 136, 137, 138, 143, 145, 146, 147, 148, 149, 150, 151, 153, 154, 156, 159, 168, 169, 170, 180, 182, 187, 188, 191, 192, 193, 195, 196, 201, 205, 207, 208, 212, 216, 217, 218, 220, 222, 223, 229

Creole, 27, 168

Cultural Services of the French Embassy, 222

Cup'ik, 168

Cypress Hills Community
School, 216

Cypress Hills Local
Development
Corporation, 122

Delaware, 173

Department of Education,
50, 58, 77, 81, 83, 96,
106, 118, 120, 123, 127,
129, 144, 148, 168, 192,
196, 203, 208, 212, 225,
227, 229

Deutsch, 4, 12, 13, 27, 67,
69, 75, 78, 162, 168, 174

Deutschland, 14

Dialekte, 62, 125

Diskriminierung, 36, 50,
98, 162, 171

dual language, 227

education, 203, 215, 216,
217, 218, 219, 220, 221,
222, 223, 224, 225, 226,
227, 228, 229

Education en Français à
New York, 86, 89, 210

Englisch, 11, 12, 14, 16,
17, 19, 24, 26, 27, 32,
35, 36, 38, 45, 46, 55,
56, 57, 62, 67, 70, 78,
79, 82, 83, 87, 91, 99,
102, 107, 108, 110, 111,
115, 116, 117, 120, 122,
125, 129, 130, 131, 132,

138, 140, 141, 147, 155,
161, 162, 163, 167, 168,
169, 170, 174, 175, 177,
178, 181, 189, 190, 206

Englischlernende, 17, 71,
79, 119, 130, 141, 169,
190, 212

English, 212, 215, 217, 218,
220, 221, 224, 225, 226,
227, 228, 229

English Language
Learners, 218, 220, 229

Ergänzungsprinzip, 164

Erwerb, 5, 14, 24, 25, 38

Europa, 87

FACE Foundation, 92, 93,
239

Familien, 3, 11, 13, 16, 22,
23, 35, 36, 47, 48, 49,
50, 51, 52, 57, 58, 60,
61, 62, 64, 65, 67, 69,
70, 71, 72, 73, 74, 75,
78, 79, 80, 84, 85, 87,
88, 89, 90, 92, 99, 101,
103, 107, 109, 110, 111,
112, 121, 125, 128, 130,
135, 136, 137, 138, 139,
141, 142, 143, 144, 145,
147, 148, 149, 150, 156,
161, 171, 178, 179, 187,
188, 189, 192, 195, 196,
198, 210

Federation of Italian-American Organizations of Brooklyn, 57

France, 217, 221, 227

Frankreich, 32, 88

Französisch, 3, 12, 14, 18, 19, 27, 37, 38, 78, 85, 87, 88, 91, 143, 155, 162, 168, 174, 175

French, 203, 217, 222, 227, 230

French Heritage Language Program, 222

Gaeltacht, 32

Georgia, 173

Germany, 215

Gesetzgebung, 16

Glendale, 45, 46, 204

globale BürgerInnen, 181

Goethe Institut, 9, 74

Greenpoint, 88, 105, 108, 112, 221

Grundschulen, 85, 128, 140, 159

Harlem, 77, 84, 87, 90

Hebräisch, 27, 78, 95

Hebrew, 217

High School for Dual Language and Asian Studies, 125, 126, 128, 129, 130, 131, 132, 133, 208, 209, 225, 229

Hmong, 168, 171, 212, 219

Hunter College, 92

identity, 219, 225, 226

International Baccalaureate, 175

Ireland, 203, 225

Irland, 32

Italian, 228

Italien, 56, 59, 61

Italienisch, 4, 12, 19, 27, 55, 56, 57, 59, 61, 62, 78, 168, 241

Jackson Heights, 119

Japan, 43, 46, 47, 49, 204

Japanisch, 4, 12, 19, 27, 43, 45, 46, 138, 168, 172, 241

Kalifornien, 14, 17, 45, 173, 206

Kanada, 32, 87, 88, 117, 154

Kantonesisch, 125, 168

Kernlehrplan, 44

Khalil Gibran
International Academy,
95, 96, 207, 225

Kindergarten, 3, 24, 37,
45, 49, 60, 74, 75, 78,
85, 93, 102, 107, 118,
121, 137, 142, 143, 163,
174, 210

Komitee
französischsprachiger
Vereine, 93

Kongress, 16

Konsulat, 3, 47, 57, 58, 67

Kontinuum, 175

Koreanisch, 27, 168, 172

language, 203, 216, 217,
218, 219, 220, 221, 223,
224, 225, 226, 227, 228,
229

Lau gegen Nichols, 81,
171, 203

Lau v. Nichols, 223

Lehrplan, 3, 39, 45, 50, 52,
67, 75, 90, 95, 96, 102,
107, 109, 111, 120, 128,
129, 130, 131, 149, 188,
198, 199

Leitung, 51, 93, 102, 118,
127, 150

literacy, 226, 227

Louisiana, 14

M.S. 256, 90

M.S. 51, 90

Maine, 172

Mandarin, 18, 27, 125,
130, 161, 168

Manhattan, 58, 61, 80, 82,
84, 90, 92, 105, 210

Massachusetts, 3, 17, 173

Michigan, 172

Minderheiten, 13, 15, 30,
80, 173

Minnesota, 171, 173, 212

minority, 216, 223, 228

multilingual, 217, 219

multilingual education, 219

Multilingualism, 216, 217,
222, 223, 225

Multilingualität, 181

Mütter, 20, 22, 43, 46, 49,
52, 78, 85, 86

Nachbarschaft, 36, 85, 89,
90, 99, 101, 105, 108,
113

Nevada, 14

New Mexico, 14, 226

New York City, 4, 21, 26,
28, 34, 35, 38, 43, 48,
52, 55, 58, 63, 67, 70,

73, 77, 79, 83, 86, 92,
93, 94, 95, 96, 99, 103,
105, 115, 117, 118, 120,
122, 127, 170, 177, 203,
209, 210, 212, 215, 216,
218, 221, 223, 224, 225,
226, 227

Nicht-Muttersprachler, 23,
190

No Child Left Behind, 44,
203

North Carolina, 173

öffentliche Schule, 13, 49,
60, 95

öffentliche Schulen, 11, 45,
53, 69, 90, 177

Ohio, 13

Ojibwe, 168

Oregon, 173

P.S. 110, 88, 204

P.S. 112, 63, 205

P.S. 133, 37, 88, 120

P.S. 147, 50, 51, 52, 74,
204, 205

P.S. 17, 74

P.S. 18, 75

P.S. 20, 88

P.S. 200, 80, 82, 205

P.S. 25, 117

P.S. 34, 105, 107, 110, 207,
208

P.S. 58, 85, 86, 204, 210

P.S. 84, 89, 90, 118, 203,
206, 210

P.S./I.S. 30, 99, 102, 207

PädagogInnen, 3, 16, 23,
25, 34, 52, 58, 86, 88,
94, 115, 118, 119, 124,
125, 135, 149, 151, 154,
168, 177, 180, 181, 196

parents, 217, 226, 229

Park Slope, 67, 90

Pennsylvania, 13, 220

Plan, 5, 12, 21, 26, 44, 49,
67, 71, 90, 135, 136,
137, 151, 177, 185

policy, 216

Politik, 89, 98, 117

Polnisch, 12, 27, 106, 107,
108, 109, 111, 241

Portugiesisch, 168, 174

Public, 223, 225

Qatar Foundation
International, 99, 207

Queens, 68, 74, 79, 87, 92,
119, 123

Regierung, 17, 32, 118,
127, 174

revolution, 227

Revolution, 5, 6, 7, 9, 7, 11, 21, 22, 23, 24, 25, 26, 28, 29, 30, 53, 85, 87, 88, 94, 103, 105, 112, 115, 120, 122, 133, 154, 177, 180, 181, 201, 209, 210, 216, 241

Ronald Reagan, 17

Roosevelt, 14

Russian, 223

Russisch, 4, 12, 27, 77, 78, 79, 82, 101, 168, 172, 174, 241

Russland, 77

SchulleiterInnen, 4, 25, 33, 37, 39, 44, 50, 71, 119, 135, 141, 146, 192

Senat, 93, 174

Senate, 229

Spanisch, 12, 13, 18, 19, 27, 37, 78, 79, 115, 116, 117, 119, 120, 121, 125, 131, 162, 168, 170, 174, 241

Staat, 96, 174, 180, 212

state, 218, 220

Supreme Court, 15, 171, 212

teachers, 217, 223

Testergebnisse, 37, 46

Tests, 126, 159

Texas, 14

translanguaging, 163, 216, 220

übergangsweise, 27

United States, 215, 219, 220, 222, 229

Upper West Side, 77, 79, 82, 83, 89, 90

Urdu, 27, 78, 168

USA, 5, 6, 7, 3, 11, 27, 28, 31, 36, 46, 48, 56, 62, 63, 64, 68, 69, 70, 77, 79, 86, 88, 90, 91, 93, 95, 98, 100, 101, 105, 116, 117, 118, 119, 124, 126, 130, 131, 142, 162, 167, 168, 169, 170, 171, 172, 173, 174, 176, 177, 178, 179, 180, 181, 203, 204, 205, 209, 213, 239

Utah, 14, 174, 178, 213, 229

VerwalterInnen, 33, 39, 45, 83, 115, 118, 119, 146, 194

Vorkindergarten, 210

Vorteile, 5, 21, 24, 25, 26, 30, 31, 35, 44, 49, 58, 63, 65, 71, 72, 79, 83, 87, 117, 129, 138, 148,

153, 158, 165, 167, 168,
178, 181, 195, 196

Wolof, 88

zweisprachig, 5, 11, 18, 28

zweisprachiges Programm,
4, 33, 34, 35, 37, 39, 43,
44, 47, 52, 55, 70, 72,
73, 74, 75, 78, 79, 81,
82, 83, 88, 90, 96, 99,
106, 110, 122, 126, 135,
136, 137, 141, 144, 145,
146, 147, 148, 149, 177,
179, 189, 190, 192, 193,
195, 196, 197

Über den Autor

Fabrice Jaumont, 2014 von der New York Times als „Taufpate der sprachlichen Vertiefungsprogramme" bezeichnet, hat mehr als 25 Jahre Erfahrung im Bereich der internationalen Bildung und bei der Entwicklung multilingualer Programme. Er hat seine Expertise direkt in den Dienst französischer, italienischer, japanischer, deutscher und russischer Gemeinschaften in den USA gestellt, indem er ihnen geholfen hat, qualitativ hochwertige bilinguale Programme an ihren örtlichen öffentlichen Schulen einzurichten.

Fabrice Jaumont ist der Autor des Buchs „Unequal Partners: American Foundations and Higher Education Development in Africa" (Palgrave-MacMillan, 2016), das sich auf die Rolle der Philanthropie in der Bildung und besonders auf den Einfluss amerikanischer Stiftungen auf Universitäten in Entwicklungsländern konzentriert.

Fabrice Jaumont hat an der New York University in vergleichender und internationaler Bildung promoviert. Seine Forschung befindet sich an der Schnittstelle von komparativer und internationaler Bildung, Philanthropie, kultureller Diplomatie und internationaler Entwicklung. Zurzeit arbeitet er als *Program Officer* für die *FACE Foundation* in New York und als Bildungsattaché für die französische Botschaft in den USA.

www.fabricejaumont.net

Über TBR Books

TBR Books, unser Zweig für Veröffentlichungen, dessen Ziel ist, wissenschaftliche Arbeiten, Bücher, Essays und Fallstudien mit einem Schwerpunkt auf innovative Ideen für Bildung, Sprache und kulturelle Entwicklung zu veröffentlichen.

Besuchen Sie unsere Website, um die Übersetzung von „Die Bilinguale Revolution: Die Zukunft der Bildung liegt in zwei Sprachen" von Fabrice Jaumont in eine der folgenden Sprachen zu unterstützen: Arabisch, Chinesisch, Italienisch, Japanisch, Polnisch, Russisch und Spanisch.

Besuchen Sie unsere Website für Bestellungen, Verkäufe, Sammelbestellungen, eBooks, Hörbücher, Übersetzungen, Veranstaltungen, den globalen Vertrieb und die Richtlinien für die Einsendung von Manuskripten.

www.tbr-books.com

Über CALEC

calec

THE CENTER FOR THE ADVANCEMENT
OF LANGUAGES, EDUCATION,
AND COMMUNITIES

Das Zentrum für die Förderung von Sprachen, Bildung und Communities (CALEC) ist eine gemeinnützige Organisation, die sich auf Mehrsprachigkeit, interkulturelles Verständnis und die Verbreitung von Ideen konzentriert. Wir haben uns zum Ziel gesetzt, Leben zu verändern, indem wir Communities einer bestimmten Sprache dabei helfen, innovative Programme zu erstellen und Eltern und PädagogInnen mithilfe von Forschung, Veröffentlichungen, Begleitung und Kontakten unterstützen.

Mittels unserer Schwerpunktprogramme haben wir bereits mehrere Communities unterstützt. Außerdem unterstützen wir Eltern und PädagogInnen, die an der Förderung von Sprachen, Bildung und Communities interessiert sind. Wir nehmen an Veranstaltungen und Konferenzen teil, die sich für Mehrsprachigkeit und kulturelle Entwicklung einsetzen. Wir bieten Beratung für Schulleitungen und PädagogInnen an, die mehrsprachige Programme an ihren Schulen einführen. Für mehr Informationen und um zu erfahren, wie Sie uns unterstützen können, besuchen Sie

www.calec.org

Über das Goethe-Institut

Bilinguale Immersionsprogramme in den USA

Wer sich mit bilingualen Programmen im US-amerikanischen Bildungssystem beschäftigt, ist meistens schnell verwirrt von den vielen unterschiedlichen Fachbegriffen und Konzepten: One/two-way dual language programs, heritage/native language programs, developmental/maintenance bilingual programs, world language immersion programs.

Bilinguale Immersionsprogramme in den USA, traditionell eng mit Einwanderungspolitik verbunden, waren primär dafür gedacht, Kinder von Einwandern an die englische Sprache heranzuführen. In den letzten Jahren ist jedoch ein verstärktes Interesse an der Entwicklung, Förderung und Umsetzung von bilingualen Programmen zu beobachten, das den Fokus auch auf den Erhalt der Herkunftssprache im schulischen Kontext legt. Diskussionen über bilinguale Programme drehen sich mittlerweile auch um den Einfluss von Zweisprachigkeit für das Sozialleben, die Vorteile von der Zweisprachigkeit auf dem globalen Arbeitsmarkt usw.

Die Verlagerung des Diskurses schlägt sich auch in Zahlen nieder. Zum Beispiel waren in Utah allein im Jahr 2017 etwa 34.000 Schülerinnen und Schüler an rund 140 Schulen in Immersionsprogrammen eingeschrieben. In New York City werden, wie Bildungskanzler Richard Carranza kürzlich bekannt gab, im Herbst dieses Jahres rund 40 neue bilinguale Programme eröffnet. Auch die PS 18 Grundschule in Brooklyn arbeitet an der Einführung eines bilingualen Programms. Bereits seit dem Schuljahr 2017/18 wird an dieser Schule durch das Goethe-Institut New York ein Immersionsprogramm in zwei Klassen angeboten, das den Kindern einen spielerischen Zugang zur deutschen Sprache ermöglicht.

Deutsche Bilinguale Programme: Neues Online Portal vom Goethe-Institut

Das neue Onlineportal *Deutsche Bilinguale Programme* des Goethe-Instituts informiert unter anderem über kostenlose bilinguale Erziehung im öffentlichen amerikanischen Schulsystem und entstand aus dem Bedürfnis heraus, einen zentralen Treffpunkt für drei Interessengruppen anzubieten: Eltern, Lehrkräfte und Bildungsträger. Schulleiter und Schulleiterinnen finden überzeugende Argumente für die Einführung von bilingualen Deutsch-Immersionsprogrammen. Eltern haben Zugang zu Inhalten, die ihren Kindern das Deutschlernen außerhalb der Schule erleichtern und bekommen das nötige Werkzeug, Elterninitiativen zu gründen, um zusammen mit dem Schulbezirk bilinguale Deutsch-Immersionsprogramme aufzubauen. Lehrkräften stehen Unterrichtsmodelle und -materialien für den direkten Einsatz im Unterricht zur Verfügung.

Ziel des Portals ist auch, Verbindungen zwischen der steigenden Zahl bilingualer Deutsch-Immersionsprogramme zu knüpfen, um den Austausch von Wissen und Materialien zu erleichtern. Mehr zum Goethe-Institut Online Portal erfahren Sie hier:

www.goethe.de/usa/bilingualprograms